文明化と暴力

エリアス社会理論の研究

内海博文

東信堂

はしがき

本書は、社会学者ノルベルト・エリアス Norbert Elias の学説研究である。

どこのだれとも知れないエリアスという人物の書き残したことを、なぜわざわざ手間をかけて読み解くのか。他人の書いた言葉を再解釈することが、そもそも研究の名に値するのか。だれもが納得できるようにそうした問いに答える能力は、残念ながらわたしにはない。そうした作業が世の中にたいした益をもたらさないことは、自分なりにはわかっている。また無益なことこそ研究だと開き直ってみせる気も、いまのわたしにはあまりない。率直にいえば、そうした無益にもみえる作業にたずさわる人間が少しぐらいいてもかまわないだろうと考えてくれる程度に寛容な世の中であれば、ありがたいと思っている。あるいは少しだけ肯定的にいうならば、エリアスの書き著したものと向かいあうという作業は、少なくともわたしにとっては有意義なものであった。自分でも意外なほどはっきりと、そう思っている。なぜそんなふうに思うのか。「はしがき」の場を借りてすこしだけ述べておく。

この研究のずっと奥底のほうにある問い。それをあえて恥ずかしげもなくいうならば、おそらく次のような素朴でおおげさな問いである。すなわち、わたしたちが生きているのはいったいいかなる時代なのか。そのなかでわたしたちにできることはなんであり、そう簡単にできないことはなんなのか。そもそもにおいてわたしを社会学に誘い、そしてエリアスの学説研究へとむかわせてきたのは、そんなどうしようもなく漠然とした疑問であったように思われる。

もとよりそうした問いにたいする答えが、エリアスの学説研究ぐらいで得られると思っているわけではない。というより、こと人間にかんするかぎり、そもそうした答えとやらがこの世のどこかに隠されており、それを解き明かしさえすれば世の中の謎や問題がきれいに解消されると思っているわけでもない。にもかかわらず、さきの問いとむかいあううえでエリアスの学説研究が無益ではなかったとすれば、それはいかなる意味でか。社会学的に考える Thinking sociologically。すくなくともそのトレーニングであったという一点で、わたしにとってエリアスの学説研究は無駄ではなかった。それはこういうことである。

社会学はわかりにくい。そんなふうによくいわれる。体系立った知識や決まった手続きという点で相対的にゆるやかであることが、その一因であるだろう。社会学者のなかにも、そうした現状を憂いてより厳密な「科学」をめざそうとする動きが、つねに存在する。わたし自身、より厳密な「科学」にも魅力を感じるものであり、そのような「科学」をめざそうとする動きが社会学のなかにあることは、社会学的な思考をより豊かにするという意味で歓迎すべきことだと考えている。とはいえ個人的な見解をいえば、社会学が狭い意味での「科学」になりきってしまうことは、おそらくないと思っている。というのも、社会学がそれなりに独自の学問として成立し展開されてきたとすれば、それは厳密な手続きや固有の理論をそなえる「科学」たることをめざしてきたからというより、そのような傾向をもった他の学問からいわばこぼれおちていったものを、あえて拾おうとしてきたからだと考えるからである。これまでもそうであったし、たぶんこれからもそうであろうが、人間の世界をきれいに割り切ろうとする動きは、わたしごときがそれをどう考えるかなどにかかわりなく、世の中から消え去ってしまうことはない。だが人間の世界は、割ることはできるが割り切ることはできない。かならずなにかしらの「あまり」がでる。そのときどきにおいてこの世の中（社会）にたしかに存在しているけれども他の学問によっては掬いとられることのないそうした割り切れなさに、なんとかしてむきあおうとする。そうした共通の性向ゆえに、手続きや素材、さらにはスタンスすらもかなりばらばらな諸研究が、おなじ「社会学」という名称によってみずからを表象してきたのである。そのかぎりで社会学は、社会を対象とする学として単純に定義するより、この世の中（社会）に存在しているけれどもまだじゅうぶんに表現が与えられていないものに接近しようとする、いわば一つの態度ないし好奇心としてとらえたほうがいいのかもしれない。社会学がわかりにくい——間口がきわめて広く体系性も欠いている——のには、それなりに理由がある。

そして、そのようなことを考える機会を与えてくれたのが、エリアスの学説研究であった。一九世紀が終わろうとしていた一八九七年のドイツに生まれ、一九九〇年にオランダで死去したエリアスは、少なからぬ優れた社会学者がそうであったように、あまり順風満帆とはいいがたい人生を歩んだ。その歩みのなかでエリアスは、みずからの生きている時代を問うた。その問いかけにおいてエリアスが用いたのが、さきに述べた意味での社会学的な思考である。むろん、そうした思考にすぐになじめたわけではない。正直なところ、社会学という学問のあいまいさや現実にたいする学説研究の無力さに焦りやいらだたしさを感じたことは、一度や二度ではない。だがそのようないらだたしさや焦りを抱えつつも、なぜかエリアスの学説研究にのめり込んでいった。社会学という学問がどうにもおもしろくなっていき、おおげさにいえば魅入られていったわけである。その理由を自分なりにあとづけ的に考えたところに思い至ったのが、さきのような社会学のとらえかたである。体系立った知識や決まった手続きから眺めるだけが、わたしたちが生きている時代と経験を理解する方法ではない。この世の中（社会）にたしかに存在しているけれどもまだじゅうぶんな表現を与えられていないものに、手持ちの知識のいささか節操のない転用やさまざまな方法のごった煮によって接近し、表現を与えようとする社会学的な理論化 theorizing もまた、すくなくともそれと同じぐらいには、時代への問いにおいてじゅうぶんにゆたかで魅力的な方法である。そのことをエリアスの学説研究は教えてくれたのだと思う。

社会学的に考えるトレーニングとしてのエリアス研究。本書はいわばその副産物である。わたしたちの時代と経験を理解するよすがにしたいという、わたしとその周囲の人々の思いからおこなわれた基礎的な研究を、なぜわざわざ書物のかたちで刊行するか。もしかするとわたしの知らないところに、わたしの予想だにしないかたちで本書のなかに社会学的に考えることのおもしろさを読み込んでくれる読者がいるかもしれないという、万に一つの思いからである。少しはその役に立つかもしれないと思い、本書では学説史的な性格をもった議論を、序章と終章に配置している。エリアスにおける時代への問いを、あくまで現在的な視点から再構成するためである。そしてそれらにはさまれるかたちで、エリアスの著書の読解を試みた第一章から第四章までが置かれている。エリアスにおける社会学的な理論化のあり方を、やはり現在的な視点から再構成するためである。わたしの厚顔無恥な思いに関し、読み手の寛容を請うものである。

なお二〇一一年三月一一日の震災から今日に至るまで、いささか世の中がかしましいように思われる。自分たちがしてきたことの負債ですらある現状を前にして、改革や再生、伝統や道徳といった言葉に酔いしれる増長しやすい人々もいれば、そうした煽りに便乗して自分も他人を煽る側に回りたいと熱望する軽率な人々もいる。暮らしへの少しばかりの支えを必要とする人々に我がもの顔で寄生する厚顔な人々もいれば、そうした騒ぎのなかで火の粉が罹らぬよう、さまざまなものに見て見ぬふりしながら自分を状況に合わせようとする人々もいる。

たいていは中身がないにもかかわらず、自らの社会的な有益さを必死に売り込もうとするそのパフォーマンスは、あたかもエリアスが『ドイツ人論』で触れたワイマル時代や、さらには、エリアスにおいて近代のモデルとされた宮廷社会を思い起こさせる。しかし、やがて現在も過去になる。そのとき、現代という時代とそのなかでの個々人の振る舞いは、そのあり方を問われることになるだろう。それはそれで興味深い今後の課題である。

それにしても、そろそろ私たちは社会変動への耐性を身につけるべきではないか。現在の変動は、たしかにいくぶんかは新しいものかもしれないが、さんざん繰り返されてきた類という面も少なくない。そうした社会変動を前にして、調子に乗って世の中を単純に割り切りたがる愚にもうそろそろ気づいてもいいのではないか。もしその単純さに即して異質な人々を排除するという、これまでもさんざん繰り返されてきたことを今後も繰り返したいなら、それはそれで一つの社会のあり方であるだろう。それを止めるだけの力は私にはない。だがもしそうでないなら、私たちにはたぶんそれほど多くの選択肢は残されていない。多様な人々の共存がその数少ない回答の一つだろう。そしてもしそうした選択肢を選ぶなら、私たちがなすべき事柄はとても地味な事の積み重ねでしかあり得ない。派手な煽り文句やパフォーマンスは余計なものであるばかりか、むしろ弊害でしかない。歴史から何事かを学ぶというご大層なことを言うなら、もうそろそろそうしたことに気づいてもいいのではないか。エリアスの社会理論は、おそろしく単純な事柄がとても根が深く、それがそう簡単には過ぎ去ろうとはしないこと、それでもなお、そこには常に何かしらの可能性が開かれていることを教えてくれる。

もろもろの事情が重なって本書の刊行はたまたまこのタイミングになったが、いまだからこそ本書を刊行することの意義も少しはあるのかもしれない。そんなことを少しばかり思っている。

内海博文

目次

凡例

・エリアスの著書からの引用は、次のような省略記号を用いて、（省略記号 原著頁：訳書頁）というかたちでおこなう。エリアス以外の著書からの引用は（原著出版年＝邦訳出版年：訳書頁）というかたちでおこなう。

HG.: [1969] 1983, *Die höfische Gesellschaft: Untersuchungen zur Soziologie des Königtums und der höfischen Aristokratie, mit einer Einleitung: Soziologie und Geschichtswissenschaft*, 7 Aufl, Frankfurt am Main: Suhrkamp.（＝１９８１、『宮廷社会――王権と宮廷貴族階層に関する社会学的研究』、波田節夫・中埜芳之・吉田正勝訳、法政大学出版局。）

PZ1.: [1939] 1995, *Über den Prozeß der Zivilisation 1: Wandlungen des Verhaltens in den weltlichen Oberschichten des Abendlandes*, Frankfurt am Main: Suhrkamp.（＝１９７７、『文明化の過程（上）――ヨーロッパ上流階層の風俗の変遷』赤井慧爾・中村元保・吉田正勝訳、法政大学出版局。）

PZ2.: [1939]1995, *Über den Prozeß der Zivilisation 2: Wandlungen der Gesellschaft Entwurf zu einer Theorie der Zivilisation*, Frankfurt am Main: Suhrkamp.（＝１９７８、『文明化の過程（下）――社会の変遷／文明化の理論のための見取り図』波田節夫・溝辺敬一・羽田洋・藤平浩之訳、法政大学出版局。）

WS.: [1970] 1993, *Was ist Soziologie?*, München: Juventa.（＝１９９４、『社会学とは何か――関係構造・ネットワーク形成・権力』徳安彰訳、法政大学出版局。）

ED.: [1983] 1990, *Engagement und Distanzierung: Arbeiten zur Wissenssoziologie I*, Frankfurt am Main: Suhrkamp.（＝１９９１、波田節夫・道籏泰三訳『参加と距離化――知識社会学論考1』法政大学出版局。）

GI.: [1987] 1994, *Die Gesellschaft der Individuen*, Frankfurt am Main: Suhrkamp.（＝２０００、『諸個人の社会』宇京早苗訳、法政大学出版局。）

SS.: 1990, *Norbert Elias über sich selbst*, Frankfurt am Main, Suhrkamp.

SD.: [1990] 1992, *Studien über die Deutschen: Machtkämpfe und Hbitusentwicklung im 19. und 20. Jahrhundert*, Frankfurt am Main: Suhrkamp.（＝１９９６、『ドイツ人論――文明化と暴力』青木隆嘉訳、法政大学出版局 。）

MZ.: [1991] 1993, *Mozart: Zur Soziologie eines Genies*, Frankfurt am Main: Suhrkamp.（＝１９９１、『モーツァルト――ある天才の社会学』青木隆嘉訳、法政大学出版局。）

引用に際しては、邦訳のあるものについては基本的に参照したが、とくに断ることなく内海が訳しなおした箇所もある。この点、ご容赦願いたい。

引用文中の（ ）は原文中のものであり、［ ］は文意を考慮して内海が補足したものである。

エリアスの著書は、現在、Surkamp 社から次の全集が刊行されている。*Norbert Elias: Gesammelte Schriften in 19 Bänden*, Suhrkamp Verlag. またその英語版にあたるものとして以下のものが現在刊行中である。*The Collected Works of Norbert Elias*, UCD Press.

文明化と暴力

―エリアス社会理論の研究―

序章　『文明化の過程』をめぐって

一❖フロイトとエリアス──「文明化」への問い──

一九三〇年、S・フロイトは『文化のなかの不安』を発表する。[1] フロイトの「文化」論ないし「文明」論といえるこの論考の主張は、次の一節が集約する。[2]

文化とは人類を舞台にした、エロスと死のあいだの、生の欲動と死の欲動のあいだの戦いなのだ。(Freud 1948=1969: 477)

「文化」ないし「文明」を、フロイトはまず「性愛論《エロス》」(Ricoeur 1965= 1982: 329) の観点から分析する。この見方では文明とは、生得的な性衝動 (エロス) の断念を諸個人に迫る、超自我の別名である。成長の諸段階でさまざまな対象との結びつきを形成する性衝動は、この文明の要請に抵抗する。性衝動と文明（超自我）のこの綱引きのなかで個々人の性格は形成される。ときに過剰になりがちな超自我の厳格さを弱め、自我との緊張を緩和すること。文明の過酷さを宥める営みとして、フロイトは自らの精神分析を構想する。「したがってわれわれは、治療の目的のために、超自我とはしょっちゅう戦わざるを得ず、その主張を低くおさえようと努めるのである」（Freud 1948=1969: 494）。このヴィジョンからすれば、手放しの文明礼賛はありえない。

では文明は放棄すべきか。同時代の少なからぬ人々が抱いたこの手の文明敵視にも、フロイトは与さない。その理由を、「文化の発展が起こったそもそもの動機はなにか」（Freud 1948=1969: 459）という問いから説きおこす。フロイトによれば人間の生得的衝動は、性的なものにかぎられない。攻撃衝動に代表される「死の衝動（タナトス）」もその一つである。「われわれにとって隣人とは、たんにわれわれの助手や性的対象たりうる存在であるばかりではなく、われわれを誘惑して、自分の攻撃本能を満足させ、相手の労働力をただで利用し、相手をその同意をえずに性欲の道具として使用し、相手の持物を奪い、相手を貶め・苦しめ・虐待し・殺害するようにさせる存在でもある」（Freud 1948=1969: 469）。人間の人間に対する根源的敵意というこのフロイトの判断には、第一次世界大戦が影を落とす。人間のこの死の欲動を抑止しうるのは、社会的な絆という厳格な裁定者だけである。文明はそれを創出する。たとえば文明は、「隣人を自分自身のように愛せ」という、死の衝動論からすればこれ以上ないほど人間本性に背いた理想的命令を課することで人間の性衝動を変形し、そこに生まれる社会的紐帯によって攻撃衝動を抑え込む。エロス論では個々人を責め苛む内的暴力とされた超自我は、タナトス論では人間の人間に対する外的な暴力を挫折させるための代償と位置づけられる。「文化は、個人の危険な攻撃欲を弱め、武装解除して、あたかも征服した町に配置した守備隊のように、個人の内部の法廷によって監視させることによって、この攻撃欲を支配するのである」（Freud 1948=1969: 478）。このヴィジョンからすれば、いかに居心地が悪かろうとも文明を手放すことはできない。「罪責感の増大は、人間に生まれつきそなわっているアンビヴァレンツの葛藤の結果として、また愛と死の欲動との永遠の争いの結果として、文化とは切っても切れない関係にあ」るのだ（Freud 1948=1969: 486）。

だが「文化のなかの不安」は、やがて「個々の人間には耐えられない程度に達するかもしれない」（Freud 1948=1969: 486）。とりわけ「現代という時代」は――と、フロイトは第一次世界大戦と第二次世界大戦の狭間で述べている――「自然力の征服の点で大きな進歩をとげ」たため、死の衝動がその発現に際してこれまでにない規模の破壊力を発揮しうる時代である。「いまや人類は、……自然力の助けを借りればたがいに最後の一人まで殺し合うことが容易である」（Freud 1948=1969: 496）。こうした時代にあってなお文明は、はたして人間の死の衝動を挫折させうるのか。もしできるとして、その結果、過酷さを増す超自我の呵責に人間は堪えられるのか。そうした診断にとって現代は「特別興味のある時代」である。エロスとタナトスという不死の「天上の二つの力」が繰り広げる闘争を前に、フロイトはエロスの健闘に期待しつつ論考を閉じている。だが一九三一年の第二版に際してフロイトは、最終的な結語として次の一節を加えている（Gay 1988=1997: 553）。「けれども、誰がよくこの戦いの結果と終末を予見できるであろうか」（Freud 1948=1969: 496）。

フロイトのこの論考には時代のある相貌を見て取れる。啓蒙思想批判である（Hughes 1958=1999; 厚東 1987）。一八世紀後半に展開を遂げ、一九世紀ヨーロッパの社会思想を主導した啓蒙思想は、ギリシア＝ローマという古典古代の再生という性格を有していた。その際モデルとされたのは、「ロゴスを基軸とする古代像」（厚東 1987: 195）であった。これに対し、J・J・バッハオーフェンやF・ニーチェといった「一八六〇年代世代」（厚東 1987: 183）は、そうした古典古代像への反抗を試みた。古代像のこの書き換えに賭けられていたのは、同時代を支配する認識枠組――「普遍的な人間性を前提にしてそこから普遍的に妥当する社会法則を導出しようとする、共通の学問的思考」（厚東 1987: 196）――の批判であり、その批判を通じて人間と社会に対する新しい見方を切り拓くことであった。そして続く「一八九〇年代」世代は、「実証主義への反逆」(Hughes 1958=1999: 13-26) というスタイルのもと、啓蒙主義批判を全面開化させる。フロイトもそのなかにいた。意図からすれば実証主義的な科学として構想された初期フロイトの「メタ心理学」にすら、そうした傾向は見て取れる。つまり、「道徳科学 (精神科学)」の基礎領域とされてきた従来の心理学が「意識」に照準を合わせてきたとすれば、フロイトのメタ心理学は「無意識」や「抑圧」といったキー概念が示すように、従来の心理学では無意味とされてきた夢や言い間違いなどにまで意味の分析を拡張した。「精神分析ほど、意味作用に多くの意義を与えた心理学の形式はない」(Foucault 1994=1998: 157)。ここには「一八六〇年代」の「古典古代像の転換」の影響を見て取れる。こうした傾向は一九一三年の『トーテムとタブー』や第一次世界大戦以後にはいっそう顕著になる。『幻想の未来』や『モーセと一神教』といった「社会に関する思弁的著作」(Hughes 1958=1999: 101) はそのことを示す。なかでも『文化のなかの不安』は、「意識」やロゴスへの疑念にもとづく精神分析的な「文明」論が、「完結はしないまでも、少なくとも開花をみせ」(Ricoeur 1965=1982: 284) たものとして重要である。世紀転換期のネオ・ロマン主義的な問題意識を、フロイトは共有していた。

しかし、フロイトにおける「文明の可能性についてのきわめてペシミスティックな評価」(Hughes 1958=1999: 94) は、世紀転換期の「熱に浮かされたような文化批判の風潮」(Peukert 1989=1994: 130) とは一線を画していた。すなわち、少なからぬ同時代人が、「オプティミスティックな進歩絶対主義への批判に急なあまり、逆に自己の悲観的な没落予言を絶対化し、それが彼らの側からする現状の鋭利な分析を可能にすると同時に、その総体的な診断ならびに代案提示の極端な一面化をもたらし」(Peukert 1989=1994: 130) たとすれば、フロイトは全面的な啓蒙主義批判に耽溺したわけではない。M・ヴェーバー同様、フロイトもまた、「一八世紀の特徴をなす倫理的な要請——なかでもいちばん肝心なものは、可能なかぎり理性的な解決と人間的な態度に固執するということ」(Hughes 1958=1999: 20) を、啓蒙思想の遺産として受け継いでいた。死の欲動の抑止という、「文明」への新たな意味づけは、「近代ヨーロッパの文化世界に生を享けた者」として、「文明」とリビドーの相剋という二律背反に向き合い、それに耐え抜こうとしたフロイトの知的誠実さの証しであった。「フロイトの哲学的気質は、幻想なき明晰さと生への愛との間の微妙な均衡に、あるいは両者のとらえがたい葛藤に存するのではないか。……それだからこそフロイトはスピノザではなかったし、ニーチェでさえなかった」（Ricouer 1965=1982: 371）[3]。

『文化のなかの不安』から三年後の一九三三年、ナチスが政権を掌握する。一九三八年、ナチス・ドイツによるオーストリア併合により、フロイトは故国オーストリアから亡命する。翌一九三九年、ながきにわたった闘病生活の末、フロイトは亡命先のロンドンで生涯を閉じている。

フロイトの死と同じ年、スイスのバーゼルにある出版社から「精神分析的雰囲気を濃密にただよわせている一つの重要なテクスト」（Gay 1985=1995: 284）が刊行される。著者の名はノルベルト・エリアス。著書には『文明化の過程』というタイトルが付されていた。エリアスもまたユダヤ人として一九三三年に故国ドイツを追われていた。『文明化の過程』が完成されたのは、奇しくもフロイト最期の地となったロンドンであった。

『文明化の過程』でのエリアスの問いは、『文化のなかの不安』でのフロイトの問いと酷似する。エリアスの同書の「序論」は次のように始まる。二〇世紀前半のヨーロッパに生きる人々は、しばしば、過去の自社会や同時代の他社会の人間に自分たちとは異なる振る舞い方や思考様式を見いだす。そうした相違を表現する言葉として、当時、学問的にも日常的にも用いられていたのが、「文明化 Zivilisation/civilization」という言葉である。たとえばそれは、「われわれの社会の人間は昔よりも文明化された」とか「他の社会の人間はわれわれの社会の人間よりも文明化されていない」といった形で用いられる。むろんそうした言明に込められている含みはさまざまである。「文明化されていない」社会の「野性的で自由で冒険に富んだ生活に魅惑されることもあれば、『野蛮』な習慣・不潔さ・粗暴さに嫌悪を感じることもあるだろう」（*PZI*. 75: 57）。いずれにせよ、そうした言明はごく単純なことを示唆している。「文明化された」振る舞い方といわれるものが、人間にとって決して普遍的ではないということである。このことはあらためて話題にするまでもないことかもしれない。だがエリアスによればそうではない。「こうした事情が呼び起こす問題については、それがわれわれ自身の理解に少なからず意義があるにもかかわらず、現代の人間がすでに明確に意識しているとは、残念ながら言えないのである」（*PZI*. 75-76: 57-58）。こう述べたうえでエリアスは問う。

そもそもヨーロッパにおけるこの「文明化」という変化は、いかにして起こったのか。……これこそ当研究がその解明に寄与せんとしている主要問題である。（*PZI*. 76: 58）

似通っているのは問いの形式ばかりではない。やはり「序論」でエリアスは、同書を支える知的態度にも触れている。「研究にあたって指針となったのは、われわれの文明化された行動様式が、およそ考えられうるすべての人間行動様式のなかでも最も進歩したものであるという観点でもなく、『文明』は破滅を宣告された最悪の生活形態であるという見解でもなかった」（*PZI*. 83-84: 64）。文明に対する礼賛でもなければ性急な批判でもない。フロイトをして近代のもっとも重要な思想家のひとりにした知的態度を、エリアスはフロイトから学んでいた[4]。

そして、フロイトから問いの形式と知的構えを学んだ者が、そのもっとも重要な遺産を受け継いでいないわけがなかった。精神分析的な知見である。エリアス自身、『文明化の過程』のある箇所で述べている。「この際ほとんど述べる必要もなかろうが、ここではっきりと強調しておきたいことは、当研究がフロイトおよび精神分析学派のこれまでの研究に多くを負っているという点である」（*PZI*. 416: 368）。みずからの受けた思想的影響の痕跡を著作のなかにあまり残さず、晩年のインタビュー等でも多くを語らなかったエリアスにあって、もっとも明確に語られている影響の一つがフロイトのそれである。

問いの形式、知的態度、精神分析的な知見。こうしたフロイトとエリアスの影響関係を、Z・バウマンは次のように要約する。「広範な衝撃と賞賛の波をかき立てた『文化のなかの不安』が出版された直後、若きノルベルト・エリアスは、直感的で理念型的な形式で提示されていたままのフロイトの仮説を、歴史研究のテストにかけてみようと決心した。エリアスの決心は、注目すべき『文明化の過程』に結実している。この書物は、それまで未調査のまま無視されてきた種類の歴史資料を探索し、『日常生活』に歴史研究の焦点をあてることにより、社会史研究の新しい地平を開拓したのであった」(Bauman 1987=1995: 163)。

とはいえ同じ問いや知的態度、道具立てからの出発が、同じ論理展開や結論に導くわけでは必ずしもない。フロイトとエリアスのあいだには小さからぬ相違が存在する。フロイトとの関係に触れたさきの一節に続けてエリアスはいう。「フロイトの前提と当研究の前提との少なからざる差異は……ここではっきりと強調しなかった」(*PZI*.416: 368)。『文明化の過程』の執筆を支えた語られざる差異とはなにか。その一つが学問上のディシプリンの違いである。すなわちフロイトの受けた教育は、もっぱら自然科学的・医学的なものであった。これに対しエリアスの受けた学問的な訓練は、初期のごく短期の医学を除けば、最初は哲学であり、最終的には当時新興の学問であった社会学である。このことが、「文明」をめぐるエリアスの考察に、パーソナルな資質には還元しがたい性質をもたらしている[5]。その詳細を跡づけることは本書の課題を越える。以下では一つの点にのみ触れておく。K・マンハイムの影響である。

二❖マンハイムとエリアス―新興学問としての社会学―

エリアスが社会学を学んだのは一九二〇年代のドイツ、とりわけ第一次世界大戦後のリベラル化したハイデルベルク大学である。そこでエリアスが触れたのは、フロイトと同じ「一八九〇年代世代」のM・ヴェーバーが「精神の病」のなかで切り拓いた社会学であった。エリアスは回顧していう。「その大学［ハイデルベルク大学］では、社会学が高い地位を得ていた。マックス・ヴェーバーの名声が、その大きな要素となっていた」（*SS*. 123）[6]。

ヴェーバーが「一八九〇年代世代」のドイツ社会学の劈頭を飾るとすれば、最後を飾るのがマンハイムである（Hughes 1958=1999: 282）[7]。ヴェーバーとマンハイムを隔てる経験の差は小さくない。なにより第一次世界大戦が横たわる。この戦争を挟んでドイツは、ヴィルヘルム時代からワイマル共和国時代へと移行する。だが政治体制の変更を越えた危機意識で、マンハイムはヴェーバーと結びついていた。合理化への熱狂と「文明」批判の狭間で進行していた、「学問の危機」がそれである（Hughes 1958=1999; Ringer 1969=1991）。「ドイツにおいてはとくに、戦後の知的世界の相貌は、戦前のそれとはほとんどまるきり変わってしまった。一九一四年以前には、……自覚的に洗練され卓越したひとびと――教養階層出身の真面目で威厳のある著作家や教授たち――が、まず絶対的な優位を保っていた。ところが、戦争の終結とともに、この標準が全般的にくずれてしまったのである」（Hughes 1958=1999: 101）。

この「学問の危機」の特徴は次の一言に要約できる。「知識人はもう観察者ではなかった」（Hughes 1958=1999: 286）。戦前のドイツの知識人の営みは、多かれ少なかれ、超越的な足場をもつ営みであった。あるいはそう信じえた。その不可能性が、戦後になって明白になる。「治乱をこえたオリュンポス山上から同時代人の社会的営為を打ち眺め、また文学的・歴史的学殖を適宜ひけらかし、自分の思惟の前提にはほとんど反省の眼を向けないでおいて、真なるもの、美なるもの、善なるものについていとも荘重な結論を出すなどと言うことはもはやできぬことであった」（Hughes 1958=1999: 273）。むろんこの「読書人の没落」（Ringer 1969=1991）は、単なる学問上の問題ではなかった。かつてヴェーバーがなかば予言的に示した「文明の危機」――世界の没意味化と諸価値の対立という「神々の闘争」――の、いわば尖鋭な表れであった。なかでもみずからの営みの超越的価値――たとえば市場経済や政治的動向に対する自律性――を信じてきた知識人こそ、「文明の危機」のなかでとりわけ速やかに、かつ激しく動揺せざるをえなかっただけである。知識人の営みも近代的な生活の過程に埋め込まれたものであり、その認識の価値も「神々の闘争」に参与する諸価値の一つにすぎないという、あのヴェーバーの予言がようやく痛感されつつあった。そこに知識人――そうした危機意識すら持たない知識人は除いて――は次の選択を迫られる。科学的方法によって確実に語りうるとされた領域に研究の射程を限定することで、ニーチェやヴェーバーが文化発展の「最後の人間」と呼んだ、あの疑いを知らぬ合理化の担い手である「精神なき専門人」や、自己の安寧のみを願う「心情なき享楽人」となるか。それとも、意味飢餓という「文明」のなかの不安を、自己の下す決断や他者の決断への盲従によって癒そうとする「決断主義者」や「偽予言者」になるか。第一次世界大戦の経験は、ヴェーバーが視線を注ぎ続けた「文明の危機」を、深めこそすれ決して軽減しなかった。「裂け目に立つ知識人」（Hughes 1958=1999: 265）。それが「読書人の没落」の核心であった。

　だがこの没落のなかから、「ヨーロッパの学者・文学者 literati の機能と使命を現代的に解明しなおそうとする」（Hughes 1958=1999: 273）試みが現れる。「一九二〇年代末のドイツは……ヨーロッパ社会思想が過去半世紀になにを成しとげてきたかについての経過報告をする最後の努力に格好の舞台であった。……断崖の縁に立って、ドイツ知識人のなかでも感覚鋭いひとびととは、世にいう死に臨んでの透察力を思わせるような強靱な意識をもつにいたった」（Hughes 1958=1999: 284）。なかでもひときわ際立っていた一人がマンハイムである。そして、その「知識社会学」が確立されつつあったハイデルベルク時代とフランクフルト時代のマンハイムの傍らに、エリアスはいた。エリアスはいう。「一九二四年に私がハイデルベルクに到着したとき、カール・マンハイムは三〇歳であった。このハイデルベルクの時期において、……彼はその多産の絶頂にあった」（SS. 138）。

　一九二九年、マンハイムの代表作『イデオロギーとユートピア』が刊行される。そのなかでマンハイムは、みずからとヴェーバーと結びつけている地平を独特の形で表現している。

　われわれのあらゆる問の源泉になっているあの生の困惑は、次のただ一つの問に概括することができる――イデオロギーとユートピアの問題が一たび徹底的に提出され徹底的に考え抜かれるような時代に、人間は一般におどのように考え、どのように生きることができるのであろうか。（Mannheim 1929=1954: 13）[8]

　マンハイムによれば、「イデオロギー」という語の歴史は学問的なレベルを越えて重要である。その言葉の登場は、人間がみずからを導いている諸観念のなかに「嘘の意識がありうることを体験」し始めることを意味している。加えてそうした不信の念は、やがてより「方法的になる」。相手の誤謬を単純な嘘とみたり、個人的な不誠実さや狡さから説明して満足したりするのではなく、そうした誤謬や不誠実さの源泉を、多かれ少なかれ社会的に把握しようとする態度の成立である。

　「方法的」な懐疑のなかでもマンハイムが重視するのは、「全体的イデオロギー概念」の成立と、その日常化にともなう「普遍的把握」の登場である。「全体的イデオロギー概念」とは、敵対者の個々の理念等を利害などと関連させて把握する「部分的イデオロギー概念」から踏み込んで、全体的な意識の構造を問う疑念的態度を意味する。その端緒は「意識哲学」の登場に見てとれる。ヴェーバーが「世界の呪術からの解放」として述べたように、近代においては呪術や宗教に代わって科学が世界を捉える枠組の主役になる。だが科学は世界の意味を説明しはしない。ここに、「ただ主観に関係してのみ世界は『世界』として存在する」（Mannheim 1929=1954: 26）という、意識哲学が登場する。宗教が世界に付与してきた客観的意味に代わり、各々の人間の主観的側面による世界の意味的な内属のみが、世界の存在を担保するという見方である。この意識哲学のもとで、宗教に代わって世界の安定的な構成を担う契機として現れてきたのが「意識一般」や「一般意志」といった統一的主観である。意識に何らかの統一性を想定することで、世界の安定性を確保しようとしたわけである。だがフランス革命やナポレオン戦争を通じた「歴史的なもの」の経験から、国民的感覚が生成する。超時間的・抽象的・超社会的な「意識一般」や「一般意志」の擬制性が批判され、世界構成の契機は「国民」の「民族精神」へと移行する。だが民族精神もより具体的な主体に分化される。「階級意識」である。そしてマルクス主義の用いたこのイデオロギー概念が、やがて一般へと拡大する。ただしイデオロギー概念のこの日常化は、単なる量的拡張ではなくイデオロギー概念の根本的な変質をともなう。敵対者に対してのみイデオロギー概念を適用する「特殊的把握」から、同様の懐疑的態度を自分自身にも適用する「普遍的把握」への移行である。自分の立場をも意味的な内属という観点から捉えるとき、イデオロギー概念を単なる党派的武器として機能させてきた「政治的・扇動的な覆い」のむこうに、あらゆる思考の「存在（被）拘束性」という、イデオロギー概念の「純粋に知識社会学的な内容」が露わになる。「全体的イデオロギー概念の普遍的な把握が現れると同時に、単なるイデオロギー論から発展して知識社会学が生まれるのである」（Mannheim 1929=1954: 38）。

ここに成立をみる知識社会学は、見かけ上、「真理とは何か」という問題を回避する。人間の思考の存在拘束性に目を向けるそれは、しばしば、あらゆる思考を単なる相対的な知識にすぎないとする相対主義とみなされる。だがマンハイムによれば、知識社会学がこの意味での相対主義にとどまるならば、近代の思想が遂げつつある「無気味な転換」を「徹底的に考え抜」いているとはいえない。その転換とは、「現実とは何かという問題が、現代にいたって疑わしくなってしまった」（Mannheim 1952=2006: 182）という問題の出現である。すなわち、かつてのイデオロギー概念の成立とともに、現実と認識のあいだのいかなる対応関係が正しいのかという虚偽意識の問題が、人間にとって恒常的なものとなった。これに対し知識社会学が問題とするのは、虚偽意識という問いの立て方それ自体である。つまりわれわれの生きる世界が、各々の存在拘束性に従って視点依存的に異なって現れるものだとすれば、「われわれはもうほとんど同一の思考の世界に住んでいない」(Mannheim 1952=2006: 183)。そうした時代にあって、すべての思考を単なる相対的な知識とみなし知的なニヒリズムに陥るのならば、それは、中立性や超時間性を特徴とする知識のみを価値あるとする「古い型の認識論」から抜けきっていないことを意味する。「古い型の認識論」やその変種であるニヒリズムに陥ることなく、この時代において「なお…考え、…生きる」ためには、ふたたび「真理とは何か」という問いに立ち戻る必要がある。そこに知識社会学は、人間の知を「歴史的な流れのなかから生まれるような問題構成や概念構造と関連させる」ことにより、「その時の世界を形づくっているところの、あの意味を与える一切の仕組みが、歴史的に決定され、かつ、互いに置き場所を交換されるような大道具・小道具であるということ、また、人間はそれらの道具立てのなかや舞台裏で形成されるということ」(Mannheim 1929=1954: 45) を示す。この歴史は、『イデオロギーとユートピア』でマンハイム自身が示したように、虚偽意識という問題化の形式や、現実とその認識という問題構成といった自分たちの時代の「真理」形式をも、歴史的社会的な構成要素として位置づける。ここに「古い型の認識論」を打ち破る可能性がある。「理性が理性自身の構造にもっとずっと深く入りこんで観察するということは、思考の破産を意味しない。考えるということは、……たえず自分自身を問題にし、自分を矯正するようにし向ける過程である」(Mannheim 1929=1954: 65)。「歴史のなかの［普遍的な］真理」ではなく、みずからの時代の「真理」形式を含めた「真理の歴史」を描きだす知識社会学を通じて、不動の「真理」とは違う、より動的な「真理」概念を想像する道が拓かれる。「無関係性とか『絶対性』とふつう呼ばれているものを、この流れ［歴史的社会的諸連関］のなかに発見することが、一般に努力するだけの価値がありまた現実的な課題であるかどうかはきわめて疑わしくなる。おそらくは、静的にではなく関係的にまた動的に考えることを学ぶことこそ、もっと価値のある課題であろう」(Mannheim 1929=1954: 47)[9]。

マンハイムは「自分の立場がはらむドラマを自覚していた」(Hughes 1958=1999: 284)。「一八九〇年代世代」による先行する啓蒙主義批判は、M・ヴェーバーのような少数の例外を除けば、たとえその批判がいかに赤裸々であろうとも、依然としてしばしば、不変の「真理」に対する信頼に支えられていた。これに対し、虚偽意識という問題化の形式そのものが問われるようになる自分たちの世代には、みずからが観察者たりうるという確信などもはや最初から与えられておらず、それゆえ近代「文明」の要請する合理性への適応か情動的価値への没入かという二者択一に、かつてよりもはるかに激しく引き裂かれがちである。このことをマンハイムは知っていた。「ヴェーバーの場合と同様——しかしそれよりももっと明確に——『イデオロギーとユートピア』は、社会の研究者が確実性を求めても決して安息の場をえられるものではないことを明らかにしていた」(Hughes 1958=1999: 283)。またマンハイムは、そうした「裂け目」がしばしば逃避へと人間を突き動かすであろうことも知っていた。「歴史がそれを構成する要素や構造を露わに示すような歴史的瞬間には、われわれの科学的な思考はこの状況に精通していなければならない。というのは、予想以上に早く——このことはすでに歴史上しばしば見られたことであるが——このような透明な影像は姿を消し、世界はただ一つの像に固まってしまう、ということがあり得ないことではないからである」(Mannheim 1929=1954: 45-46)。マンハイムのこの未来図は、『文化のなかの不安』でのフロイトの予見と酷似する。いずれも刊行されたのは、ヒトラーによる政権掌握の数年前である。そのときまでそばにおり、知識社会学の構築に立ち会ったエリアスにとって、マンハイムから受けた影響は小さいはずがなかった。「社会学理論の非科学的な本質に困惑していた私にとって、マンハイムのイデオロギー概念は疑いもなく大きな助けとなった」(*SS*. 143)。

『文明化の過程』の執筆において、こうしたマンハイムの影響が語られざる前提としてあったとすれば、そこに産みだされるフロイトとの差異とはなにか。基本的な相違の一つは次のようにいえる。フロイトが多かれ少なかれ世界の客観的な意味として捉え、精神分析の語彙でもって外在的に把握した「文明」を、エリアスは内在的に把握する、というのがそれである。社会学者エリアスに多大な影響を与えた二〇世紀初頭のドイツ社会学は、客観的意味の崩壊を前提に展開されてきた。その限りで『文明化の過程』においてエリアスが問うたのは、世界の客観的な意味や法則としての「文明化」ではない。エリアスの問い、それは、いかにして人間が「文明化」という言葉のもとで自分自身や世界を構成あるいは経験するにいたったのか、その過程の解明であった。あるいはフロイトとの関係に焦点を絞っていえば次のようになる。いかにして人間は、「文明」による抑圧という問題構成――「文明」としての「超自我」によって抑圧される「衝動」という構図――に即して自分自身を経験し、また、自分の生きる世界を抑圧的な「文明化」という問題構成――「衝動」を抑圧する「超自我」としての「文明」という構図――において経験するにいたったのか、というのがそれである。「ヨーロッパにおけるこの『文明化』という変化は、いかにして起こったのか」というエリアスの問いは、この意味でフロイトのそれとはいささか異なっていた[10]。

だが第二次世界大戦以前のヨーロッパが『文明化の過程』を知ることはなかった。大戦は、エリアスからその機会を――それ以上にはるかに大切であった両親たちの生命とともに――永遠に奪い去ることになる[11]。

三❖フーコーとエリアス―自分自身からの離脱と自己距離化―

「『ほら、あそこにフーコーがいる』という言葉を聞くと、誰もが振り向いてフーコーが通り過ぎるのを見る。……この七〇年代初めには、フーコーの生活はすっかり変わってしまう」(Eribon 1989=1991: 321)。一九六〇、七〇年代、フランスの思想界は大規模な変動を経験する。その端的な現れが構造主義の興隆である。構造主義が攻撃の標的としたのは、J・P・サルトルの体現する実存主義ないし現象学とマルクス主義である。むろん構造主義として総称されたさまざまな思潮は、サルトルやメルロ＝ポンティの現象学・実存主義、さらにはそれらと密接に結びついた人間学的マルクス主義から決定的な影響を受けている。むしろその徹底的な吸収の末に、そこに孕まれていた盲点を見いだしたのだといえる。それが「意識」である。すなわち、かつてニーチェは神の死を宣告した。代わって世界の意味の新たな担い手の座についたのが――マンハイムも指摘したように――人間の主観的な「意識」である。これに対しマルクス主義や現象学――そして先に触れたフロイトもまた――は、「意識」を自明視するこの態度との格闘の所産であった。だが一九六〇年代は、戦後思想を主導してきた実存主義的マルクス主義にも、神の似姿としての「意識」の残滓を発見する。普遍的ヒューマニズムを掲げる人間中心主義や、それに結びついたかたちで世界に付与されてきた「解放」や「革命」のレトリック、「発展」の観念などがそれである。「一九三〇年代に成熟した人々が『過去のフランス古典主義の世代』の洗練に我慢がならなかったと全く同じように、一九五〇年代に成人となったものたちは、年長のものたちのイデオロギーと革命的レトリックへの没入が理解できなかった」（Hughes 1968=1970: 178）。この「意識」の至上権への徹底的な批判から構造主義は産みだされる。批判の基盤になったのは、「人間個人を越えたそれぞれの文化領域に固有の、見えにくい無意識的なシステムの支配という考え方」（中村 1978: 14）である。「構造」という伝統的メタファーによって表現された「無意識的なシステム」を手がかりに、世界の意味的な構成において神の座に居座り続けてきた「意識」を問い直すこと。構造主義の問題構成は、「近代西欧の社会」の「自己中心的な文明化」（中村 1978: 14）に対する根源的懐疑を意味していた。ここに「構造」の歴史的・社会的構築性を指摘することにより、その相対化を図るという批判的分析も生み出されていく。この構造主義をはじめとする一連の近代性への批判的分析の隆盛のなかで、M・フーコーは時代の寵児となる。

契機となったのは一九六六年の『言葉と物』だが、より決定的だったのは「フーコーの最もすばらしい本の一つ、おそらくは最もすばらしい本である『監視と処罰』（『監獄の誕生』）」（Eribon 1989=1991: 316）である。『監獄の誕生』でフーコーは、フランスの一八世紀半ばから一九世紀半ばにおける刑罰制度の変遷を取り上げる。

絶対主義国家において刑罰制度の中心的形態であった身体刑は、一八世紀啓蒙の改革者たちにより、過度の残忍さや野蛮さを理由に告発される。代わって構想されたのが、公衆の面前での公共土木事業への従事である。その労役は集団に対する利益を生み出すだけでなく、受刑者自身にとっても矯正のための学校として機能し、犯罪と懲罰の結合という表象も流布する。だがこの一八世紀の夢想は、ほどなく監獄という新たな刑罰システムに取って代わられる。受刑者や社会にとって無益なうえに費用もかさむと批判されたにもかかわらず、監獄による閉じ込めは一八世紀末頃から一九世紀には懲罰の中心的形態になる。

この刑罰制度の変遷の根底には、フーコーによれば、権力技術の変容とそれに随伴する「近代精神」の一つの系譜が横たわる。従来の君主制が依拠してきた権力技術の特徴は、人間を集団のかたちで把握し管理する点にある。これに対し一七、八世紀に生まれてくるのは、人間を個別的に管理する権力技術である。すなわち、古典古代をモデルにして一八世紀啓蒙の改革者たちが夢想した社会とは、自然状態・原始的な契約・基本的人権・一般意志などを拠り所とすると同時に、機械装置の入念に配置された歯車・際限ない強制権・無限の訓育・自動的な従順さとのアナロジーを拠り所とする社会でもあった。そのための技術の中核をなす「規律化」は、流動的で雑然とした多数の人間を、監視や観察、試験といった手段を用いて、社会的原子としての「個人」ないし社会的分業を担う多様性ある個別的な諸要素へと変換する。「個人というものは、社会の〈観念論上の〉表象の虚構的な原子であるにちがいないが、しかしそれは『規律・訓練』と名づけられる、権力の例の種別的な技術論によって造りだされる一つの現実でもあるのである」(Foucault 1975=1977: 196)。そしてこうした権力技術が、やがてその母胎であった軍隊や修道院などから、病院や学校、工場や懲罰房といった場に拡張されていく。その拡張に深く結びついていたのが、人間諸科学である。人間諸科学は、規律化とともに現れてきた「個人」の実在性に準拠して、主観・人格・意識といった諸概念を造りあげ、分析領域を切り拓いていく。「最近一世紀以上ものあいだ、われわれ《人類》が夢中になっているこの人間諸科学はその技術的母胎を、規律・訓練およびその探査の、些事にこだわる陰険な精密さのなかにもっている」（Foucault 1975=1977: 225）。同じことは人間中心主義にもあてはまる。そこでの道徳的な権利要求において依拠されている「個人」とは、規律化の客体かつ道具として誕生したものであった。だから「思い違いをしてはならない。……人々がわれわれに話しているその人間像、そして人々が解放しようと促しているその人間像こそは、すでにそれじたいにおいて、その人間像よりもはるかに深部で営まれる服従化の成果なのである」（Foucault 1975=1977: 33-34）。

こうした権力技術の変容と近代精神の系譜に照らせば、刑罰制度の変遷は次のようにいえる。すなわち監獄の誕生は、一八世紀の改革者たちが掲げた契約論的な社会構想と無関係ではなかった。契約論的な社会の構想の深層では、規律化という権力技術がたえず作用し続けていた。「自由の概念を発見した啓蒙時代は、規律・訓練をも考案したのだった」（Foucault 1975=1977: 223）。改革者たちは、身体刑の「過度の残忍さ」に刑罰の法的限度として尊重されるべき「人間性」を対置させ、また過去に罪を犯した者へのしばしば過度に残忍で不規則な処罰に、未来における犯罪の防止を理由にした個々人の精神の規則的な規律化を対置させる。そこに国王との対決において諸効果を及ぼしてきた受刑者の身体は、有用さをめざす社会の占有物として捉え直される。この改革者たちの構想は、処罰における時間上の反転や規則性、監視にもとづく規律化という刑罰の理論的基礎において、監獄と共通する。異なるのは、改革者たちの構想に含まれていた監視と処罰の結合をより簡便なかたちで実現するのが監獄であったという点である。監獄は、改革者たちの構想した犯罪者の馴化や再教育という厄介な作業を放棄し、人間諸科学に裏打ちされた「非行性」を活用して「危険有害な個人」を生産・再生産する。人間科学の設ける「文明」と逸脱の境界に基づいて、監獄の繰り返す監禁は当然のものと受けとめられる。権力技術の変容のなかで交錯した「処罰すること」と「監視すること」という「二重の基礎――一方では法律的＝経済的な、他面では技術的＝規律・訓練的な――が、監獄をすべての刑罰のなかでも最も無媒介的で最も文明化した形式として出現させた」（Foucault 1975=1977: 233）のである。

『監獄の誕生』はすぐさま世界的に流通した。呼び起こされた反応は沈黙から批判まで多岐にわたる。なかでも『監獄の誕生』でフーコーの触れた「一望監視装置《パノプティコン》」が、「『権力の眼』の、制度としての碁盤目状監視の、象徴になった」ことは重要である（Eribon 1989=1991: 318）。フーコーによれば規律化の諸制度は、ベンサムによる「一望監視装置」のユートピアにおいて一般化しうるモデルを獲得する。この装置に閉じ込められる者は、不可視の看守からの絶えざる監視・観察・試験とそれらへの自覚状態の植えつけにより、規律を自発的に働かせ自分自身をこの権力技術の要素にする。そのとき「規律・訓練の装置は民主的に取り締まられていくだろう」（Foucault 1975=1977: 209）。このように記述されたパノプティコンが、以後、さまざまな領域において、主体的であることは同時に従属的であることを浮き彫りにするためのメタファーとして用いられるようになる。『監獄の誕生』は、「規律・訓練的な社会」（Foucault 1975=1977: 211）ないし「監視の社会」（Foucault 1975=1977: 217）に対する告発として受容されていくのである。

その傍らで、エリアスの『文明化の過程』が一九六九年にドイツで再版される。一九七三年にはフランスでも翻訳され予想外の売れ行きとなる。エリアス社会理論への関心が、ドイツやオランダ、そしてフランスなどで生まれつつあった。一九八〇年以降には他の著書も刊行・翻訳されたこともあり、徐々にエリアスは二〇世紀の重要な社会学者のひとりとすら目されるようになっていく。エリアスに対するこうした評価の高まりは、フーコーに対する高い評価を産みだしたヨーロッパ社会思潮の変動と無関係ではなかった。「ドイツでは学生たちが一九六九年に再版された『文明化の過程』を発見し、近代の社会生活のますます規律化されていく性質に関するひとつの説明として、それをフーコーの著書『監視と処罰』といっしょに読んだ」（van Krieken 1998: 37）。それがドイツに限られなかったことは、たとえばアナール派を中心としたフランス歴史学でのエリアスへの着目やそこでのフーコーとの並列に見て取れる（Muchembled 1988=1992; Corbin 1992=1997; Apostolidès 1981=1996）。

この時期にフーコーとエリアスのあいだに設定された類縁性は、『文明化の過程』のなかでもおそらく最も頻繁に引用されてきたであろう、次の一節に端的に見て取れる。

人間の意識や「理性」や「理念」だけしか眼中におかず、衝動の構造や人間の情感や情熱の方向を同時に考慮に入れないような研究は、すべてはじめからその成果が限られている。……理念や思考形式の歴史もまた、人間相互の関係の変化と同時に、行動様式の構造や心的状態の構造をも、ひとつの纏まりとして考えたときにはじめて、本当に理解できるのである。（*PZ2*. 399: 411）

エリアスによれば、所与のものとして立ち現れる「意識」や「理性」、そしてそれら「意識」や「理性」の働きにおいて抱かれている「理念」や「観念」は、社会学的な分析の確固とした基礎にはならない。代わってエリアスは、次のような現象のなかに「意識」や「理性」や「理念」を差し戻す。発話や振る舞いといったさまざまな実践が埋め込まれており、かつ、そうした実践によって紡ぎだされる人やモノの網の目、そしてそうしたネットワークにおいて醸成される感性や衝動の構造に、である。関係や過程の産物や結果として人間を把握し、自己や世界における種々の実体的な現れを相対化する点で、それは構造主義的な問題構成と重なり合う。その限りで一九七〇年代以降のエリアス評価の高まりは、ある種の必然性を有していた。

経済的な豊かさへの熱望を経て「成長の限界」が語られはじめる一九七〇年代から一九八〇年代、家族やジェンダー、教育や医療、階層やメディア、人種や民族、エコロジーといったさまざまな領域で、既存の諸制度の虚構性や権力的関係の暴露、そしてそれらの政治性への闘いが世界中に波及していく。構造論的な問題構成を一つの現れとする知の領域での変容は、そうした幅広い動きと結びついていた。近代をめぐる徹底的な反省やシステムの抑圧的な性格の告発、そして暴力性への抵抗という営みに賭けられていたもの、それは、近代の諸システムからの解放であり、近代的意識のヴェールのもとで歪められ見失われてきた人間の姿やその欲望を明るみにだすことであった。

だがこうした流れとはいささか違う角度から、『文明化の過程』を捉えることも可能である。死後刊行された著書『モーツァルト』でエリアスは次のように述べている。

> ふつう社会学は、破壊的な還元的学問だと見られている。私はこういう見方は取らない。私にとって社会学とは、現代の社会生活の理解しがたいものをよりよく理解し、説明できるようにする学問である。(*MZ*. 22: 170)

この一節が意味することの詳細の分析は、序章の課題ではない[12]。ここでは次の点だけを指摘する。エリアスにとって社会学とは、近代的意識や制度の抑圧性の暴露やそこからの解放を志向する「破壊的な還元的学問」ではない、ということである。あるいは次のようにいう方が適切かもしれない。自然なものとして現れてくる事象を歴史的・社会的構成という観点から捉えることで、そこに内包されたイデオロギー性や抑圧性、暴力性などを露呈し批判することは、少なくともエリアスの社会学的な営みにとっては主たる関心ではない。

エリアスにとって社会学的な営みの特徴は、常になんらかの「現代の社会生活の理解しがたいもの」に関する個人的な経験を出発点とする点にある。それを「よりよく理解し、説明できるようにする」のが、エリアスにとっての社会学である。ただしこの「理解」や「説明」の試みは、単に「理解しがたいもの」だけに向けられているわけではない。「理解しがたいもの」をまさに「理解しがたいもの」として受けとめている自分自身に対しても、そうした「理解」や「説明」が試みられる。現在的な自分自身の「理解しがた」さを含めた「理解」の試み、あるいは、自分自身を含めたかたちで認識の対象を構成する「自己距離化」が、エリアス社会学の特徴をなす。

このことを『文明化の過程』に即していいなおせば次のようになる。『文明化の過程』でエリアスが試みたもの、それは自分自身から距離を取ることにより、みずからが「文明化」という言葉のもとで自分自身や他者を構成し、「文明化」という問題構成において世界を経験するに至った過程を解明することであった。そこに産みだされてくるであろうもの、それは「文明化」をめぐる同意や拒絶といった単純な二者択一ではない。現在における自分自身が「文明化」という表現のもとで自分自身や他者、そして世界に対して取り結んでいる関係の近しさから、距離を取ることである。それにより、「文明化」やそれによる抑圧といった語彙のもとで生きている限り、自分自身や他者が、世界や自分自身に対して投げ掛けえないであろう新たな問いや関係性を拓くことであった。

ヴェーバーやマンハイムの影響下で社会学的なディシプリンを身につけてきたエリアスは、禁止と自由、抑圧と解放といった語彙のもとでなされる社会学的な批判が、権力関係の外側にその身を置きえないこと、そうした抵抗が往々にして、それが闘いを挑んでいる状況に埋め込まれたものであることを知っていた。またエリアスは、暴露や相対化の相のもとでなされる社会学的な営みや歴史の構成が、しばしば、被観察者から区別された観察者としてみずからを呈示し、また、真理を告げられる者から区別された真理を告げる者としてみずからを呈示しようという、もはや成り立ちえない――その意味で幸福な――営みであることも知っていた。さらにエリアスは知っていた。分析者自身が依ってきた学問的ディシプリンに対しておこなわれる自己反省的な暴露や相対化といった営みですら、そのディシプリンの砂漠化と引き換えに、自分だけは安全地帯にあり続けようとする、自己陶酔的な寄生的行為となりうることを。

そしてフーコーもそうしたことを知っていた。『性の歴史』――とりわけ第一巻『知への意志』から第二巻『快楽の活用』と第三巻『自己への配慮』への展開――は、そのことを端的に示している。

『監獄の誕生』から一年半後の一九七六年、全六巻として構想された『性の歴史』の第一巻『知への意志』が刊行される。『性の歴史』の構想に際してフーコーの念頭にあったのは、性の歴史を、性をめぐる禁止の変遷として描きだす「そのころ流行していた思考図式からの脱却」（Foucault 1984=1986: 10）である。性が禁止や隠蔽の対象でなかったというのではもちろんない。性はつねに禁止という形式において語られざるをえないのか、というのが問いであった。つまり、禁止という法的形式に依拠した性の問題化は、「欲望や欲望の主体を歴史領域のそとに置くこと」で、「〈性〉を何か不変なものとして扱う」（Foucault 1984=1986: 10）。だがこの欲望に基づく性の主体というテーマこそ、キリスト教的伝統から一九、二〇世紀へと受け継がれてきたものではなかったか。こうした仮説にもとづいて、一八世紀以降の性をめぐる言説の増大、性を欲望の対象として作り上げるキリスト教の告解から一九世紀における性の諸科学への諸装置の系譜、性をめぐる「知への意志」と諸個人を主体へと作り上げる権力技術――規律と人口調節の結びつきが論じられる。知と権力という二つの問題系にかかわっていた点で、同書は『監獄の誕生』と似通っていた。『知への意志』は「フーコーの著書のなかでも最高の印刷部数に達」（Eribon 1989=1991: 376）した。

だがこうした成功の傍らでフーコーは、「自分のまわりのいたるところに……無理解が存在しているのを」（Eribon 1989=1991: 375）感じていた。おそらくこのことが、第二巻と第三巻の刊行までに流れた八年という歳月と『性の歴史』の計画の見直しを帰結する。

一九八四年、『快楽の活用』と『自己への配慮』が刊行される。『快楽の活用』の「序文」でフーコーは述べている。「この一連の研究は私が予想していた以上に手間取ってしまい、すっかり別のかたちになっているように思われる」（Foucault 1984=1986: 9）。キリスト教の性道徳という問題圏を越えて、古典古代の性道徳を論じている点で、これらはたしかに以前の構想とは違っていた。ではなぜそうした遡行が必要になったのか。すでにフーコーがすでに推察していたように、性をめぐる禁止の厳格さはなにもキリスト教に始まるわけではない。キリスト教世界の「欲望とそれをめぐる浄化本位の解釈学」に似た「問題化の諸形式」は、ギリシア人の思索にも見て取れる。だが両者のあいだにフーコーは厳然とした差異を見いだす。ギリシア人のいう「愛欲の営み」における「完全な自己統治」という性の厳格さは、キリスト教における「万人がしたがわねばならないような」規律に基づく主体化＝従属化の営みではなかった。一つの芸術作品として創出されるべき自己、という概念に依拠して、「自分の性に可能なかぎりの最も美しい、最も完璧な形式を与えたいと望む」自由人が、「快楽の活用」を定義するところに産みだされてきた厳格さであった。こうした観点に基づいて『快楽の活用』と『自己への配慮』は、「自己統治」をめざしたギリシア世界における自由人の「快楽の活用」から、より普遍的な「自己への配慮」の強化を特徴とするローマ時代の「自己陶冶」への、「問題化の諸形式」の変遷を描きだす。性の歴史の検討を通じてフーコーは見いだしたのだ。道徳といわれるものに、「規範へ方向づけられた」行動規制の側面と、「倫理へ方向づけられた」主体化の諸形式の側面という二つの側面があることを。「禁忌と道徳的問題構成とは別々のものである」(Foucault 1984=1986: 17)。「一定不変なものと推定されている《性》の次元のなかで何が許容され何が禁止されているかを明確にするためには、規範の連続性や転移や変更のもとで、どのようにして自分との関係の諸形式(そしてそれらと結びつく自己の実践)が規定され、変更され、磨きあげられ、多様化してきたか、と問うのが適切であるにちがいない」(Foucault 1984=1986 : 41)。

ただしこうしたフーコーのアプローチは、なにも『快楽の活用』と『自己への配慮』に至って現れてきたわけではない。生涯にわたるフーコーの著述活動にそれは一貫して見て取れる。『快楽の活用』の「序論」でフーコーはいう。「今や私には、いささか盲目的に、また連続しつつも異なる断片をとおして、いかなる方法で私が真理のひとつの歴史のこうした企てにおいて苦労してきたかが、いっそうよく分かるような気がする」(Foucault 1984=1986: 19)。そもそもフーコーを絶えざる研究へと「駆り立てた動機」は「ごく単純であった」(Foucault 1984=1986: 15)。それは「好奇心」であった。ただしそれは、知るのが望ましいとされる知識の獲得をめざす類の好奇心でもなければ、自分がすでに知っていることを補強して正当化しようとする類の好奇心でもない。「自分自身からの離脱を可能にしてくれる好奇心」(Foucault 1984=1986: 15)であった。ここでの「自分自身からの離脱」はさまざまに解釈しうる。その一つとして、「真の人間性」とそれに対する抑圧という語彙を用いた同時代の問題化の形式からの離脱として解釈することも可能である。その場合、フーコーにおける一連の著作は次のように跡づけられる。まず『狂気の歴史』は単なる反精神分析の先駆的研究ではなかった。心理学者フーコーによるそれは、抑圧や解放といった語彙とともにあった自分自身の知的構えから、距離を取るための試みであった。同様の試みが、『言葉と物』や『知の考古学』ではより広範に展開される。そして『監獄の誕生』と『知への意志』も、やはり知と権力への単なる告発を意図したものではない。みずからの知的構えを、権力への賛同か反対かという単純な二者択一から解き放つことが主たる狙いであった。このように見るならば、同時代の現象学・実存主義や人間学的マルクス主義が要請する規範とそれへの抵抗という問題化の形式から「離脱」し、そのなかでは閉ざされていた自己との新しい関係性を切り開くという構えは、フーコーの著作群をその当初から貫いている。こうした「自分自身からの離脱」という動機が見落とされるとき、フーコーの営為の射程は知と権力をめぐる暴露や相対化へと狭窄化される。一九七〇年頃以降、フーコーの著書がしばしば迫られてきた受容がこれであった。だからフーコーはいう。

> 哲学の言説が他の人々に法則を押しつけたい、その人々の真理がどこにあるか、いかにそれを見出すべきかを彼らに言いたい、と外側から望む場合には、つねに哲学の言説には、嘲笑すべきなにかが存在する。……《試み《エッセー》》――それは真理の働き《ゲーム》のなかでの自分自身の変化をめざす試煉、という意味でなければならず、意志疎通《コミュニケーション》を目ざして他者をあまりにも単純化したやり方で専有する、という意味に理解してはならないのだ――こそは、哲学の生ける本体なのである。(Foucault 1984=1986 : 16)

「自己距離化」と「自分自身の変化」。こうした知的構えにおいて、フーコーとエリアスは交錯する。そのことどの程度関係しているかは不明だが、一九八三年、フーコーはエリアスのある著書の翻訳を計画する。前年にドイツで刊行されたエッセイ『死にゆく者の孤独』である（Foucault 1994=1998: 74）。だがこの翻訳書が出版されることはなかった。翌一九八四年、フーコーは五七歳で生涯を終える。『快楽の活用』と『自己への配慮』が刊行されてから、わずか一ヶ月たらずのことであった。

四❖本書の課題と構成

エリアスの社会理論への関心の高まりは、一九六九年の『文明化の過程』の第二版の刊行を契機とする。この開始の時期が、エリアス社会理論に対する解釈を大幅に方向づけてきた。先に見たように、この時期はヨーロッパ社会思潮の激変期であった。近代性への徹底的な反省、とりわけ諸システムの抑圧性の告発や暴力性への抵抗、歴史的構築性の暴露といった営みが噴出する。こうした思考の潮流を便宜的に「ポストモダン論」と呼ぶならば、一九七〇、八〇年代の初期エリアス研究は、この「ポストモダン論」の隆盛のなかで広く受容されていったといえる。それはこういうことである。

一九七〇年代のヨーロッパを中心に開花したエリアス研究が解釈の中心に据えてきたのは『文明化の過程』である。そこにおいて「文明化の過程」論は、国民国家形成にともなう衝動の抑止や振る舞いの洗練についての分析として捉えられてきた。すなわち、中世から近代にかけてのヨーロッパの礼儀作法書や食事作法集の検討を通じてエリアスが明らかにしたのは、人間の振る舞いや思考様式における「自己抑制の演ずる役割が強化する方向へのシフト」（Mennell and Goudsblom eds. 1998: 20）を中心とした変化である。そしてこの「振る舞い方の文明化とそれに即応する人間の意識や衝動状態の変容」は、「国家形成の過程およびそのなかで絶えず進められる社会の中央集権化」（*PZ2*. 16: 10）との結びつきにおいて理解される。絶対主義的な支配形態の成立を促すことになった、暴力や租税の独占、相互依存の増大、市民層の宮廷への進出の激化と貴族による絶えざる差異化のもとで、振る舞いや思考の自己抑制化や羞恥・嫌悪を感じる閾値の低下が進展をみる。暴力独占を柱とする国家形成とともに、暴力や動物的振る舞いに対する羞恥・嫌悪といった自己抑制化へと向かう「文明化」が生じてきたというのが、この時期の基本的な「文明化の過程」解釈である（Gleichmann, Goudsblom and Korte 1977; Aya 1978; Bauman 1979; Sica 1984; Bogner 1986; Arnason 1987, 1990; Goudsblom 1987; Kuzmics 1987, Mennelll 1989; 三浦 1994、岡原 1998）[13]。

これに対し「ポストモダン論」とは、概括していえば、一九世紀末から二〇世紀の西洋を中心に確立されてきた近代の制度的諸特徴――国民国家、市場経済、大量生産・大量消費、マス・コミュニケーションや大衆文化、都市的生活など――が、その普遍性のファサード（正面飾り）のもとで、さまざまな抑圧や暴力を生みだしてきたとする見方である（Scott 2007: 110-113; Scott and Marshall 2005: 508-510）[14]。いわば近代的諸制度の普遍性を掲げて第二次世界大戦後に隆盛をみた「近代化論」に対し、批判的な立場をとる見方だといえる。「ポストモダン論」が近代的諸制度への批判においてとくに焦点を合わせたのが、「文化」である。たとえば「ポストモダン」の語を広めたJ・リオタールが、近代化の普遍性を謳う同時代の西洋先進諸国に見いだしたのは、たとえば近代の啓蒙主義的な合理性のもとで人間が解放されてきたとする「啓蒙の物語」や「解放の物語」であり、真理に関する客観的基準の存在を信じる「真理の物語」であった（Lyotard 1979=1986）。そして、あらゆる諸国において普遍的な近代的諸制度への収斂が進行する（べき）とする「近代化論」は、まさにこうした「メタ物語」ないし「大きな物語」にほかならなかった。だがこの「メタ物語」や「大きな物語」は、近代におけるナチスの大量虐殺やソビエト社会主義連邦の実情、第二次世界大戦後も打ち続く大小の戦争、そこに登場してきた核兵器をはじめとする大量虐殺可能な兵器とその開発や使用における諸科学の関与、科学哲学や歴史学における相対主義の台頭といったさまざまな事象により、少なからず動揺をこうむってきた。そして「ポストモダン論」はそうした動揺を、近代的諸制度の根っこをなす「文化」の歴史的・社会的構築性に関する分析を通じてさらに昂進させようとする。そこにめざされたのが、普遍性の名のもとで「啓蒙」や「解放」を暴力的に推し進めてきた「啓蒙の物語」や「解放の物語」からの解放、そうした物語に沿った近代諸システムによって抑圧されてきた人間的欲望の解放である。そして、近代を支えてきた「メタ物語」や「大きな物語」がもはや容易には信じられなくなりつつあるというこの「ポストモダン的状況」とあたかも並行するように、二〇世紀の最後の四半世紀には、近代的諸制度における変化が徐々に顕わになっていく。「大きな政府」を目指してきた国民国家から「小さな政府」へ、フォーディズムからポスト・フォーディズムへ、生活の美学化といった事態がそれである。

こうした「ポストモダン論」の観点からすれば、初期エリアス研究の示した「文明化の過程」論は、近代的諸制度の普遍性に独自の観点から疑義を差し挟むものであった。つまり「文明化の過程」論によれば、意識的な知識や社会的諸制度のみならず、羞恥心や嫌悪感といった、より変化しにくいとされる感性の構造にすら歴史的・社会的変容が認められる。フーコーのいう自己規律化にも似た自己抑制化を中心に、動物的な振る舞いや性的な振る舞いに対する嫌悪や羞恥の高まりといった広範な「文化」の変動を、近代的な国家形成との連関において論じた「文明化の過程」論は、「ポストモダン論」にとって、「文化」の歴史的・社会的構築性の分析を推し進め、ひいては近代を支える「メタ物語」や「大きな物語」に対する異議申し立てをさらに昂進させるうえで、十分に示唆的な議論であった。こうした土壌を背景にして「文明化の過程」論は、社会学のみならず、歴史学をはじめとする社会学以外の学問領域においても広範に受容されていくことになる[15]。A・コルバンやP・バークはいう。「『文明化の過程』の著者の作品は今日、欲動や情動の形態を分析する歴史研究を方向づけつつある」(Corbin 1992=1997: 123)。「エリアスの研究は、近年、社会学のサークルだけでなく歴史学のサークルにおいてもますます影響を強めつつある」(Burke 1992=2006: 218)。

だが「文明化の過程」論と「ポストモダン論」は、必ずしも十全に重なり合うものだったわけではない。というのも、「文化」を含めた近代的諸制度の、歴史的・社会的変容に関する「文明化の過程」論の指摘は、近代的諸制度の批判や否定に必然的に結びつくわけではないからである。そのことは、初期エリアス研究におけるエリアス社会理論の受容のあり方に見てとれる。たしかに「文明化の過程」論は、「文明」と呼ばれる人間の自己抑制のあり方を、長期的な歴史的・社会的変容という観点から捉えた。だがその議論は、自己抑制化の過程を、抑圧的なプロセスとして告発することを目的に展開された議論では必ずしもない。事実、この時期の多くのエリアス研究は「文明化の過程」論を、その抑圧性や構築性をもって「文明化」を批判する議論として捉えたわけではなかった。近代性の歴史的・社会的構築性を指摘することにより、その批判的相対化を図るという「ポストモダン論」の常套手法を用いながらも、必ずしもその批判や否定へとつながらない「文明化の過程」論。こうした性質ゆえにやがて投げかけられることになったのが、「文明化の過程」論の孕む進化論やエスノセントリズム（自民族中心主義）、とりわけ近代における暴力の問題の等閑視に関する批判である（Lasch 1985; Riches 1986, Bauman 1987=1995; Robinson 1987; Duerr 1988=1990, 1990=1994, 1993=1997, 1997=2002, 2002=2008; Mennell 1989: 227-250; Bourdieu and Wacquant 1992; Neckel 1991=1999; Gottschalch 1997; van Krieken 1998: 118-134）[16]。

「文明化の過程」論の孕む進化論やエスノセントリズムへの批判とは、「エリアスが主張した人間の振る舞いにおける変容の程度と種類」（Van Krieken 1998: 119）への批判と言い換えられる。代表的な批判者の一人であるH・P・デュルはいう。「今世紀後半でもっとも大きな影響力を及ぼした刺激的な社会学者ノルベルト・エリアス……は、過去の社会や異文化社会の〈衝動の歯止めがきかない〉人間についての旧来のイメージを、〈文明化理論〉によっていわば理論的に支援したのである」（Duerr 1993=1997: 3）。「文明化の過程」論では、近代以前の社会的監視はより緩やかであり、それゆえ前近代人の自己抑制の度合いは、近代人よりも低く攻撃性や残虐性が高かったとされる。だがデュルは、前近代社会がしばしば現代よりもはるかに効果的で容赦のない社会的監視のもとにあり、衝動に対する自己抑制の程度はむしろ高かったことを、さまざまな資料をもとに指摘する。そこからデュルは、「文明化の過程」論が「野蛮から文明化へ」という進化論的な構図を現代的な形で打ち出したものであり、「文明化」概念の「修辞的な意味合い」を利用して、西洋近代をそれ以前の社会や他社会よりも優れたものと位置づけるエスノセントリズムを内包していると指摘する。さきに触れたバウマンもいう。「エリアスは、フロイトが成熟したモダニティの性質から演繹してきた『本能の抑圧』が、実際のところは、特定の時間と場所、社会文化的形状に制約された歴史的過程であることを論証したのである。……しかしながら、その完成という本質的に進歩的な性質は、疑問に付されることはなかったのである」(Bauman 1987=1995: 162-163)。

この進化論的構図ないしエスノセントリズムへの批判は、近代における暴力の問題に目を向けるとき、いっそう深刻なものになる(Buck-Morss 1978; Coser 1978; Bauman 1989=2006; Breuer 1991; Leach 1986; Outram 1989=1993)。これについてはE・リーチによる次の言葉が要点を最も簡潔に表している。「ヒトラーは最大規模においてその［エリアスの］議論を論駁する」(Leach 1986: 13)。国民国家形成とともに自己抑制化へと向かう人間の「文明化」が進展してきたとするエリアスの議論は、往々にして、「文明化」にともなう暴力の抑止という主張を伴った議論として理解されてきた。だがもしそうだとすれば、国家のもとでの極端なまでの暴力が顕在化したナチズムはいかにして説明されるのか。「文明化」に伴う暴力の抑止というエリアスの主張は、エリアスがまさに『文明化の過程』を著わしていた当時のドイツでの事態と、あきらかに矛盾する。なお付け加えれば、第二次世界大戦後の二〇世紀の歴史も「文明化の過程」論への反証として挙げられる。自己抑制化という人間の「文明化」が進展してきたとされる近代において、なぜ暴力の、しかもしばしばきわめて大規模な発動が見られるのか。「ポストモダン論」において「メタ物語」や「大きな物語」の信憑性の揺らぎの契機とされた近代の暴力の問題に、「文明化の過程」論は十分な説明を与えない。進化論的な構図やエスノセントリズムを保持しているとされたのも、初期エリアス研究に見られる、近代性に対するこうした批判的視点の弱さゆえであった。

エリアス研究に新しい展開が現われてくるのは一九九〇年頃からである。転機は大きく二つの方向から訪れてくる。まずそれはエリアス研究の内部から現われてくる。エリアスが死去する前年にあたる一九八九年、『ドイツ人論』が出版される。ナチズムにも言及したこの論文集とともに、エリアス研究において現われてきたのが「文明化と暴力」という新しい主題である（Bogner 1987; Mennell 1990a; Fletcher 1997; Goudsblom and Mennell eds. 1998; Mennell and Gousblom eds. 1998; 内海 1998; 奥村 1999, 2001; Swaan 2001; Smith 2001; Blok 2003）。[17] エリアス研究においてこの主題が急速に重要な位置を占めるようになった様子は、エリアスの生誕百年を記念して一九九七年にオランダで開催された会議が、「組織的暴力 organized violence」をテーマとして掲げたことに端的に見てとれる。[18]

そして「文明化と暴力」をテーマとしたエリアス研究の代表的な成果の一つが、J・フレッチャーの『暴力と文明化』である（Fletcher 1997）。この著書においてフレッチャーが試みたのが、『文明化の過程』と『ドイツ人論』の架橋である。「文明化の過程」論に暴力の問題をどのように位置づけるか、というこの試みにおいて新たなキー概念とされたのが、「脱文明化の過程 decivilizing process」である。『ドイツ人論』においてエリアスが用いているが必ずしも明確には定義しなかったこの概念を、フレッチャーは「文明化の過程」の「反転」として定義する。「反転」の指標としてフレッチャーが挙げたのが、外的な拘束と自己抑制の間のバランスにおける前者への傾斜、振る舞いや感性に関する社会的基準の不均質化や不安定化、集団や諸個人の間の相互同定における範囲の縮小などである。またそれらが生じやすい状況として、国家による暴力独占の低下、および、社会的・経済的・認知的な相互依存の弱まりなどを挙げている。暴力の抑止という「文明化の過程」論の従来的な形式を維持しながらも、同時に、その過程が単線的ではなく逆転することもありうることを指摘した点に、この議論の特徴はある。この観点から同書においてフレッチャーは、イギリスにおける相対的に安定した「文明化の過程」と対比させながら『ドイツ人論』を読解し、ナチズムの台頭を許したドイツにおける「脱文明化の過程」を描き出している。

また同じく「文明化と暴力」の問題を取り上げたA・デ・スワン（De Swaan 2001）は、国家の暴力独占によって国内的な暴力の減少が見られる「文明化の過程」と、国家の暴力独占の減退によって国内的な暴力の上昇が見られる「脱文明化の過程」に加え、「文明化の不全 dyscivilizing process」と呼びうる現象がありうると指摘する。つまり、国家による暴力独占は存在しているにもかかわらず、国内的な暴力の減少、つまり「文明化」が見られない事態である。とりわけ国内の特定集団が国家的暴力の標的とされる「途上国」のケースが「文明化の不全」の事例として挙げられている。

こうしたエリアス研究内部での変化とともに、エリアス研究における新たな主題の展開を促したのが、一九九〇年頃からの現実の動きである。『ドイツ人論』の刊行と同じ年、ベルリンの壁が崩壊し、東西冷戦の終結がイタリアのマルタ島沖で宣言される。だが「歴史の終わり」（Fukuyama 1992=1992）とも呼ばれたこのイデオロギー闘争の一応の終焉は、必ずしも暴力の終焉を意味しなかった。「途上国」を中心に一九九〇年代に頻発した内戦型の紛争やそれへの「人道的介入」に見られた困難は、むしろ「文明の衝突」（Huntington 1996=1998）――S・ハンチントンのいう「文明」とは「人を文化的に分類する最上位の範疇」であり、そうした「われわれ」の間での衝突が「文明の衝突」である――という表現に、一定のリアリティを与える状況を呈した。そして二〇〇一年九月一一日、アメリカで同時多発テロ事件が起きる。この九・一一事件とそれに続いたいわゆる「テロとの戦い」により、暴力の問題は「途上国」だけでなく「先進国」の人々にとっても無視できない問題となる。現実の動きとは独立に現れてきた「文明化と暴力」というエリアス研究のテーマは、こうしてエリアス研究の単なる内在的な論点ではなくなっていく。

本書もまた「文明化と暴力」を主題とするこの新たなエリアス研究の系譜に属している。とはいえ本書におけるエリアス社会理論の研究は、単にエリアス研究批判に応えるためのものではない。現代における暴力の問題を念頭に置いたものである。このスタンスから導かれるのが、先行のエリアス研究とはいささか異なった「文明化と暴力」に対するアプローチである。というのはこういうことである[19]。

九・一一事件直後の九月二〇日、G・W・ブッシュ大統領は合衆国国民に向けたテレビ演説「連邦議会両院合同会および合衆国人民に対する演説」のなかで、次のように述べた。「この戦争はアメリカ人だけの戦いではない。危機に瀕しているのはアメリカ人の自由だけではない。これは世界の戦いである。これは文明の戦いである。これは、進歩と多元主義、寛容と自由を信じるすべての人々の戦いである」。この演説のなかでブッシュ大統領は、「テロリスト」による攻撃を「文明 civilization」への攻撃とみなし、「テロと戦い」を「文明の戦い」として位置づけた。それが持つ進化論的・エスノセントリックな意味合いゆえに、少なくとも先に触れた二〇世紀半ば以降の「ポストモダン論」の興隆のなかで、たとえば社会学や人類学などによって繰り返し批判に晒され、その結果、二一世紀においてはもはや時代遅れの感すらあった「文明」の概念。それがこの演説では、九・一一事件という暴力との対比において召喚され、その暴力に対抗する暴力を正当化する役割を担わされている。ここにおいて「文明化と暴力」は、まったく相容れない異質な姿で現れていると同時に、いわば分離できない双子のような姿で現れている。

むろん「文明化と暴力」をめぐるこうした構図は、いまに始まるものでもなければ、さほど珍しいものでもない。だが、だからこそ次のような疑問が浮かび上がる。度重なる批判にもかかわらず、不死の亡霊のごとく蘇ってくるこの「文明化と暴力」の錯綜した関係に、はたして社会学はどの程度接近できてきたのか。『国民国家と暴力』のなかでA・ギデンズは、社会学における暴力の問題のあつかいに触れていう。「今日通常おこなわれているような社会学の企てには……奇妙な点が存在する。社会学のどの教科書をひもといても、読者は、近現代のほとんどの制度——家族、階級、逸脱、等々——に関する議論を見いだすことができる。しかし、読者は……軍事的暴力と戦争が近現代社会に与えた衝撃について何も論じられていないことに、おそらく気づくはずである」(Giddens 1985=1999: 33)。

そして同様のことは、「文明化と暴力」をテーマとするエリアス研究にも当てはまる。すなわち、この系譜に属するエリアス研究である「文明化の反転」論や「文明化の不全」論は、たしかに従来までのエリアス研究に比べれば暴力の問題に目を向けている[20]。にもかかわらずそれらには、初期エリアス研究との次のような共通点が見られる。「文明化の過程」をあくまで暴力の抑止へと向かう社会過程として保持しようとする姿勢、がそれである。つまり、「文明化の反転」論は、暴力の問題へのアプローチにあたって「脱文明化」という概念を用意する。同様に「文明化の不全」論も「不全」な「文明化」という概念を用意する。そしていずれもこれらにのみ、暴力の問題を結びつける。その結果、暴力とは無縁の「『通常の』文明化の過程」という再概念化が図られる。この点についてK・テスターは次のように指摘する。「エリアス派のアプローチは、多かれ少なかれ、ホロコーストを必ず脱文明化の過程として同定する。だが……エリアスは『文明化の過程』に始まる彼の研究の当初から、事実上、ヨーロッパの普遍的な文明化という潮流のなかに、ドイツが含みえないことを示そうとしてきた。……もしそうだとすれば……ホロコーストによって物語られているなにごとかを、脱文明化と結びついたものとして捉えることは難しい。ドイツははじめから文明化によって刻印されていないからである」(Tester 1997: 80)[21]。「文明化と暴力」をテーマに掲げているにもかかわらず、「文明化の過程」と暴力の問題を切り離してしまうこうしたエリアス研究への批判は、現在においてもなお十分に反駁されたとはいいがたい(Tester 1997; van Krieken 1998)。

こうした「文明化の反転」論や「文明化の不全」論と対比させていうならば、本書の議論の特徴は、「『文明化された野蛮』の問題」という「『通常の』文明化の過程」の有する暴力の問題に焦点を合わせている点にある。いいかえればそれは、先のブッシュ大統領の「文明の戦い」という表現に見られた「文明化と暴力」の錯綜した関係を分析しようとする試みだといえる。むろんエリアス社会理論の再構成のみで、現代における暴力の問題を十全に捉えられるとは思わない。ただ暴力の問題にあまり焦点を合わせてこなかったとされる社会学において、エリアス社会理論はそのための手がかりを与える数少ないものだと思われる。エリアス社会理論の再構成を通じて「文明化と暴力」という問題に接近したい。これが本書の目指すところである。この点に関してエリアスの社会理論が持つ可能性を、R・ファン・クリーケンはエリアス研究の今後の課題という観点から次のように述べている。「文明化の過程についてのエリアスの分析はすでに確立をみたものでは決してない。さらなる展開や精緻化のための余地が、そこには多分に残されたままである。……重要なのは、エリアスのいう意味での文明化が、野蛮な行為と対置されるものを産みだすよりも、むしろ実際には野蛮な行為を産みだすその程度を問うことである」(van Krieken 1998: 131-132)。あるいは本書とほぼ同じ問題意識に基づいて佐伯啓思は述べている。「『文明化の過程』はまた、『文明の挫折』を引き起こしてしまう……。エリアスを引き継ぐひとつの仕事は、この文明化の過程がもたらした文明の挫折へと至る道筋をいかにして解明するかということであろう」(佐伯 2003: 57)。この問いに近づくことが本書の課題である。[22]

以上の課題に対し、本書の議論は次の四つの章および終章を通じて展開される。

第一章「宮廷社会の社会学」では、エリアス社会理論の原理的な再解釈を試みる。そのために、『文明化の過程』に代わって本書が中心に据えるのは、最初の社会学的作品『宮廷社会』である。同書を近代人の原型としての宮廷人という観点から読み解くことで、公と私、アウトサイダー問題、宮廷的合理性の両義性という論点からなる宮廷社会論が浮かび上がる。本書ではこの宮廷社会論を、エリアスにおける近代社会認識のモデルであるとみなす。

第二章「文明化と暴力」では、エリアスの主著とされてきた『文明化の過程』を再構成する。再構成の鍵となるのは、暴力の問題に対するエリアスのアプローチである。「文明化」概念と連動した国家社会の近代的再編およびそこでの暴力の変容という観点から、エリアスの『文明化の過程』を再構成し、それによって『文明化の過程』を、『宮廷社会』から『ドイツ人論』へという展開を繋ぐ環として捉え直す。

第三章「個人と社会」ではエリアスの社会学原論を検討する。検討の中心となるテキストは『社会学とは何か』である。それを補うものとして『参加と距離化』や『諸個人の社会』などもあわせて検討する。「個人と社会」という同時代的なパラダイムとの対照により、エリアス社会学の骨格を構成する三つの主題、すなわち、科学像・人間像・社会像という問題群を析出する。三つの次元でのエリアスの構想の一体性をあきらかにすることで、エリアス社会学を「自己距離化の社会学」として把握する。

第四章「近代への診断」では、エリアスの同時代的な現状分析が吟味される。扱うのは最晩年の論文集『ドイツ人論』である。二〇世紀の「目撃者」としてのエリアスの視点に着目し、その変遷に即して『ドイツ人論』の諸論文を二つの時期に分けて解釈する。前期のテーマは「国民の形成と暴力」であり、これに対して後期の論考のテーマは「国民の限界と暴力」と規定できる。それぞれの視点からの「文明化と暴力」の捉え方を検討し、それらの結合を通じてエリアスによる近代への診断をあきらかにする。

「終わりにかえて」では、二〇世紀の社会学に多大な影響を与えたM・ヴェーバーの社会理論との対比を通じて、本書において再構成されたエリアス社会理論が現代社会の分析において有する射程を検討する。

なお序論を終えるにあたってもう一点だけ述べておく。かつてN・ルーマンは、社会学の現状に関する一節のなかでエリアスの社会理論に触れ次のように述べたことがある。

一般社会学のなかにおける理論的な先導が欠けている。相互の関係が、うわべだけのものにとどまっているのである。しかし、もし社会学がこの自制を続けるのであれば、社会的現実の重要な部分が扱われないこととなろう。もし、このままならば、社会学は、もはや社会の理論たることをあきらめなければならず、また近現代の社会がまさにどれほど高度な意味論の実現に負うているかということを、ほとんど理解できないであろう。この点に関し、なかんずくマックス・ヴェーバー、またシェーラー、ジンメル、マンハイム等に見られる諸アプローチは、詳細に進められてきたわけではない。ノルベルト・エリアスの文明化過程の理論は唯一の例外といえるが、その理論的基礎も、まったく別の文化領域でさらなる研究を刺激するまでには至らなかった。（Luhmann 1986=2000: 7）

ルーマンによる示唆を拠り所にするならば、エリアスの社会理論は、「社会学」が「社会の理論」たりうるうえで何かしらの手がかりを与えてくれるものである。本書はこの点でもエリアスの社会理論に関心を持っている。つまり本書におけるエリアス社会理論の研究は、暴力との関係という観点から「文明化の過程」論を再構成し、それによって「文明化と暴力」の錯綜した関係に接近しようとする試みだが、同時に、こうした観点からのエリアス社会理論の再構成を通じて、しばしば「グローバリゼーション」として記述される現代の変動へと接近するための手がかりを得ようとする試みでもある。暴力の問題を梃子にして、エリアスの社会理論から現代へと繋がる示唆を導きだそうというわけである。この点に関する本書のスタンスは以下のとおりである。二〇世紀の社会学者であったエリアスの社会理論は、その理論的母胎となった宮廷社会論から解釈し直されることにより、「グローバリゼーション」として記述される現代に一定の示唆を与える社会理論として再構成できる。「文明化と暴力」の関係とともに本書において示そうとするもう一つの結論がこれである。

注

1　以下の本章の議論の目的は、二〇世紀初頭の社会思想史的・社会学説史的な流れを俯瞰してそのなかにエリアスを位置づけることではない。エリアスの社会理論を理解するのに有益と思われる諸要素のうちのいくつかを指摘することで、エリアス社会理論の特徴を浮かび上がらせることが目指されている。それゆえここに登場する人々とエリアスとの接触や思想的影響関係は、あくまで合目的なものである。また、たとえばフロイトの思考がここで示しうるよりもはるかに繊細であり、J・ラカンによる再構成が示すように、その「抑圧」概念が多様な解釈を許すといったことも無視されている。他の思想家についても同様である。念のため一言。

2 フロイトは「文明」と「文化」を区別しない。『ある幻想の未来』では次のように述べられている。「私は文化と文明を区別する必要を認めない」(Freud 1948=1969: 363)。P・リクールのフロイト論も参照(Ricoeur 1965=1982: 269)。

3 『ある幻想の未来』でフロイトはいう。「知性が欲動生活に比べて無力だということをいくら強調しようと、またそれがいかに正しいことであろうと――この知性の弱さは一種独特のものなのだ。なるほど、知性の声は弱々しい。けれども、この知性の声は、聞き入れられるまではつぶやきをやめないのであり、しかも、何度か黙殺されたあと、結局は聞き入れられるのである。これは、われわれが人類の将来について楽観的でありうる数少ない理由の一つである」(Freud 1948=1969: 402)。

4 エリアスと心理学については、Gay (1985=1995)、Gleichmann (1988=1992)、Cavalletto (2007) などを参照。

5 エリアスの人と業績については、本書の各章においてごく簡潔に触れている。より詳細なライフヒストリーは、エリアスの自伝的著書である Elias (1990) のほか、Gleichmann (1987=1991) や Mennell (1989)、Goudsblom and Mennell eds. (1998)、Mennell and Goudsblom eds. (1998)、van Krieken (1998)、Dunning and Mennell eds. (2003)、大平(2003)、『諸個人の社会』の訳者である宇京早苗氏による「訳者解説」などを参照のこと。

6 続けてエリアスは述べている。「たしかにその当時、マックス・ヴェーバーとかれの業績は、まだのちに得るような国際的な地位を得てはいなかった。しかしドイツにおける社会学的な地位に関する限り、そしてとりわけハイデルベルクにおいてはもちろんのことであるが、専門領域をはるかに超えて共感を得ている代表的な社会学者の登場は、最上級の重要性を持った事柄であった」(*SS.* 123)。なお同じ個所でエリアスは、当時のドイツにおける E・トレルチや F・テンニース、G・ジンメル、そしてマルクスの位置、および、ハイデルブルク大学におけるマリアンネ・ヴェーバーの位置についても触れている。ヴェーバーとその時代については、Mommsen und Schwentker (1988=1994) や上山（1978）も参照。

7 マンハイムについては、秋元（1993）、秋元（1999）、秋元・澤井（1992）、山口（1982）、小林（1988）、徳永（1996）を参照。マンハイムとエリアスについては、Kilminsiter (1993)、澤井（1995）、秋元（1999）などを参照のこと。

8 以下、主にマンハイムのイデオロギー論に議論を絞っている。なお『イデオロギーとユートピア』からの引用に際しては、鈴木（1954）、高橋・徳永（2006）の二つの訳本を用いた。

9 なお「自由に浮動する知識人」について一言。この有名な概念はマンハイムの概念のなかでも特に批判されてきたものである。『『イデオロギーとユートピア』が結局のところいわんとしていたのは、まさに消えなんとする浮草的自由人Freishwebender の擁護と正当化なのであった」(Hughes 1958=1999: 287)。ただし「知識人」であれば「自由に浮動」しうるのではもちろんない。いかなる立場にある人間であれ、現在的な認識のあり方から「自由に浮動」しようとする意思を持った人間、あるいは、近代において可能になった主体的な認識の自由を保持しようとする人間を、マンハイムは「知識人」と呼んだと考えることも可能である。本書の終章「終わりにかえて」でも言及するヴェーバーの「文化人」との類似性も指摘できる。

10 A・ヴェーバーとエリアスの関係も、この点から理解されるべきである。まずエリアスにおける「文明」への着眼、あるいはより厳密には「文明化の過程」という概念の形成に、ハイデルベルク時代の指導教官A・ヴェーバーの影響を見て取ることは当然可能である（Mennell 1989: 11-12）。一九二七年の『文化社会学』においてアルフレートは、各民族に固有の自然的・歴史的条件のもとで生み出される突発的で一回的な創造物としての「文化運動（文化過程）」と対比させるかたちで、「文明過程」を人間の普遍的な理性に基づくがゆえに累積的な形で直線的に進歩し、他民族への伝播も容易な人間の知的認識や科学技術の発展として描きだした。ただしアルフレートにおける「文明過程」や「文化過程」といった概念形成と、エリアスの問いには根本的な相違がある。ドイツロマン主義に棹さすアルフレートは、「文明化」を人間にとって有益だが精神的な「文化」に比べれば二流の価値しかもたない外面的な文明開化として描いたわけだが、アルフレートが「文明過程」や「文化過程」という概念でもって世界に対して取っているこうした構えそのものの成り立ちを、エリアスの「文明化の過程」論は問うたといえる。同時代における「文明」概念に対するとらえかたの例としては、上述のアルフレートによる著書（Weber, A. 1920/1921=1958）や Braudel（1987=1995）を参照。

11　フロイト、ヴェーバー兄弟、マンハイムとともに、エリアスに対する知的影響としてもう一人だけ挙げるとすれば、J・ホイジンガである（Huizinga 1949=1967）。「エリアスの著書［『文明化の過程』］は、ホイジンガの著書［『中世の秋』］を脇におきながら読むときにもっともよく理解できる」（van Krieken 1998: 25）。エリアスがホイジンガから最も影響を受けているのは、『中世の秋』において印象的に描きだされたその中世像に関してだといわれる（Mennell 1989: 30-31; van Krieken 1998: 24-25）。くわえてここで触れておきたいのは、エリアスがホイジンガから学んだであろう「夢と遊びの方法」（堀米 1967:35; 井上 1970）である。堀米によれば、ホイジンガにみられる「夢と遊び」に対する「異常な関心」は、ロマン主義や非合理主義の所産ではない。ホイジンガにとって「夢と遊び」は、「研究の対象であると同時に、一個の方法的概念」であった。つまり、少なくとも二〇世紀初頭においては、法律や制度、政治や経済といった「客観的なもの」に着目し、それとの関連において人間の意志や感情、心理といった「人間の主体的な要素」を説明するのが「科学的な歴史学の常道」であった。だがこの「いわゆる科学的客観的方法」は、「客体的にとらえられると考えられたものじたい、たえず人間の主体的な要素の作用をうけつつかたちづくられてゆく」ことを捉えられていないという限界を持つ。それを補うものとしてホイジンガの構想したのが「夢と遊び」という視点である。ホイジンガは、歴史のなかで人々により「夢見られた理想」に目を向け、「この理想を現実の枠内に設定しようとするプログラムとルール」としての「遊び」という観点から分析する。歴史学の「研究の対象」のなかに「夢と遊び」を持ち込むこのホイジンガの視点は、同時に、人間の主体性を歴史学のなかに持ち込むための「方法」でもあった。そしてこの主体性に対するアプローチが恣意的なものに陥らないように、ホイジンガは「同時代の遺物的史料（遺跡やそれに類する文書史料など）ばかりでなく、年代記、覚書、書簡、頌辞などの叙述資料、さらにはまた詩歌、物語、小説などの文学作品にいたるまでの材料を検討し、そこに作用している時代の精神の形式を明らかに」しようとした。「この点でホイジンガは余人の追随をゆるさない資料の検討を行い、ふつうにはがらくたとして顧みられることもなかった材料に、宝の山を掘りあてたのである」（堀米 1967: 36）。人間の主体性、および、資料の駆使という点において、堀米によるこのホイジンガの解説はおそらくエリアスにもあてはまるものであろう。またホイジンガとエリアスについて木村靖二は次のように指摘している。「優れた歴史家をみてみると、新たな研究を学説として学界に提起し、次の研究方向を促す原動力となるタイプと、明確な学説というより、むしろ既存の枠組みそのものを問い、豊かな示唆を汲み取ることのできる洞察で、後代に影響を与え続ける孤峰的存在がある。ブルクハルトやホイジンガは後者の例であり、彼らはいわゆる学派を形成しなかった。そして、社会学者、文化史家などレッテルはさまざまに貼られたとしても、歴史学にとって、エリアスはブルクハルト、ホイジンガの系列に属する存在であるし、そうなるだろう」（尾形・樺山・木畑編 1999: 187）。もちろんホイジンガによるエリアスへの影響を指摘するのであれば、ほかにもたとえば、M・ブロックやL・フェーブルによって主導された一九二〇年代のフランスにおける「新しい歴史学」との関連などにも言及する必要があるだろう。エリアスを含む歴史学と社会学の関係については、Burke（1980=1986; 1992=2006）、Гуревич（1984=1992）も参照。

12　エリアスの社会学原論については第三章で取り上げる。

13　日本における初期のエリアス研究としては、たとえば野村（１９８０）。なお日本におけるエリアス研究は、大平（２００３）を参照。その最新版は、大平章氏によって、Norbert Elias Foundation のサイト（http://www.norberteliasfoundation.nl/index.php）中の、以下のアドレスにまとめられている（http://www.norberteliasfoundation.nl/docs/pdf/BibliographyJapanese.pdf　２０１１年10月26日）。

14　「ポストモダン論」やリオタールに関するここでの議論は過度に一面的なものである。前節までの議論同様、エリアス社会理論の特徴を浮かび上がらせるのに必要な限りで「ポストモダン論」は取り上げられている。

15　エリアス研究のより包括的な流れについては、初期に関してはGoudsblom（1977）、比較的最近の状況についてはMennell(1989)、Goudsblom and Mennell eds.（1998）、Mennell and Goudsblom eds.（1998）、van Krieken（1998）、

Dunning and Mennell (2003) などを参照のこと。なおここでは、「ポストモダン論」を背景としたエリアス受容についてコルバンやバークといった歴史学者の発言を引用している。だがこれは誤解を招きやすいかもしれない。というのも、むしろ歴史学者は「ポストモダン」といった新造語の導入には、一般的に慎重だからである。「歴史家にとって、とりわけ長期間のことに関心をもっている歴史家にとっては、『ポスト近代』という語の選択は、ルネサンス以来、何世代もの知識人がかれらの時代や世代は特殊なのだと他人を説得するために訴えてきた誇張、そうした誇張のさらにもう一つの誇張の事例のようにきっと見えているのである」（Burke 1992=2006: 201）。ここでは同時期におけるエリアス受容についての信頼できる情報源として、両者の言葉を引いているにすぎない。

16　本章で取り上げた以外の批判として、たとえばR・ファン・クリーケンは「エリアスにおける意図的・計画的行為の等閑視」、「精神分析についてのエリアスの理解の妥当性」、「国家形成と文明化の過程のあいだの連動の妥当性」などを挙げている（van Krieken 1998: 119）。一つめの批判に関する本書の見解は、とくに第二章と第三章——たとえば礼儀作法書の分析——で述べている。またホイジンガについて言及した注（11）も参照。二つめの精神分析に関する批判については、序章におけるフロイトとマンハイムについての言及を通じて本書の見解を示している。人類学者を中心とする最後の批判は、「国家による暴力独占が存在せず、社会的にあまり分化されていない諸文化においても、きわめて類似する振る舞いの形式が観察できる」（van Krieken 1998: 129）というものである。この批判についての本書の見解は、エリアスにおける「文明化の過程」論は、近代の特定の時期における暴力の形式に関する特定の視点からの分析だというものである。つまり、それ以外の時期については別の理論枠組が必要になるだろうし、またエリアスの理論枠組によって近代の暴力に関するすべてが分析されているわけでも当然ない。なおファン・クリーケンはエリアスへの批判を取り上げる際に、「単線的な進化論者」という批判を除外すると断っている。この批判の誤りは明白だから、というのがその理由である。だがこの批判を簡単に無視することはできないと思われる。これについては本書の全体を通じて反論されている。

17　「文明化と暴力」に関する先駆的な研究としては、フランクフルト学派とエリアスの近親性を指摘したBogner（1987）が挙げられる。またエリアスとナチズムの関連に比較的はやくから注目してきたのは、どちらかといえばエリアス研究以外の研究者、あるいは、社会学以外の領域の研究者であったといえるかもしれない（Peukert 1982=1991, 1989=1994; Outram 1989=1993）。たとえばD・ウートラムはいう。「一九三三年一月に権力の座についたナチス体制が奉じた公式哲学に対する敵意を無視しては、エリアスの業績を理解することはできない」（Outram 1989=1993: 24）。

18 この会議とは以下のものである。Norbert Elias Centenary Conference, Organized Violence: The Formation and Breakdown of Monopolies of Force: Conditions and Consequences, 18–20 December, 1997, Amsterdam.

19 もとより「文明化と暴力」のみが、近年のエリアス研究における主要なテーマではない。エリアス研究者や従来の研究枠組みをこえた研究の展開については、たとえばTreibel, Kuzmics, Reinhard (2000)、Salumets (2001)、Iterson, Mastenbroek, Newton, and Smith (2002)、Loyal and Quilley (2004)、澤井 (2005) などを参照。

20 「脱文明化」論が誤っているといいたいのではない。暴力の問題を理解しようとして現れてきたはずの「脱文明化」論が、暴力の問題を自分たちの問題として思考する道を閉ざしてしまう限りで、それは批判されている。「脱文明化」論がそうした議論だけではないことを断っておく。たとえば奥村（２００１）。

21 フレッチャーとテスターの著書は共に一九九七年に出版されているため、いずれも互いの研究には言及していない。だがテスターの批判は、フレッチャーの研究にも当てはまる。そのことは、フレッチャーの著書の構成に端的に示されている。イギリスについて考察した五章のタイトルは「イギリスにおける社会的ハビトゥスと文明化の過程」であるのに対し、ドイツについて考察された六、七章のタイトルは、それぞれ「ドイツにおけるナショナリズムと脱文明化の過程」および「ドイツにおけるジェノサイドと脱文明化の過程」である。ドイツに関する考察において「文明化の過程」が占める位置は不明確である。

22 佐伯は、エリアスが「文明の挫折」という問題を設定したことを次のように評価する。「重要なことは、少なくとも啓蒙主義的な近代主義、進歩主義からは、こうした問題設定そのものがでてこないということだ。エリアスは、西欧思想史のもつオーソドキシーとは無縁な立論から出発したがゆえに、この『文明化』のもつパラドックスを俎上にあげることができたのであった」（佐伯 2003: 57）。

第二章

宮廷社会の社会学

一❖『宮廷社会』再考

一八九七年、エリアスは、ドイツ領であったブレスラウ（現ポーランド領ヴロツワフ）に、ヘルマンとゾフィーの子として産まれている。一九一五年、地元のヨハネス・ギムナジウムを卒業した直後、前年勃発した第一次世界大戦のために戦線へと送られる。一九一八年、大戦の終結により故郷に戻ったエリアスは、ブレスラウ大学に進学する。当初、両親の希望する医学と、自身の関心事であった哲学の二つを専攻していたが、まもなく新カント派の哲学者R・ヘーニヒスバルトのもとで哲学に専念する。一九二四年、エリアスは「観念と個人――歴史哲学のために」と題された哲学博士論文を提出する。だがこの論文でのI・カントに対するエリアスの異議をめぐって、ヘーニヒスバルトとの関係が悪化。おりからのインフレーションにより両親からの経済的援助も困難になったエリアスは、一時大学を離れて製鉄工場で働いている。インフレの波が去り、ふたたびエリアスは研究生活に戻る決心をする。だがブレスラウ大学で哲学の研究を続けることは難しいと判断したエリアスは、「学問的な仕事を見つけるという漠然とした期待」（*SS*. 119）をもって故郷ブレスラウをあとにする。

新たな研究の場に選んだのがハイデルベルク大学である。すでに一九二〇年代初頭、H・リッカートやK・ヤスパースのゼミに参加するために短期間だが訪れたことがあった。M・ヴェーバーの死後まもないハイデルベルク大学でエリアスが師事したのが、A・ヴェーバーである。ここでマンハイムとも出会う。年齢が近かったこともあり、二人はほどなく親しくなる。エリアスはマンハイムの事実上の助手を務め、マンハイムはエリアスをマリアンネ・ヴェーバーのサロンに紹介している。エリアスが新興学問であった社会学に関心を移していくのがこの頃である。だが学問的な仕事に就くというエリアスの望みは、教授資格取得志願者を数多く抱えたA・ヴェーバーのもとでは容易に果たされそうになかった。そうした折、マンハイムがフランクフルト大学に教授として招聘される。そのマンハイムからエリアスは助手として同行するよう誘われる。A・ヴェーバーの所に居続けるよりも早く教授資格を取得できることは、エリアスにとって魅力的であった。一九三〇年、エリアスはフランクフルトへと居を移す。

三年後の一九三三年、エリアスは、絶対王政期のフランス宮廷を舞台とした社会学的な「モノグラフ」（Goudsblom and Mennell eds. 1998: 13）を、教授資格請求論文としてフランクフルト大学に提出する[1]。題目は「宮廷人 *Die höfische Mensch*」、副題には「宮廷・宮廷社会・絶対王政の社会学のための論考」と付されていた。エリアス最初の社会学的な作品である。だがエリアスがこの論文により教授資格を得ることはついになかった。同年、ナチスが政権を掌握。ユダヤ人排斥が加速するなか、同年四月、マンハイムは生涯二度目となる亡命を余儀なくされる。もはや助手でなくなり論文の審査も立ち消えになったエリアスも、新たな職を求めて最初はパリへ、最終的にはロンドンへと移住する。永い亡命の始まりであった。

社会学の表舞台にエリアスが登場するきっかけとなる『文明化の過程』の再版は、一九六九年まで待たねばならない。それと相前後するように、エリアスの忘れられた教授資格請求論文も、三六年の時を経て出版されている。その際、エリアスは表題を変更し、さらにはおそらく本論にも改訂を加え、少なくとも新たな序論「社会学と歴史学」と二つの補論を書き下ろしている。だが「基本的な趣旨は変更されないままであったと思われる」(Goudsblom and Mennell eds. 1998: 13) この出版により、現在われわれは、社会学者エリアスによる事実上の最初の作品を目にすることができる。『宮廷社会』である。

エリアスの著書のなかでも大部の著書に属する『宮廷社会』は、しばしば『文明化の過程』や晩期の論集『ドイツ人論』と並ぶ主著に数えられてきた。だが再版以降、社会学における言及が間断なく増加してきた『文明化の過程』と比べれば、『宮廷社会』への言及はまれである。その一つの理由としては、現実生活に対する宮廷社会の影響の喪失が挙げられる。エリアスが教授資格請求論文を執筆した一九三〇年代のヨーロッパでは、宮廷社会の語で指示される具象物は、まだ完全に消滅していなかった。だが旧政体という表象とともにかつての宮廷社会を過去に追いやった人々の眼に映るそれは、もはやかつてのそれの亜流的性格を保持する遺物にすぎなかった。[2] それと呼応するように、当時の社会学的研究においても宮廷社会は、「奢侈」という特定の側面を除けばほとんど関心を喚起することのない素材であった。[3] そして同書が再版されて以降の時代においては、宮廷社会の語彙から特定の社会性を想起することはもはやきわめて困難である。そこに社会学者はおそらく次のように問うのだろう。歴史学ならいざ知らず、「いま・ここ」の焦眉なる問題を関心事とする社会学にとって、宮廷社会に対する「モノグラフ」が地域的・時間的限定性を越えてなにかしら重要な示唆を与えうるのか。[4] こうした疑念のなかで『宮廷社会』は社会学的考察の俎上にはほとんど載せられることがなかった。

同様のことはエリアス研究にもいえる。そこにおいて『宮廷社会』は、「いわゆる絶対王政の時期における権力、および権力の働きがそのすべての関与者に及ぼすもろもろの拘束力に関する透徹した研究」(Goudsblom and Mennell eds. 1998: 13）として位置づけられてきた。だが実のところ、エリアス研究においても『宮廷社会』に焦点を合わせた考察は多いとはいえない。その理由は、従来のエリアス研究が『宮廷社会』を、『文明化の過程』のいわば準備段階として位置づけてきたことに求められる。一九七〇、八〇年代の初期エリアス研究の成果を総括してみせたS・メネルや、一九九〇年代以降の「文明化と暴力」を主題とする新たなエリアス研究の潮流を示したフレッチャーも、『宮廷社会』の考察に独立した章を割くことなく、あらかじめそれを『文明化の過程』のなかに組み込んだかたちで読解する（Mennell 1989; Fletcher 1997）[5]。

『宮廷社会』の執筆が『文明化の過程』を準備したことは間違いない。だがそれが即、後者による前者の乗り越えを意味するわけではない。最初の著作の豊穣さという通例に漏れることなく、『宮廷社会』にはエリアスのまだ充分に分節化されていない問題意識が所狭しと詰め込まれている。『文明化の過程』への助走という観点からそれらを汲み尽くすことができるのか。『文明化の過程』をはじめとするエリアスの他の著作群から切り離した形で再構成することにより、『宮廷社会』の社会学的含意を抽出すること、これが本章の課題である。

二❖近代人の原型としての宮廷人

「旧政体下の王の宮廷は、図柄をなす人間たちによって形作られたさまざまな社会的構築物……のいずれにも劣らず、多くの問題を社会学者に投げかけている」（*HG.* 60: 54）。一九六九年版『宮廷社会』の第二章「問題提起のための前置き」はこの一文から始まる。章題からも明らかなように、この章は一九三三年に提出された教授資格請求論文の「序章」に相当する。また、ここには一九六〇年代以降にエリアスが意識的に用い始める「図柄 Figuration」概念が混入している。[6] これらはおそらく『宮廷社会』の出版をめぐる錯綜した経緯の痕跡である。文献学的な関心からすれば、一九三三年版と一九六九年版のテキストの混在は、『宮廷社会』の重要な特徴の一つである。だが二つのテキストの異同という問題は本章の枠を越える。ここではエリアスが、一七、一八世紀に全盛期を迎える旧政体の宮廷社会に対してあくまで「社会学者」の視点から興味深さを見出していることが重要である。

その問いをエリアスは次のように述べている。

諸個人は、ヨーロッパ社会の特定の発展段階において宮廷という形式でひとつにまとめられ、それによって独特の刻印を押される。何がかれらを結びつけたのか、ほかならぬこうした結合様式のなかで何がかれらに刻み込まれたのか。(*HG*. 66: 60)

宮廷社会は、権力行使の機会に関して王が他の者から圧倒的に隔たっているという特徴により、「封建社会」と呼ばれるより以前の不安定な主従関係とは区別される。こうした王の優越が成立する条件としてまずエリアスが重視するのは、王による暴力と租税に対する独占である。それらを梃子とするところに王は、従来においてヨーロッパを緩やかに統合してきたキリスト教とローマ帝国の桎梏を解体し、人間の赤裸々な力による世俗的な統治圏域を出現させる。この統治圏域の中心地として成立する宮廷社会にとっても、暴力と租税の独占化は成立の基本的な要件である。

だがそれだけが宮廷社会を成り立たせているわけではない。宮廷貴族や都市上流市民といった宮廷人たちによる支えなしに宮廷社会は維持されえない。王による暴力と租税の独占化とともに産み出されてくる宮廷人は、宮廷社会の絶えざる編成を通じて、従来とは異なる人間類型として現れてくる。ならば宮廷人たちを「宮廷という形式」において「結びつけ」続けたのはいかなる要請か。そうした宮廷社会という結びつき方のなかで「何がかれらに刻み込まれ」ていくのか。ここに『宮廷社会』は、宮廷社会という歴史的社会性と宮廷人という人間類型に関する社会学的な事例研究として概括できる。

だがさらに仔細に眺めれば、歴史的過去をめぐる事例研究という視角では汲み尽くされない『宮廷社会』のもう一つの主題が見て取れる。次の一文はそれを明晰に示唆している。

この［宮廷人という］人間類型は、今日ゆきわたっている人間類型の最も重要な祖先であった。（*HG*. 66: 60）

ここでエリアスが想定する考察の射程は、過去の範囲にとどまらない。「宮廷人」という人間類型を、エリアスは「いま・ここ」の「人間類型の最も重要な祖先」として措定する。この「近代人」の原型という設定に着目すると き、『宮廷社会』のオリジナルである教授資格請求論文に、「宮廷人」という表題が掲げられていたことが想起される。そもそもの表題に立ち返ることは、『宮廷社会』の主眼を次のようなかたちで理解することを容易にする。すなわち、「宮廷人」という人間類型を跳躍板にした、「近代人」という同時代的な人間類型についての社会学的な自己省察の試み。これが先の主題をもとに展開されるもう一つの、そしてより重要な『宮廷社会』の問いである。

だがこのエリアスの第二主題は、宮廷社会に対する社会学的関心の希薄化という事態に、いわば逆行する。そのことをエリアスは明晰に意識している。そればかりではない。エリアスは、そうした同時代的状況の奥底に、「宮廷および宮廷社会によって刻印された人々に対する市民階層の敵対的姿勢の余韻」をも嗅ぎ取っている（*HG*. 62: 56）。この敵意はあきらかに、近代の創生神話となってきたフランス革命に対する積極的評価と表裏一体のものである。大革命を全面的に肯定する限り、旧政体の宮廷社会は、忘却の彼方に追いやられた存在というより、むしろ敵対の痕跡を強固に留める存在である。エリアスによればこの革命の神話性が、「過去数世紀における宮廷および宮廷社会のもっていた代表的意義を見る目をいまなおしばしば曇らせており、その構造を苛立ちや敵意なしに研究することを妨げてきた」のである（*HG*. 62: 56）[7]。

「近代人」の原型としての「宮廷人」。このエリアスの仮説は、そうした根深い障壁を熟知したうえで、あえてなお、なされている。そこに込められているのは、宮廷社会と「近代」のあいだの自明なる断絶を問い直すという意図にほかならない。この再考の鍵を握るのは、ひとえに「宮廷人」がいかなる意味において「近代人」の原型でありうるのかという問題である。次の一節は「宮廷人」という人間類型に対するエリアスの焦点化を簡潔に示している。

　人間たちは自分自身を観察する能力に関して以前よりも高い状態にある。しかし、自己を観察する人間としての自分自身を観察できる状態にはまだ至っていない。それがようやく可能になるのは一段と高い段階、すなわち、これまでの段階におけるのとは全く異なる新しい眺望が開ける、自己距離化の一段高い段階に上昇したときである。これが、われわれが目下その渦中にある次の上昇である。（*HG*. 364: 382）

この一節のなかでエリアスは「宮廷人」という語彙を用いていない。かわりに主語に据えているのは、より一般化された複数形の「人間たち」である。前後の文脈から判断する限り、この一節で語られている「自分自身を観察する能力」が、「宮廷人」という人間類型の考察を通じて抽出された特徴であることは疑いえない。だがエリアスは、「宮廷人」とすべきところを時間的にも空間的にもより広範な指示対象を持つ「人間たち」によって置換し、さらには「われわれが目下この渦中にある」と言葉を継ぐことで、「自分自身を観察する能力」という特徴づけを「いま・ここ」を生きる「近代人」にまで敷衍する。

エリアスのいう「自分自身を観察する能力」は、二つの段階に分けて提示されている。まず自己観察の第一段階とは、人間が、反省的に熟慮する存在としての自分自身を、観察の対象にする段階である。この段階において人間は、みずからが日常生活のさまざまな場面でなかば自動的におこなう反省的な思慮に対し、自己の意識的操作から切り離された相対的自律性を認める。この一定の距離化のもとで人間は、反省的に熟慮する存在としての自分自身について、さまざまな角度からの解釈を施す。これに対し自己観察の第二段階では、第一段階の自己観察をする人間が観察の俎上に載せられる。この段階において人間は、熟慮する自己に向けて繰り出される自己観察行為に対して、自己の意識的操作から切り離された相対的自律性を認める。このさらなる距離化のもとで人間は、自己省察の第一段階にある自分自身に観察の眼を向け、その社会的な成り立ちを分析できるようになる。第一段階の自己観察が、人間の自己認識を、あらゆる他者から切り離された独立して存在する自律的個人という人間像を導くとすれば、第二段階の自己観察は、人間や非人間的事物の織りなす存在のネットワークに埋め込まれているにもかかわらず（あるいは、埋め込まれているがゆえに）、しばしば自己を独立独歩の自律的個人として認識しがちな諸個人、という人間像へと導く。[8] ただしこの自己観察の第二段階は、エリアスによれば人間が「まだ至っていない」ものであり、それゆえ少なくとも『宮廷社会』の著された時点では、エリアスによって想定された理念的な自己観察のあり方にすぎない。この自己観察の第一段階への到達と第二段階への未到達をもって、エリアスは「宮廷人」という人間類型を焦点化する。これが「近代人」の原型として想定された「宮廷人」である。

こうした議論を経ることで『宮廷社会』の第二主題は、次のような形で言い換えられる。「宮廷人」に対する社会学的研究を通じてエリアスが切り開こうとするものは、自らの反省性に自己観察の眼を向ける「近代人」の姿を、俯瞰しうるような眺望である。それは、いまだ理念としてしか存在しない自己観察の第二段階への上昇の端緒を開こうとするエリアスの試みにほかならない。「われわれはすでにルネサンスにおける距離化の推進力から距離を取り、それを回顧し、そうしたわれわれ自身において進行していたある意味での高台への上昇を観察できる状態にある。そして同時にこのような方法により、われわれ自身がこれから進みゆく方向を理解するための、より確実な入口を得ることができる。まさにこの点が本書の課題なのである」（*HG*. 364: 382）。

三❖公と私の分裂

連綿と続く時間の流れのなかに、近代人誕生の時が刻み込まれているわけではない。いくらでも遡行可能な時間のなかから、近代人の原型として宮廷人を召喚したのはエリアスである。それは一つの可能な仮説にすぎない。ゆえにその培養基たる宮廷社会をめぐる考察も、近代人の成り立ちを探る一種の思考実験という性質をもつ。「宮廷はそれを形作っている人間が、自然からの、お互いからの、そして自己自身からの一段と高度の距離化……を現象させた唯一の図柄というわけではなかった」（*HG*. 364: 383）とエリアスが述べるとき、この仮構性は明晰に意識されている。

とはいえそれは無作為に選び出された考察の舞台ではない。エリアスによれば、宮廷社会とは「そうした図柄の初期のひとつであり、しばらくのあいだは確かにこれらの図柄のなかでも、最も広範囲に及ぶ作用領域を有する最も強力なものであった」（*HG*. 364: 383）。近代人の母胎として、宮廷社会の備える特性をエリアスは次のように述べている。

のちの産業化された国民国家……においては、……国家機構における最も強力な男女に対してすら、私的利益と公的利益を比較的厳密に分離することをますます強く要求するようになってきている。宮廷的エリート層を擁する王朝的国家社会においては、私的利益と公的ないし職務に基づく利益が比較的緊密に一致しており、しかもそれがまだほとんど社会生活上の自明の事柄に属していた。……それゆえ宮廷社会の社会学的研究はある特定の側面から、ヨーロッパの国家社会の発展における初期段階に光を当てることになる。(*HG.* 9: 1-2)

ここにおいてエリアスは、宮廷社会を「国家社会の発展」という枠組みへと編入し、「初期段階」という位置を割り当てている。これは宮廷人を近代人の原型とした先の措定に対応する。宮廷社会に対するこうした捉え方を導いたのが、「公」と「私」という現象に対するエリアスの着眼である。国民国家においては、統治職務に携わる人間に対してすら、職務遂行者として考慮すべき「公」的利害と、職務を離れた一個人として考慮すべき「私」的利害を、比較的厳密に分離することが要請される。これを基準とするならば、宮廷社会に同型の分離を見出すことは困難である。宮廷社会では「両者を分離できるとか、分離しなければならないというイメージは、ようやくまばらに、しかも比較的未発達な形でしか現れて」おらず、「家族間の結びつきと張り合い、私的な友好と敵対が、あらゆる職務同様、統治職務の運営においても正常な要素としての役割を演じていた」(*HG.* 9: 1-2)。

とはいえ「公」と「私」のニュアンスが、宮廷社会に関してまったく存在しないわけではない。のちの国民国家における「公」と「私」のあり方との繋がりを予見させるそれらの特異なあり方を見出すがゆえに、エリアスは宮廷社会に「初期段階」という場所を割り当てている。

身分社会そのものに属する人々、とりわけ宮廷社会に生きている人々は、……彼ら自身の意識のうえでは、多かれ少なかれ「公的な」生活、つまり *society* とか *monde* での生活を営んでいた。これらがまさしく旧政体の「公共性」をなしていた。その外側に生きている者は、「私的生活」を送っていたのである。宮廷社会の側から見れば、有職層の人々はアウトサイダーであった。かれらは「社交界」、つまり「上流社会／高貴な世界」――この言葉は的確に特徴を捉えている――の周辺に存在していた。かれらは取るに足らない人々である。かれらの家は公的性質を欠いており、その所有者や家族は体面を保つという特質を欠いていた。それらは、その住人同様、意味のない私宅だったのである。（*HG.* 87: 81）

エリアスによれば、「公」的な性質は宮廷社会のどこにでも見いだされる。ここで宮廷人の世界とともにエリアスの視野に収められているのが、宮廷人からすれば周縁的な「アウトサイダー」とされる、地方貴族や雑多な有職市民たちである。[9] この「アウトサイダー」との関係を考慮に入れるならば、宮廷社会における「公」と「私」の未分化という見方が、両者の現在的なあり方を自明視するところに成り立つ捉え方であり、間違いではないにせよ不十分であることが明らかになる。宮廷社会におけるそれらは、現在とは異なるかたちで現象している。つまり、宮廷社会をめぐる「公」と「私」は、宮廷人と「アウトサイダー」という構図に従って、前者に「公」的性質が、後者に「私」的性質が、それぞれ配分されている。こうした「公」と「私」のあり方への着目により、近代人の原型としての宮廷人をめぐる考察は、宮廷社会の考察へと転轍される。

宮廷社会をめぐる「公」と「私」の現象に深く関与しているものとしてエリアスが着目するのは、両世界における「体面を保つ」という性格の有無である。現在からの回顧的視線からすれば悪弊的な消費や過剰な演出と映る、特徴的な家屋様式や家政のあり方、趣味や衣服の選好、会話や振る舞いの技法といった、宮廷人の自己顕示的な身体技法や生活様式こそが、エリアスによれば、宮廷社会に「公」の性質を発現させる。それに対し、地方貴族や有職市民といった「アウトサイダー」の身体技法や生活様式には、宮廷人と同様の自己顕示性が希薄である。ゆえに宮廷人からすれば重要性の欠如した「私」的な世界として現れてくる。

こうした宮廷人の身体技法や生活様式をめぐってエリアスは、さらに次のような考察を展開する。

礼儀作法のなかには、宮廷社会そのものが現われている。つまり、すべての諸個人が他の人々から際立とうとし、またすべての人々が一緒になって、その社会に属さない者たちに対して自分たちを際立たせ、そのようにして各個人としても、また全体としても、かれらの存在を自己価値として立証しているのである。(*HG*. 158: 163)

ここで宮廷人の体面保持的な身体技法や生活様式は、「礼儀作法」という言葉によって簡潔に表現される。この「礼儀作法」と宮廷社会との関連は、次の二つの視角から考察されている。第一に「礼儀作法」のなかには、互いに「他の人々から際立」つことによって自らの存在価値を証明しようとする、「各個人」としての宮廷人たちの姿が見いだされる。第二に「礼儀作法」のなかには、「その社会に属さない者たちに対して自分たちを際立たせ」ることにより自らの存在価値を証明しようとする、「全体」としての宮廷人たちの姿が見いだされる。エリアスによれば、宮廷人の身体技法や生活様式のなかに見られるこの二つの方向への卓越化の志向こそ、「宮廷社会そのもの」を具現化する集約的な表現にほかならない。こうしたエリアスの視点の確定により、『宮廷社会』で描写された宮廷社会像の骨子は、以下のように抽出される。

まず、すでに触れた王による暴力や租税の独占化過程は、貴族や都市市民にとっては次のような経験として現れる。貴族の側にとってそれは、相対的に高い自律性を備えてきたそれまでの騎士的な生活が困難になり、家柄や爵位、世襲的役職といった従来的な権力資源が有効性を喪失していく過程である。代わって絶大な統治権能を掌握する王との関係が、より決定的な権力資源として浮上する。そこに従来の騎士貴族の一部が王の膝元へと参集し、宮廷貴族という新たな特権階層として転生する。宮廷人のもう一翼を担う都市上流市民も、こうした過程に随伴して誕生する。王は統治や暴力資源の基盤となる租税をとりわけ都市の有職市民から徴収し、都市の有職市民は王の暴力という庇護のもとで発達を遂げていく。この相互依存化のなかで、やがて都市上流市民も王の膝元へと参集し、宮廷人への転身を遂げていく。その転身は、従来、貴族と高位聖職者の掌中に委ねられてきた暴力や租税の管理・運営に携わる職能に登用されることで、さらにはその頂点に位置する人々が法服貴族として転生することで可能になる[10]。

このように、従来的な権力資源の有効性の喪失という状況のなかで産み出される宮廷人は、それ自体独立して成立をみる人間類型ないしカテゴリーではない。宮廷人という資格を承認する他者、これを不可欠の構成要件とする。承認する他者として決定的に重要なのは、いうまでもなく王である。王は、みずからに近いがゆえに危険な貴族を遠ざけるために、もっぱらみずからにのみ依存する都市上流市民を統治機構の要職に登用する。同時に王は、都市上流市民との格差の過度な縮小をさけるために、他の階層とは区分された特別待遇階層としての貴族を可能な限り維持しようとする。ここに王は、他の人間から区別された宮廷人という上位性資格を、貴族や都市上流市民に承認する。そしてそれは、王によって上位性資格を承認されない「アウトサイダー」の創出と同義である。両者を隔てる区分線は、貴族においては宮廷貴族と地方貴族のあいだに、市民においては都市上流市民とそれ以外の都市中下層民や地方農民とのあいだに引かれている。みずからの統治圏域に包摂されたあらゆる人間を、宮廷人と「アウトサイダー」という二つの異なる世界へと分節化しうるという点で、王は唯一無比の存在である。王は、この完全には閉じられていない境界線を操作することにより、宮廷貴族と都市上流市民による自己への根元的な依存を、ひいてはその統治圏域に包摂されるすべての人々による自己への依存を掌握する。

「アウトサイダー」への転落を回避しようとする貴族や、「アウトサイダー」から転身しようとする都市上流市民は、王による宮廷人資格の承認を求めて宮廷へと参内する。そこに要請されるのが、王に対する自己の従属性を顕示的な形で表現することである。「礼儀作法」とよばれる身体技法や生活様式は、そのための技法にほかならない。貴族や都市上流市民は、挨拶の仕方や言葉遣い、趣味や衣服の選好、家屋様式や家政のあり方などの微妙なニュアンスのなかで、王に対するみずからの忠実なる従属性を演出する。それにより、宮廷人の資格を承認される。この「礼儀作法」の実践を媒介とするところに、宮廷人は、宮廷人資格を承認されていない「アウトサイダー」に対する閉鎖化へと導かれる。そこに宮廷社会は、「全体」としての宮廷人が、王を結節項にして織りなす秩序性を備えた時空として立ち現れる。

さらに、宮廷貴族や都市上流市民にとって宮廷人資格は、「アウトサイダー」に対する上位性を意味するとはいえ、王の統治権能をめぐる分配闘争への参与資格にすぎない。さらなる王への近接、これのみが他の宮廷人に対する上位性を、ひいては自己の存在価値をより確実なものにする。そこに宮廷人は、「アウトサイダー」に対する卓越化の志向によって追い込まれることになった宮廷社会の内部においても、王へのより以上の接近を試みる。そこに要請されるのが、みずからがいかに有益な貢献をなしうる者であるかということを、王に対して顕示的な形で演出し続けることである。そのための技法もまた「礼儀作法」にほかならない。宮廷人は、身体技法や生活様式におけるあらゆる実践を媒介にして、王とのより以上の親密性を、ひいては他者に対する上位性をめぐる序列化闘争へと導かれる。そこに宮廷社会は、「各個人」としての宮廷人が、王を結節項にして織りなす闘争的な時空として立ち現れる。

「礼儀作法」に示された宮廷人における二つの卓越性への志向に着目することで、エリアスは社会秩序と闘争場裡という宮廷社会の二つの相貌を析出する。これらは矛盾するわけではまったくない。宮廷人は、王に対する従属性の表現という共同作業を媒介にして、「アウトサイダー」に対して閉鎖化された宮廷社会を編成する。その限りにおいて、王への接近をめぐる宮廷人たちの序列化闘争は、宮廷社会の安定性を根底から揺るがすには至らない。「アウトサイダー」を「地」とするその闘争場裡は、宮廷人が互いに向け合う激しい嫉妬や敵意を正常な状態として内包したまま、宮廷社会という言葉で同定可能な程度の秩序性を備えた「図」として、繰り返し編成される。

こうした宮廷社会像による限り、そこに生きる宮廷人の生は、宮廷社会という編み合わせに完全に絡め取られる。

宮廷人は、「アウトサイダー」および互いに対する卓越のなかに自己の存在の支えを見いだす限り、みずからの卓越性を具現するための「礼儀作法」の実践から一瞬たりとも逃れられない。さらに宮廷人は、その身体技法や生活様式のなかで表現される自己の卓越性をめぐって、際限なき自己点検・自己評価に取り憑かれる。そしてこの自己点検・自己評価は、当然ながら王を頂点とする他者の評価と解し難く結びついている。宮廷社会を生きる宮廷人の生には、「礼儀作法」の実践、および、それにともなう自己や他者による観察や評価の眼差しから逃避しうる時空間は存在しない。そこに宮廷社会は「公」的な性質によって完全に覆い尽くされた世界として表象される。

そして宮廷社会には存在しえない「私」的な時空は、「アウトサイダー」の世界、つまり王の統治圏域に包摂されつつも、宮廷社会からは排除された地方貴族や有職市民の世界へと放出される。こうした「アウトサイダー」の身体技法や生活様式は、宮廷人においてみられたのと同じ意味での体面保持性に乏しい。そのため「公」的なものを現象させることはできない。というより、この世界の住人はその身体技法や生活様式のなかに宮廷人と同型の体面保持性を含み持たせることを許されていない、という方が正確である。有職市民や地方貴族は、二つの卓越性をめぐる評価を相互に応酬し合う資格を承認されておらず、その資格を備えた宮廷人をただ眺めるだけのいわば観衆にすぎない。そこに有職市民や地方貴族の生きる世界は、「私」的な世界として表象されるのである。

四 ❖ 宮廷的合理性の両義性

完全に「公」的なものとして表象される「宮廷社会における生活は、平穏無事な生活ではなかった」(*HG.* 158: 163)。宮廷貴族や都市上流民は、王を結節項にして、従来よりも多岐にわたる位階や権力機会を有する他者との、錯綜した接触に絡め取られる。この不安定な関係において爵位と序列はもはや厳密には対応しない。それぞれの宮廷人は、王やより上位の人々への接近によって下位の者との差異を拡大し、上位の者との差異を縮小しなければならない。上昇しつつある者に対する不注意な振る舞いや、下降しつつある者に対する過度に丁寧な対処は、ともに危険である。絶えず揺れ動く序列や他人の弱点と失敗、秘密と利害に終始眼を光らせていなければならない。不必要な敵対は避け、避けがたい敵との闘いにおいては綿密に戦術を練らなければならない。細心の注意を払って、みずからの言葉遣いや振る舞いといった身体技法、服装や家屋の装飾といった生活様式のなかに、自分と相手の序列関係や各々の場面に相応しい微妙な色合いや差異を、滑り込ませねばならない。逆に、王や他の宮廷人のそれらのなかに、みずからに対する友好や敵対のニュアンスを読み取らねばならない。それでもなお、今日上位にある者は明日には凋落の運命にある。

宮廷社会において卓越という社会的成功を求め、その成功のなかに自己の存在する意味の確証を求める宮廷人にとって、予見や計算、そして自己の刹那的衝動に対する慎重な制御は不可欠の要請である。エリアスは、宮廷社会の圏内で創り上げられるこの独特の合理性を「宮廷的合理性」として概念化する（*HG.* 168: 173）。宮廷人に特有の人格構造が培養されるのは、この「宮廷的合理性」のもとにおいてである。「宮廷的合理性」の要請する態度の取り繕いは、宮廷人にとって、もともと「意識的な訓練を通じて修得される偽装としての性格を持っていたかもしれない」（*HG.* 356: 375）。だがそれはやがて、宮廷人たちにおける内なる培養を経て自己抑制へと変貌していく。そこに宮廷生活の要請する熟考や予測や計算は、宮廷人にとってもはや骨折りをともなう意識的な作業ではなく、否応なく、あるいは少なくとも、半ば自動的に作動する自分自身の資質となる。エリアスの比喩的な、だがやはり比喩とは言い切れない言い回しを借りるならば次のようにいえる。「成人した宮廷人が鏡を覗くとき、おそらくはじめのうちは意識的な仮面として身につけようと努力したものが、いつの間にか自分自身の顔の構成要素になっていることを発見する」

(*HG*. 356: 375)。

宮廷的エリートであるそれぞれの人間が、彼ら自身の一部、あるいは彼らという人間の部分として、いまや、かつてよりも高度な形で発展させてきた自己抑制の鎧や仮面は、従来よりも高度に、それぞれの人間たちを相互に隔てていく。……熟慮や迅速な現状把握、行動路線の測定など、ようするに反省が、どちらかといえば情緒的で自発的な行為衝動と、発話や行動における実際の行為実践のあいだに、いまや多かれ少なかれ自動的に入り込んでくる。(*HG*. 360: 378)

自己観察の第一段階への上昇は、この宮廷人特有の人格構造の塑成とともに駆動し始める。自己抑制的な人格構造をみずからの内に醸成した宮廷人においては、みずからの行為衝動と行為実践のあいだに、「反省 Reflexion/reflection」と呼ばれる慎重なる熟慮が、明瞭に意識されることなく滑り込む。そこに宮廷人は、みずからの「反省」性を、自身の意志的操作から相対的に切り離された、それゆえそれ独自の自律性を備えた自己の生得的特性として経験するようになる。この経験に基づいて成立する「反省」の「客体」化により、宮廷人は、自分自身に対して観察の眼を向け、半ば自動的に作用する自己の「反省」ないし熟慮をめぐる思索を繰り拡げる。そこに宮廷人が見出すのは、あくまで宮廷生活に対する適合性という意味においてではあるが、現状の把握や将来の予測に長けた慎重さや、瞬間的な衝動性に対する抑えの利いた冷静さであり、それに「『理性』とか『悟性』の名を与え、肯定的に評価」する(*HG*. 360: 378)。エリアスが近代人の原型として措定した宮廷人の、少なくとも片鱗がここに姿を現してくる。

だが「理性」とよばれる「反省」性が、「宮廷的合理性」のなかで醸成されるすべてではない。もしそうであるならば、宮廷人はその人格構造に従って宮廷社会を、もはや半ば自動的に再生産し続けることが可能である。そこに

「公」と「私」が現在的なあり方へと変容する余地はない。宮廷人における自己省察の第一段階の生成から、「公」と「私」のあり方における変容へという展開には、両者を架橋するもうひとつの要素が必要である。これについてもエリアスは、「宮廷的合理性」のなかで醸成される宮廷人の自己抑制的な人格構造そのもののなかに見出している。

> 宮廷的合理性は、さらに一連の抵抗を、それもまさしく宮廷社会そのもののなかに産み出していく。それはある特定の社会的重圧からの「感情」解放の試みであると同時に、それはつねに個人の解放という試みでもあった。（*HG.* 171: 176）

「礼儀作法」の絶えざる実践によって織りあげられている宮廷社会での生活は、宮廷人にとって、自己の一挙手一投足にいたるまでの生を絡め取る、息苦しさに満ちた世界としても立ち現れる。それゆえ「宮廷的合理性」のなかで生成してくる宮廷人特有の人格構造は、宮廷生活に対する嫌悪が増殖するうえで、これ以上ないほど適した土壌となる。やがて宮廷人は、互いに共有された身体技法や生活様式によっては充分に表現しえず、もし表現しえるとしても宮廷社会という「公」的な時空においては赤裸々に吐露することが困難であるような、自身にとってより「本当らしさ」を帯びた「私」的な「感情」を発見する。「内的」世界の誕生である。ここに姿を現し始めた「私」的な「感情」に依拠する限り、さきに「理性」という名を与えられた半自動的な「反省」性は、宮廷人によって「感情の拘束、障害現象、人間性の堕落」とみなされ、「否定的な評価をくだ」されることになる（*HG.* 360: 378）。「宮廷的合理性」は、「公」的な宮廷社会に対する相対的自律性を備えているという意味で、宮廷社会への抵抗拠点となりうる「私」的なものの萌芽を、ほかならぬ宮廷社会の内部に胚胎させる。

だが宮廷社会は、その内部における「私」的なものの発露を容易には許さない。なぜなら、ある宮廷人による宮廷社会からの離脱の企ては、「アウトサイダー」への転落にほかならないからである。あるいはまた、宮廷人たちの共謀による、宮廷社会の束縛を集約する王からの解放の試みは、かれら自身を「アウトサイダー」の圧力に対して保護する防護壁の破壊を招来する。このように宮廷人は、頭上に何らの圧力を感じる必要もなく、もっぱら下からの重圧だけを防いでさえいればよい王とは異なり、王と「アウトサイダー」という腹背両面にわたる、絶えざる緊張と葛藤という「重苦しい束縛」に曝されている。そればかりではない。宮廷人にとって「礼儀作法」は、いまやみずからの存在を構成する不可欠の要素である。宮廷人たちの眼には、その抑制性や技巧性、壮麗な貫禄や軽快な典雅さなどによって特徴づけうる自己の身体技法や生活様式が、「アウトサイダー」に対する自己の上位性を具象化するものとして映る。ゆえに宮廷生活がいかに苦渋に満ちた憂鬱なものとして立ち現れてこようとも、王と「アウトサイダー」の挟撃において存立している宮廷人には、宮廷社会の包囲網から逃走しうる経路は存在しない。宮廷人としての生に自尊や矜持といった自己の存在価値の源泉を見出す限り、自己の「私」的な「感情」の解放という宮廷人を惹きつける夢想は、現実態への転化を否定され続けなければならない。自己の生に繰り返し発現してくるこの絶対的矛盾を全面的に回避してしまうことなく、それを引き受けながら生きるよりほかに、宮廷人たろうとする人間に残された道はない。エリアスはいう。

> 貴族であれ市民であれ、二正面階層は、近代社会において格段に重苦しい束縛、とりわけ文明化に由来する憂鬱な自縛に、しばしば長期にわたって苦しめられているのである。（*HG.* 388-389: 407）

フランス宮廷社会の成立から終焉にいたるあらゆる時期において、宮廷人はこの「文明化に由来する憂鬱な自縛」のなかにある。ただしルイ一四世時代を中心とする絶対王政の全盛期には、その拘束性の重苦しさがあからさまに表明されることはさほどない。強大な王との同一化は、「アウトサイダー」に対する圧倒的優位という情緒的代償を得られる。その限りにおいて、ジレンマを構成する否定的な側面は比較的耐えやすいものとなる。逆に、騎士貴族たちにとって宮廷的な身体技法や生活様式への適応が逃れ難くなっていく一七世紀初頭や、王権の衰退とともに宮廷人と「アウトサイダー」との区別が曖昧になり始めるルイ一四世以降の時代には、その否定面が激しさを増すことになる。このジレンマの一つの現れを、エリアスは『宮廷社会』の終わり近くにおかれた第八章「宮廷化の過程における貴族的ロマン主義の社会発生について」で詳細に取り上げている。

章題に登場する「貴族的ロマン主義」という言葉は、奇妙な感じを少なからず抱かせる。ロマン主義の概念は、通常、フランス革命直後から一九世紀にかけてのヨーロッパで全面的な開花をみた、特徴的な文芸や芸術に関して用いられる。その前史を求めてさらに遡るにしても、精々のところ一八世紀半ばに見いだされるその先駆的形態が前ロマン主義として表現される程度である。いずれにせよ、それは感情や空想の重視、革新主義や保守主義、自然体験の賛美や内面への耽溺といった諸要素の混在をもって特徴とし、現代的諸問題の萌芽的発露ともみなされる。これに対し、この章においてエリアスが「貴族的ロマン主義」という概念のもとで取り上げるのは、とりわけ一七世紀初頭の内乱終結期とルイ一四世の古典主義時代の間隙を縫うように現れてきた、オノレ・デュルフェの小説『アストレ』をはじめとする宮廷文芸である。[11]

宮廷生活の娯楽でもあるこの時期の文学や詩や絵画のなかでは、過去の騎士的生活や地方の田園生活が、同時代や将来の都市的な宮廷生活ではもはや実現の見込みのない純粋や無垢、自由や無拘束を象徴する世界として表現される。このみずからの創造した世界において、宮廷人は身分の低い遍歴騎士や素朴な羊飼いに変装し、その擬態によって現実の拘束からある程度逃れつつ、非政治的な冒険や恋愛の悲喜を享受する。あるいは遍歴騎士や羊飼いの自然で素朴な生活が、人工的で放蕩な宮廷生活と繰り返し対比されることにより、いまや剣をおさめ諦念とともに王への隷属と宮廷生活に入った宮廷人による、ときに密かな、ときにあからさまな抵抗が繰り出される。

　だが宮廷人は、宮廷社会からの離脱というみずからの願望がもはや容易ならざる夢想であることを、たとえ朧気であろうともあきらかに知っている。ゆえにこの幻影の世界のなかで宮廷人の分身として登場する羊飼いは、現実の農民や牧人のように「粗野」でもなければ羊や山羊の臭いをさせることもない。現実の農民や牧人とは懸け離れた、あらゆる細部において宮廷的としかいいようのない礼儀作法と生活を繰り広げる。そこに表現されているのは、都市中下層民や地方貴族をはじめとする「アウトサイダー」に対する深い侮蔑であり、宮廷人としての自尊や矜持にほかならない。

　エリアスは、宮廷文芸に見られるこうした半ば遊戯的で、半ば真剣な過去や田園生活への撤退という特徴的な性格を、「貴族的ロマン主義」という概念によって表現する。むろんエリアスは、自然の理想化や過去志向といった主題の類似性をもって、この「貴族的ロマン主義」が、のちの都市的・市民的なロマン主義と連続していると見るのではない。過去の理想化において、後者にみられる明確な歴史的洞察が前者には欠如している等々、いくつかのあきらかな相違がそこには存在する。にもかかわらず、エリアスによれば「両者を結ぶ連繋線はやはり存在」する。ロマン主義的な態度に内包された、アウトサイダーに対する優越性への固執、ないし、しがみつきがそれである。


　人間のロマン主義的な精神態度、およびそれを表現している文化的所産のロマン主義的性格を特徴づける本質的な点は、通常、彼らを拘束している鎖をいくら揺さぶったところで、彼らが同時に自分たちの特権的な高い地位を保証している社会秩序全体を、したがって彼ら自身の社会的価値観と存在意義の基礎を同時に犠牲にしない限りは、その鎖を断ち切ることができないという上流階層特有のジレンマなのである。（*HG*. 332: 351）

五❖モデルとしての宮廷社会論

『宮廷社会』の最後におかれた第九章「革命の社会生成について」のなかで、エリアスはフランス革命期に触れている。だがこの最終章はわずか一〇頁ほどであり、革命の諸事件や革命家たちも登場しない。この奇妙ともいえる特徴のなかに、エリアスにおける次のような見解を読み取るのはさほど難しいことではない。フランスにおけるこの政治的革命期は、社会的存在としての人間のあり方を根底から変容させる出来事として位置づけることはできない。エリアス自身が明示することのなかったこの見解は、本章で展開してきた宮廷社会論を次のような形で敷衍することによって明らかになる。

「公」的なものの独特の現象によって特徴づけられた宮廷社会は、その内部における「公」と「私」の新たな分裂とともに、やがて変貌を遂げていく。すなわち「反省」化の進展は、宮廷人をして、「公的」なものとは相容れない自身の「感情」の沈殿を、いっそうの「本当らしさ」とともに実感させるようになる。この実感のなかで宮廷人は、「自己」を、外界や他者と交わりながらも、もはや他人と同種の存在として体験せず、ますます各自がいわば自分の鎧の内部に閉じこもって、他の一切の存在物を、さらには他の一切の人間をも、自分の鎧の外側に存在するもの、この鎧によって自分の『内面』とは分け隔てられたものとみなし、自分をそれらに対立する孤立者」として経験するようになる（*HG*. 376: 395）。「内面」として表象されるこの自己経験に基づいてやがて生成してくるのが、「私」的な存在としての人間を、人間の最も真実の姿とする認識である。さらに自己経験の真実らしさに支えられたこの宮廷人の「私」は、「アウトサイダー」に賦与されてきた従来的な「私」とも次の点でも決定的に異なる。宮廷人資格の喪失を意味しない、というのがそれである。「宮廷的合理性」を我がものとした宮廷人にとり、自らが社会編成の資格を保持していることはもはや疑うべくもない。そこに宮廷人は、自己同一的で独自的存在としての「私人」と、社会の構成主体としての「市民」という二つの部分へと重層的に分節化されていく。「私人」と「市民」という二つの性質へと分節化されつつも、それらが一体のものとして接合されている人間像、それがここに誕生をみる「個人」という新たな人間像である。

この人間認識の変貌とともに、宮廷人は、社会によって生かされてきた存在からそれを産み出す源泉へと変貌する。「個人」を構成単位とする限り、そこに構想される社会像は、諸「個人」の「私人」性の保護を最大公約数としつつ、「市民」としての諸「個人」が契約によって制作する作為的な構築物へと変容する。こうした社会像の生成にともなって王もまた変更を蒙る。自己抑制的な人格構造を培養してきた宮廷人にとり、お互いを媒介する中心的な結節項はもはや具現的存在である必要はない。それは諸「個人」の「私人」性を過剰に侵害せぬよう、「市民」としての諸「個人」が制御しうる変更可能な存在として、ゆえにその本性的性格としては抽象的な存在として構想される。具体的な卓越的存在としての王と、抽象的な超越的存在としての「国家」の分離である。さらに社会における「公」と「私」は、従来における水平的な分節から垂直的な分節へと変容する。超越的な「国家」を結節項とする「市民」がその身体技法や生活様式の実践によって織りなす時空、それがここでの新たな「公」的領域である。それに対し「私人」としての人間が織りなす時空、それが「公」的領域とは区別された「私」的領域として構想される。「個人」と呼ばれる人間像を構想の源泉とすることにより、そこに想定される社会像も、「国家」を中心とした「公」的領域と、それに対する自律性を確保された「私的」領域という二つの部分へと垂直的に分節化されていく。

こうした人間像と社会像に従うならば、いまやあらゆる人間は、「私」的な「市民」という条件において社会構成の資格を承認されることになる。「アウトサイダー」とされてきた人々にまで延びるこの射程ゆえに、新たな人間・社会像は大革命期を頂点としたフランスにおける社会再編の牽引力となる。さらにそれらはその普遍妥当性の相貌ゆえに、フランス革命の局所性を超えて拡散し、それを新たな構成原理とする諸国民国家の簇生をも引き起こす。エリアスがいうように、「われわれがいくらか曖昧な言葉を使って、通常『啓蒙主義』と呼びならわしている一七、一八世紀のあの知識人的合理主義も、けっしてたんに有職市民的・資本主義的合理性との関連のなかだけで理解されるべきものではなく、それには宮廷的合理性からの太い連絡路が何本も通じていた」(*HG.* 172: 177)。[12]

社会の構成原理のこうした転換により、歴史的現象としての宮廷人は終焉の時を迎える。そしてこの構成原理のもとで現象する「公」は、宮廷社会とは違い、もはや諸「個人」の生を隈無く包囲することはない、かにみえる。「私人」と「市民」に分節化された人間像と、「公」と「私」が垂直的に分節化された社会像にしたがう限り、宮廷人を拘束してきた「理性」と「感情」の間の矛盾は解消され、人間と社会のあり方は安定へと導かれていくはずだからである。だがそれは一種の虚妄にすぎない。というのはこういうことである。

まず構成原理上の根源的な転換にもかかわらず、社会編成における「アウトサイダー」の創出に終止符が打たれることはない。それどころか、構成員を相互に結びつける結節項が抽象化された新たな社会像、いいかえれば、個々の人間に対してメンバーシップを承認する最終審級が抽象化された新たな社会像による限り、原理的には存在しないはずの「アウトサイダー」を創りだし、その積極的・消極的な排除という共同作業に携わることが、諸「個人」を相互に結びつける具体的な契機として従来よりも致命的な重要性を持つことになるからである。構成原理の転換によって従来的な「アウトサイダー」との境界はたしかに消失するが、そこから帰結されるのは、個別的な「国民」を構成員とし領土的限定を備えた国民国家の成立である。

そして「国民」として生きる近代人は、とりわけ職業生活を基軸とした「公」的領域の編成を通じて「アウトサイダー」を創出し続ける。そこに「宮廷的合理性」に似た独特の合理性――「市民的合理性」――に包囲される近代人は、宮廷人同様、「アウトサイダー」に対する優越という意味ではたしかに魅力的な、だが憂鬱な身体技法や生活様式からの離脱、理想化された過去やより素朴な生活の再生を繰り返し夢想する。否、「市民」と「私人」の原理的な分裂を自らのうちに孕む近代人は、「公」的領域への全面的な埋没を忌避し、そこからはみだす「本当の自分」を、宮廷人よりはるかに激しく憧憬する。むろんこの欲求の具現化は、「市民」としての生活を破壊せぬよう、基本的には「私人」としての生ないし国民国家の「私」的領域において夢想される。だが「私人」としての生や「私」的領域が、「市民」の編成する「公」的領域に対して絶対的な自律性を有することはない。近代人が「本当の自分」を「私」的領域において探し求める限り、その「本当らしさ」は「公」的領域における他者の承認を得られず、どこまでいっても尽きることはない。そこにこの探究は容易に当初の思惑を越え、みずからの「市民」性に対する先鋭な反省や「公」的領域に対する厭世的な絶望となって顕現する。あるいは諸「個人」の追い求める「本当の自分」が、独特の形で「公」的領域に取り込まれることもある。たとえば職業的領域は、諸個人の充たされぬ「私人」性を需要というかたちで取り込むようになっていく。だが諸「個人」の憧憬する「本当の自分」は、「公」的領域への包摂によって安定性を獲得するまさにその瞬間に、それが纏ってきた「本当らしさ」を喪失する。そこに「本当の自分」に対する近代人の憧憬は、絶えず新たに更新される[13]。この終わりなき循環のなかで、近代人が「本当の自分」に対するみずからの夢想を成就することは、原理的にありえない。そしてこの「私」的領域における「本当の自分」の探求が抱える困難は、やがて諸個人に「私」的領域におけるその探求の無意味さを認識させる。そこに諸個人は、それへの埋没の忌避によって成立してきたはずの近代の「公」的領域——職業ないし労働——に対する、全面的な埋没と他者の承認の希求へと導かれていくかもしれない。あたかも宮廷人のように、である。この意味で近代人も「理性」と「感情」の根本的矛盾から逃れることは難しい。エリアスはいう。

今日の多くの大組織においても……宮廷的編み合わせの研究でわれわれの視野に入ってきたいくつかの現象が

存在する。今日しばしば高度に官僚主義化された組織のもとで、はるかに秘やかで隠蔽されたかたちで遭遇する多くの現象が、宮廷社会ではまだかなりあからさまに、そしてきわめて大規模に見出されるのである。(*HG.* 213: 229)

宮廷人を近代人の祖先とみなすという『宮廷社会』の着想自体は、たしかにその当時においてはかなり特異なものであった。だが同時に、それはエリアスだけの着想ではない。T・ヴェブレンやW・ゾンバルト、そしてM・ヴェーバーなどにも、独特の観点からの宮廷社会への言及は見られる。とはいえ宮廷を素材にして展開されたエリアスの議論は、「礼儀作法」への着目や宮廷的合理性の分析などの点でかなり特異なものであった。『宮廷社会』のこうした点に、エリアス自身の原風景を読み込むことはおそらく不可能ではない。すなわち、当時のドイツにおいてユダヤ人という定義づけのなかで成長しながらも、第一次世界大戦に際してはドイツ人として徴兵されたエリアス。にもかかわらず、終戦後のドイツではやはりユダヤ人でしかありえなかったエリアス。みずからのアイデンティティをみずから選択することが許されないこの状況のなかで、「学問的な仕事」に就くことを強く願っていたエリアス自身は、おそらく単なるアウトサイダーというよりも、いわばアウトサイダーから宮廷人への転身を図ろうとする上流市民の一人であった。そしてこのユダヤ人からドイツ人への転身の努力のなかでエリアスは、メンバーシップの証として作用する「礼儀作法」にも似た身体技法や生活様式、および、それらをめぐる定義づけの非対称性に絶えず直面し続けた。そしてエリアスは、「学問的な仕事」に就くことを放棄しない限りにおいて、アウトサイダーと宮廷人の両面に挟まれたそうした二正面階層の一人であり続けざるをえず、定義づけの応酬に満ちた宮廷社会から逃れる術を持たなかった。こうした原風景がエリアスを、近代人に対する独特の分析に満ちた宮廷社会論へと導いたことは想像に難くない。[14]

そしてこの教授資格請求論文が一九六九年に出版される際、エリアスは表題を「宮廷人」から『宮廷社会』へと変更した。この些細とも大幅とも受け取れる変更の意図は、いまとなってはわからない。だがその変更によって『宮廷社会』は、エリアスの幾多の著書のなかでも「社会」の語を掲げた唯一の経験的研究となる。そこにエリアスにおける次のような視点の変化を読み込むことは可能だろう。すなわち、エリアスの彫琢した宮廷社会論は、教授資格請求論文の執筆から流れた三〇余年の時間、および、そのなかでのエリアス自身の社会学的な研究の展開のなかで、いわば繰り返し検証され続けた。そしてその結果、宮廷社会論はエリアスの社会学的な営為において社会認識のモデルとでもいうべき位置を占めることになる。そのことを意識していたがゆえにエリアスは、その研究の表題を、「宮廷人」という特殊な対象についての考察であるという誤解を招きやすいタイトルから、社会学的な含みを多少なりともより適切に表現する『宮廷社会』へと変更する。

このように考えるならば、本章においてなされた『宮廷社会』の再構成は、エリアスの主著の一つの再考にとどまらない。エリアスにおける原型的な社会学的研究の再構成であったといえる。それゆえ宮廷社会論は、以後のエリアスの社会学的な諸研究の読解に対しても重要な意義を有している。つまりエリアスの社会学的な諸研究は、宮廷社会論をモデルとするところに産出された研究という視点から読み解くとき、おそらくその含意を十全な形で理解することができるだろう。これが次章以後の課題である。

注

1　序章でも述べたが、各章の冒頭で触れたエリアスの個人史は詳細なものではなく、ライフコースの観点から各章の議論を理解するための一助として触れているだけである。エリアスの個人史の詳細については、エリアス自身の自伝的著書である Elias（1990）のほか、Mennell(1989)、Goudsblom and Mennell eds.（1998）、Mennell and Goudsblom eds.（1998）、や van Krieken（1998）におけるより包括的な紹介や、Dunning & Mennell eds. (2003) に収められた、エリアスとの個人的な接触に基づく数多くの論文を参照のこと。

2 一例としてヴェルサイユ宮殿の博物館化が挙げられる。Apostolidès（1981=1996）。

3 T・ヴェブレンの『有閑階級の理論』（1899）や W・ゾンバルトの『近代資本主義』（1902）などは、独特の観点から宮廷にアプローチしている例外的な先駆的研究である。これら以外の宮廷社会への関心は、エリアスによれば、自己の回顧的視線に潜む「自己の短期的消費嗜好を将来の利潤のために倹約するという気質」を素朴に自明視し、宮廷人の態度を必要性の域を越えた消費の過剰と見做すことで、「とりわけわれわれの社会の研究者の興味をそそる」現象として考察の俎上に載せてきた。そのためこれら諸研究は、その端緒から宮廷人の態度を「奢侈」という語彙とともに非難の対象へと貶めている。それらによって「白日のもとにさらされるのは、宮廷人の行動様式と現代社会で習慣となっている行動様式のあいだの際立った相違だけであって、それによって奢侈という個別的現象をはじめて理解可能にする全体としての宮廷の社会構造ではない」（*HG*. 65: 59）。

4 Goudsblom and Mennell eds. (1998) は、『宮廷社会』を「モノグラフ」として性格づけたうえで次のように述べている。「彼［エリアス］の『重要』な論文［『宮廷人』］の主題は、一七、一八世紀におけるフランス宮廷の生活であった――論題は見かけ上、当時の政治的混迷からはかなり隔たっているようにみえる。しかしそのモノグラフには、単なる歴史的意味の再構築以上のものがかかわっていた」（Goudsblom and Mennell eds. 1998: 13）。『宮廷社会』に込められている「単なる歴史的意味の再構築以上のもの」を明らかにするのが、本章の目的である。

5 例外として Kuzmics（1988）や Duindam（1994）、犬飼（１９９８）、Optiz（2005）などがある。

6 「Figuration」概念については第三章の第四節で取りあげる。

7 エリアスからの引用を挙げておく。「いまや徐々に力を奪われた宮廷エリート集団、つまりヨーロッパの多くの諸国においてかつては最も勢力があったエリート組織の末裔に対して、工業化した国民国家の、のしあがりつつあるより新しいエリート集団は、以前の時代における度重なる執拗極まりない対決の余韻として、いまなお往々にして、否定的評価と防衛の身振りをとり続けている。この場合にも、歴史社会学的になにを重視し、なにを無視するかの選択に際しては、上流社会での評価や情感の影響が感じられる。宮廷社会の研究、否、その概念的把握さえ、まだこのような通俗的価値観に左右されている」（*HG*. 20: 12）。エリアスのこうした指摘はおそらく的外れではなかった。F・フュレはいう。フランス革命が惹起する「一つの世界が終焉し、別の一つの時代が始まるのだという抑えがたい感情」は、「フランス文化のなかできわめて強力なので、『アンシャン・レジーム』の観念は国民全体にとって一種のわかりきったこととなっており、自明のものとして説明され受け入れられている。大学におけるわれわれの歴史研究の組織編成さえも、この標準的分断から出発してその方向を定める」（Furet et Ozouf 1992=2000: 24）。なお、さきの一節に続けてエリアスは次のように述べている。「社会学的諸問題の選択と公式化に際して、それが現在に関係しているのであれ、過去に関係しているのであれ、自明とみなされている、それゆえに、その当否を吟味されることのない流行の価値観に対して、これまで以上の自律性を確保するためには、意識的な努力が必要であると主張するとき、私がなにを考えているのかを説明するのは、そう簡単なことではない」（*HG*. 20: 13）。この一節の意味するところについては、本書の第三章で取りあげる。

8　この人間像の問題は第三章の二節で触れる。

9　ここでの「アウトサイダー」概念は、エリアスにおける「エスタブリッシュドーアウトサイダー関係 established and outsider relation」というより包括的な概念に基づく。同概念は、一九六五年に刊行されたJ・スコットソンとの共著『エスタブリッシュドとアウトサイダー』――より厳密には、一九七六年に同書がオランダ語に翻訳されるに及んで新たに著された序論――のなかで、エリアスによって提示されたものである（Elias and Scotson［1965］1994=2009）。本書においてはこのテキストを直接的な検討の対象にはしていないが、さまざまなかたちで議論に組み込まれている。なお establishment ではなく、established であることに注意すべし。outsider との対比によってのみ樹立されるという意味で、能動的かつ受動的な存在であるのが established である。エリアスのこの概念の特徴についてとくに注意を払ってきたのが、バウマンである。たとえば、Bauman (2004=2007: 115)。

10 法服貴族については、たとえば宮崎（1994）。

11 ロマン主義の諸相については宇佐美（1991）、富永（1996）、デュルフェの『アストレ』については倉田（1994）を参照。またStallybrass and White (1986=1995) におけるエリアスへの言及も参照。

12 例えばJ・J・ルソーについて、エリアスは次のようにいう。「もしわれわれがルソーをつねに同時に、宮廷的合理性ならびに宮廷社会による『感情』の抑制に対する反対運動として理解しなければ、ルソーと彼の影響を、また『上流社会』の内部でも収めえた彼の成功を理解することはできないであろう」(*HG.* 171-172: 177)。また次のようにもいう。『自然』の概念がルソーの思想で果たす役割は、ルソーが市民出身であるという理由から、市民的ロマン主義という側面からのみ解釈されがちである。だが、かれの名声と理念の普及は、かれの理念が宮廷貴族の社交界で得た共鳴に少なからず負っている。そしてこの共鳴は、宮廷貴族自身の伝統における反復モティーフのひとつであった自然の理想化、および宮廷や社交的礼節の強制の反対を示す像としての自然の利用との関係を無視しては、ほとんど理解できない」(*HG.* 336-337: 355-356)。水林（1994）はエリアスの「文明化の過程」論の観点からルソーを解釈するという興味深い考察を展開している。

13 多少補足しておけば、こうした欲求の具現化は通常、「私」的領域において試みられる。国民国家の「公」的な職業的領域は、アウトサイダーに対する対外的な優位性という基準とともに、「私」的領域において膨張していくこの諸個人の願望の取り込みによっても変貌を遂げていく。ここからやがて、諸個人の抱く「本当の自分」への憧憬をターゲットにした職種が、職業体系のなかにしだいに増大していくことになるだろう。あるいはたとえばマーケティングのある種の変化のように、諸個人の願望や「本当の自分」への憧憬をターゲットとする方向へと生産のあり方が変わっていく、ということも導かれるかもしれない。こうした点については、本書においては取りあげていないE・ダニングとの共著『スポーツと文明化』――原題が"Quest for exaitment"であることに注意――が参考になると思われる（Elias and Dunning 1986=1995）。なおスポーツ・レジャーと「文明化の過程」の関係については、菊（1993）、市井（2001）、山下（2002）、西山（2006）などを参照のこと。

14　こうした推測がそれほど的外れではないだろうことは、たとえば「エスタブリッシュド－アウトサイダー関係の要素としてのユダヤ人」というタイトルのもとで記された、エリアスによる次の言葉からも読み取れる。「われわれは、われわれの集団に対する差別とわれわれが受けていた恥辱について気がついてはいたけれども、それらをまるでヴェールに覆われたものとしてしか認識していなかった。……私の両親やその知人たちは、それについて何ら現実的な説明をしなかった。……私がその状況についての現実的な光景を目にしたのは、ようやくギムナジウムを卒業したあと、すなわち最初が兵士であった時であり、その次が大学の学生の時であった」（*SS.* 165）。

第二章

文明化と暴力

一❖『文明化の過程』と暴力の問題

一九三三年、ドイツを離れたエリアスは、学問的な仕事に携わるという一縷の望みをもってパリに移る。三〇代半ばのことである。だが教授資格もなく業績も乏しかったエリアスにその見込みはほとんどなかった。困窮した生活を二年ほど続けた後、エリアスはロンドンへと居を移す[1]。あるユダヤ人亡命基金の援助で生計を立てながら、ここロンドンでの日々をエリアスは、当時まだ大英博物館にあった図書館で過ごしている。研究者としての業績が必要だった。そこで書き上げられたのが『文明化の過程』である。

この二巻本の執筆がいつ始まったかはわからない。第一巻は一九三六年に、第二巻は一九三八年にそれぞれ脱稿されている。ドイツ語で書かれているのは、英語による執筆ができなかったためである。くわえて戦争が終わればドイツに戻れると思っていたのだろう。イギリスが第二の故郷になることを、このときのエリアスが知る由もない。紆余曲折の末、『文明化の過程』は一九三九年にバーゼルの出版社から刊行されている。このときエリアスは、刷り上がったばかりの『文明化の過程』の書評をW・ベンヤミンをはじめとする何人かの人々に依頼している。F・ボルケナウやR・アロンらの書評が残っている（Borkenau 1938; Aron 1941）[2]。だが書評依頼のために送った冊数ほども売れなかった。

『文明化の過程』の刊行と同じ年、エリアスは、当時一時的にケンブリッジにあったロンドン・スクール・オブ・エコノミックスに研究員として採用されている。長年望んできた研究者への道がようやく開けたかにみえた。だが数ヶ月後、エリアスは「敵性外国人」として、アイルランド海のマン島に抑留される。C・P・スノーやM・ギンズバーグらの運動もあって、この抑留は約八ヶ月後には解かれている。この抑留ののちエリアスは、イギリスの諜報機関に一時的に雇用されている。ドイツからの亡命者のなかにナチス党員を見つける、という仕事のためである。そして一九四五年、第二次世界大戦が終結する。亡命からはや一二年が過ぎていた。エリアスは五〇歳に手が届こうとしていた。

本章の課題は、これまで数多く言及がなされてきた『文明化の過程』を、暴力の問題という観点から再解釈することである。この解釈の妥当性はのちの『ドイツ人論』における次の一節から導かれる。

> 最初、私にとって文明化の問題は、完全に個人的な問題として現れた。それはドイツにおいて私の眼前で生じていた、私自身には少しも予想もつかず全く想像を絶した、文明化された行動の大いなる挫折や野蛮化への推進力と結びついていた。（*SD*. 46: 518）

ここでエリアスがいう「文明化された行動の大いなる挫折や野蛮化」とは、二〇世紀前半のドイツにおけるナチズムの勃興とその帰結として生じた大量虐殺を指す。またそれと結びついた「個人的な問題」とは、エリアスの周辺で生じていたユダヤ人などへの迫害を指す。『文明化の過程』の刊行が一九三九年であったことを思い起こせば、同書がナチズムと無関係であったとは考えにくい。またエリアス自身、ドイツからの亡命者であり、のちには両親を強制収容所で殺されている。こうしたライフヒストリーに照らせば、ナチズムの経験を無視してエリアスの社会学的な営みを理解することは難しいはずである。「エリアスの著作は、残忍なナチス・ドイツ国家に対する、あの自発的な知的反発という大きなジャンルに入る」(Gleichmann 1987=1991: 14)。

だが奇妙なことにエリアスは、『文明化の過程』においてナチズムの問題に直接言及していない。再版から長らくの間、暴力の問題との関連で同書が解釈されてこなかった理由がここにある。一見すると『文明化の過程』は、同時代の暴力からあまりにかけ離れているように見える。だから序論でも触れたようにしばしば次のようにいわれる。「エリアスが脱文明化の過程についての分析を開始するまで(『ドイツ人論』の執筆まで)は次のことは確かであったといわざるをえない。すなわち、エリアスが文明化の『暗黒』面を等閑視したということ……がそれである」(van Krieken 1998: 126)。

ならば「文明化の過程」論は、暴力の問題への示唆をまったく有していないのか。本章では、前章での宮廷社会論を下地にした『文明化の過程』の再構成を通じて、暴力の問題に対するエリアスの独特のアプローチを抽出する。なかでもとくに注目するのは、「文明化」とアウトサイダーのかかわりへと向けられたエリアスの視点である。進化論やエスノセントリズム、そして「文明化の『暗黒』面を等閑視し」ているといった批判のなげかけられてきた「文明化の過程」論を、これまでの解釈とはいささか異なるかたちで社会学的な暴力論として理解することが、本章の課題である。

二❖レトリックとしての文明化

『文明化の過程』を著わした際のエリアスの念頭にあったのは、「文明化された行動の大いなる挫折や野蛮化」としてのナチズムの興隆である。だがエリアスは、それを直接的な同書の問いとして設定していない。代わって次の個人的な経験がエリアスの問いの出発点となっている。当時「眼前で生じてい」た暴力が、「私［エリアス］自身には少しも予想もつかず全く想像を絶し」ていたこと、これである。

この個人的経験に着目するとき、暴力の問題と『文明化の過程』の間に次のようなつながりが浮かび上がる。序論でも触れたように、「現代の社会生活の理解しがたいものをよりよく理解」することを志向するのが、エリアスの社会学的な思考法の特徴であった[3]。そしてその場合の「理解しがたいもの」には、ある事柄を「理解しがたいもの」として受けとめている自分自身も含まれる。『文明化の過程』においてもエリアスは、そうした自己を含めたかたちで認識の対象を構成する。つまり、それを「理解しがたいもの」として受けとめている自分自身をも、「理解しがたいもの」であるとみなす。そのとき重要な要素として浮かび上がってくるのが、「文明化」という言葉である。

エリアスによれば、「文明化」という言葉は二〇世紀前半のヨーロッパにおいて、日常的にも学術的にも頻繁に用いられていた言葉の一つであった。そうした「文明化」という表現が、ナチズムの暴力を「理解しがたいもの」として表象する際にしばしば用いられる。たとえば、「文明化された行動の大いなる挫折や野蛮化」といった具合に、である。だが、そもそもナチズムを「文明化された行動の大いなる挫折や野蛮化」として捉えるとは、いったいどういうことなのか。さらにいえば、そもそも「文明化」という言葉のもとで自分自身や他者を構成し、そのような形で構成された世界を経験するというのは、いったいどういうことなのか。そうした経験のなりたちが理解できなければ、

「文明化された行動」の「挫折」や「野蛮化」として受け止められているナチズムの暴力もまた、理解し難いままである。みずからの個人的な経験に依拠しながらも、それに全面的に依りかからないエリアスの思考法から導かれるのが、「そもそもヨーロッパにおける『文明化』という変化は、いかにして起こったのか」という問いである。「私の確信によれば、それ［ナチズムにおける暴力］を捉えうるのは、急激な状況について人間科学者として十分に論ずることができる場合だけであって、近視眼的に『二〇世紀の第二の四半世紀に高度に文明化した国民において、文明化した良心の基準が崩壊したのはなぜか?』という問いにとどまらない場合に限られる。……つまり、私に現れてきた問題とは……国家社会主義者の行動のような行動、あるいは、他の民族におけるそれに類した行動様式には自動的に反感を抱く人格構造、特に良心や自己の構造の発展を説明し理解しうるようにするという問題であった」（*SD*. 45-46: 518-519）。

この独特の形式をもった暴力への問いにもとづいて、エリアスはまず「文明化」という概念を次のように分析する。エリアスによれば、二〇世紀前半のヨーロッパにおける「文明化」という言葉には、少なくとも次の二つの特徴が見て取れる。第一に、この時代において「文明化」という言葉は、「ヨーロッパの自意識」あるいは「国民意識」（*PZI*. 89: 68）の表現であった。第二に、「諸国民にとって自分たちの社会の内部における文明化の過程は、完了したものとして現れ」（*PZI*. 152: 135）ていた。つまり、この時代において「文明化」という言葉は、ヨーロッパに暮らす少なからぬ人々が、みずからを他の諸国の人々から際立たせる際に用いた中心的な表現であり、またその際、「文明化」という言葉によって表現されうる多くの事柄は、ある程度の完成をすでにみたものとしてヨーロッパの人々には受け止められていた。ここにエリアスは二〇世紀前半の「文明化」概念を次のように把握する。

要するにこの概念は、最近の二、三〇〇年のヨーロッパ諸社会が、それ以前の社会あるいは同時代の「もっと

未開の」社会よりも進化して持っていると信じているものすべてをまとめている。(*PZI.* 89: 68)

このようにエリアスは、しばしばなされる批判とは逆に、「文明化」という概念に付着した「修辞的な意味合い」になによりもまず着目する。二〇世紀前半のこの修辞的な「文明化」概念に、わざわざ「過程」という言葉を組み合わせた『文明化の過程』というタイトルは、そうしたエリアスの意図を端的に表している。すなわち、「文明化」という表現にこめられた「自分たちは優れているのだという……意識」(*PZI.* 153: 135)、あるいは、「進化論的」で「エスノセントリック」な「文明化」という概念の「眼鏡をとおして世界をみる」ような態度が、ヨーロッパにおいて立ち現れてきた「過程」を明らかにすること、これである[4]。その意味でエリアスのいう「文明化の過程」は、単にヨーロッパ諸国が「文明化してきた過程」を指すというより、「文明化」の概念が二〇世紀前半的な意味合いを獲得することになってきた過程を指している[5]。

以上のような観点からすれば、エリアスの「文明化の過程」論は、暴力への視点を放棄しているわけではまったくない。「文明化の過程」論におけるエリアスの視座は、「それ以前の社会あるいは同時代の『もっと未開の』社会よりも進化して持っていると信じている」「最近の二、三〇〇年のヨーロッパ諸社会」が成立してきた過程を理解するという迂回路を経ることにより、暴力というものがいかに変遷してきたのかにアプローチしようとするものである、と考えることも可能である。その限りで「文明化と暴力」は、エリアスにおいては必ずしも先験的に対置させられるべき概念ではない。それらが二項対立的なものになってきた過程の分析を通じて、あらためてそれらがどのように結びついているのかを明らかにしようとするものである[6]。

これが『文明化の過程』に対する本章での解釈の基本的な視角である。

三❖礼儀作法書と暴力の生誕

「文明化の過程」を詳らかにするために、エリアスが採用するのが過去への遡行という手法である[7]。そこでのエリアスにおける歴史的な考察は、自分自身がそのなかで生きている「現代」から距離をとるための手段として用いられている。エリアスはいう。「もし『失われた過去の探究』が……進められていくとすれば、それは……現代へとまた立ち返ってくるためであり、中世の基準から初期近代への基準への小さな歩みとその時代に人間に関していったい何が起こったのかを理解する試みが、さしあたっては、限りある思考に対して十分な材料を与えるからである」(*PZI.* 78: 155)。遡行すべき過去としてエリアスが着目するのは、「中世」から「初期近代」にかけての時期である。ここでの「初期近代」は、宮廷社会を中心とした絶対主義国家の時代を指す。すでに『宮廷社会』——正確には教授資格請求論文「宮廷人」——においてエリアスは、近代人の原型としての宮廷人という観点から初期近代を考察していた。それを手がかりにして、ただし、今度は暴力の問題に焦点を合わせるかたちで、「その時代に人間に関していったい何が起こったのかを理解する」ことが目指されている。

こうしたアプローチに基づいて、『文明化の過程』の第二部「人間の風俗の独特の変化としての『文明化』について」でエリアスが取り上げたのが、礼儀作法集や食事作法集といった独特の資料群である。エリアスが取り上げた礼儀作法集や食事作法集は、少なくとも『文明化の過程』の執筆時点では、文学的にも歴史学的にもあまり価値のない「特殊なジャンルの文献類」(*PZI.* 109: 191)であった。だがエリアスはいう。「これらの著作が、よくわれわれの注目を集める他の著作に比べて、卓越した個々人の非凡な理念を含むことが少ないこと、それらがそのテーマそのものによって、社会的現実に密接によりかからざるをえなくなっていること、このことはこれらに著作に、社会的過程に関する報告文献としてその特別な意味を与えてくれる」（*PZI.* 93: 175）。こうした一次資料を用いてエリアスは、食事や社交、大小便や放屁といった生理的欲求、洟をかむことや唾を吐くこと、寝室や入浴、男女関係や暴力沙汰など、さまざまな場面に臨んでの人間の振る舞いや思考様式における変遷を時系列的に跡づけた。このことはよく知られている。

だがエリアスが礼儀作法書に注目したのは、それらが単に失われた過去の振る舞い方を記録した資料だったからではない。そこに書きとめられた過去の振る舞いと同程度か、あるいはそれ以上に重要であったのは、それらが人間による観察のあり方の痕跡だったという点である。[8] それはこういうことである。

礼儀作法集や食事作法集の検討を通じてまずエリアスは、ヨーロッパにおける振る舞い方の変容のなかに時期区分を設定する。その設定の際に注目したのが、「礼節 courtoisie」と「礼儀 civilité」という二つの概念である。礼儀作法書にたびたび登場するこれらの言葉は、エリアスによれば、それぞれ二つの「狭義の『社会』」に対応する。一方の「礼節」は、中世の大貴族の宮廷での「良い振る舞い」を指す言葉であり、他方の「礼儀」は、エリアスによって初期近代とされた絶対主義的な宮廷社会での「良い振る舞い」を指す言葉であった。各々の「狭義の『社会』」に属している人々は、「礼節」や「礼儀」といった言葉を用いることにより、より「広義の『社会』」の人々からかれら自身を際立たせた。中世と初期近代の宮廷に属する人々が、自分自身や他者を解釈するときに用いた中心的な表現であったという意味で、「礼節」と「礼儀」はいわば「文明化」概念の祖先であった。

そして「礼節」と「礼儀」で表される二つの時期のあいだに位置していたのが、一五三〇年のエラスムスの小著『少年礼儀作法書』である。[9] エリアスがこの著書に着目するのは、夥しい数の重版・翻訳・模作・補遺にみられる「その反響」のためばかりではない。「その表題の言葉がヨーロッパ社会における自己解釈の中心的表現になっていった」（*PZI.* 68: 141-142）からである。すなわちエラスムスは、古くから知られた'civilitas'の語の意味を極端化することで、新たに「礼儀 civilité」の語を創りだした。この著書においてはじめて登場した「礼儀」の語が、それまでの「礼節」に代わる新しい言葉として流通し、それに相当する流行語がヨーロッパ諸国で造られていく。その意味でエラスムスの『少年礼儀作法書』は、中世から初期近代へという展開の直中に位置していた。

では「礼儀」の概念に集約されているエラスムスの作法集の新しさとは何だったのか。中世の作法書との相違をエリアスは次のように指摘する。

> 人文主義的な著作、とりわけエラスムスの著作を、中世の礼節のコードを記した文書から区別しているのは、……それらが挙げているルールそのものでもなければ、それらが引き合いに出している良習や悪習でもない。なによりもまずそれは、それらが書かれているときの態度であり、それらが眺めているときの流儀である。（*PZI*. 91: 173）

エリアスによれば、エラスムスの『少年礼儀作法書』を中世的な作法書から際立たせているのは、「良い振る舞い」や「悪い振る舞い」として挙げられている事例の新しさでは必ずしもない。中世の作法書と同様の「良い振る舞い」や「悪い振る舞い」が、エラスムスの著作にも数多く登場する。「礼節」から「礼儀」へという言葉の歴史が示唆するのは、それゆえ、単に従来の「良い振る舞い」の理想が新たな理想に取って代わられたという事態ではない。

エラスムスの作法書の新しさとしてエリアスが注目するのは、「それらが書かれているときの態度」であり、とりわけ「自分や他人を観察するという人間の傾向」の強まりである。「彼［エラスムス］の言っていることは、これから学ぶべき他の人々にとっての助言であるが、同時にまた、彼自身が身につけた、直接的で生き生きとした人間観察の証左でもある」（*PZI*. 68: 142）。『少年礼儀作法書』においてエラスムスは、古代や中世から継承されてきた振る舞いや規則を無条件に受け入れない。「礼節」にかなっているとみなされてきた「良い振る舞い」をみずからの目で観察し、ときにはその「動機」にまで踏み込むことで、「ほんとう」の「良い振る舞い」とはなにかを問う。このエラスムスの観察を通じて「良い振る舞い」は、中世の大貴族の宮廷という、それを培ってきた本来の場所から切り離される。つまり、貴族であれば「良い振る舞い」を身につけているのでもないし、貴族の作法が「ほんとう」の礼儀作法だというわけでもない。むしろそうした貴族の振る舞いの如才のなさに、エラスムスは不信感すら表明する。ここにおいて、宮廷を基準にした「良い／悪い」の区分は効力を消失する。代わってエラスムスが提示するのが、特定の階層との結びつきを断ち切られた「良い振る舞い」である。それが「礼儀」である。「エラスムスによって命令と禁止は、直接、人間の経験のなかに、つまり、人間の観察のなかにはめ込まれる。まさにこの観察のなかで、伝統的な規則、絶えず繰り返される慣習の鏡ともいうべきものが、一種の石化状態から目覚めてくる」(*PZI*. 100: 182)。

自他への観察を通じて身分の区別を消し去るというこの傾向は、エラスムスの個性に由来するだけではない。同様の傾向は、ルネサンス期の他の礼儀作法書――デラ・カーサの『ガラテオ』やカスティリオーネの『宮廷人』など――にも見て取れる。だがこの新たな言葉の調子やものの見方は、間もなく多くの作法書から姿を消していく。一七世紀以降、「中世におけるほどひどくはなくとも、礼儀作法書の非個性的な伝統がふたたび形成されることになる」(*PZI*. 93: 175)。このことが示唆しているのは、エリアスによれば、「より強固な社会階層制度を特徴とするふたつの大きな時代のあいだのかなり短い弛緩した時期に、かれ［エラスムス］がいた、ということ」(*PZI*. 99: 181) である。

以上のようにエリアスは、中世から初期近代の礼儀作法書のなかに、人間の観察のあり方の変化を読み取る。そしてこの行為記述のあり方の転換を手がかりにして、中世後期の大貴族の宮廷から絶対主義的な宮廷社会へと至る関係性の変化を分析する。この分析が展開されているのが、第二部と対をなす『文明化の過程』の第三部「ヨーロッパ文明の社会発生について」である。

第三部においてエリアスの描きだす中世から初期近代への推移は、礼儀作法書の分析によって示唆されているように、なだらかな連続ではない。絶対主義的な宮廷社会は、むしろ中世後期の大貴族の宮廷を存在論的にも認識論的にも打ち破るなかで誕生する。それはこういうことである。

中世の大貴族の宮廷は封建化の末に成立する。すなわち、人口の増大や居住地の拡散、内陸への植民や開墾、交通網の発達などが、当時の技術水準のもとで限界を迎える一二、一三世紀、部族的・親族的な結びつきを失った自由民どうしの個別的な誓約関係が現れてくる。封建制である。この邦臣と邦主の結びつきは、しかし恒常的なものではない。外敵の脅威や新たな土地の征服といった条件を欠けば、邦臣の独立を邦主は阻止できない。そこにヨーロッパは無数の小領域に分裂する。と同時に「大規模な再統合化の最初の形態」も現れてくる。都市と大貴族の宮廷である。つまり、小規模な支配地で余剰化した非自由人が、大規模な貴族の支配領域に流入する。新たに成長をみるこの都市を結節点に、商業化が進展する。それが小規模な封建領主と大規模な封建領主に異なった帰結をもたらす。前者にとって商取引・貨幣・市価の変動は、しばしば敵意すら覚える別世界の現象である。これに対し、商業化に巻き込まれる後者は、封建制の悪循環から離脱する機会を手に入れる。商業利潤や都市からの租税により、零落した自由人――たとえば次男以下の者たち――を貨幣で受け入れることが可能になる。むろん大貴族の優位はまだ小さい。だが両者の裂け目は徐々に拡がる。「人々のより永続的な、比較的密接した均質な統合、少なくともその社会内部では暴力行為を控えるように多かれ少なかれ強制されている『社会』……の初期形態は、大貴族の封建的宮廷においてゆっくりと形成される」（*PZ2*. 129: 136）。

この中世後期の大貴族の宮廷で、「礼節」と呼ばれる振る舞いや「騎士恋愛歌のなかに表現されているような種類の人間関係」が形成される。「『礼節』とは本来、かなり強大な騎士的封建君主の宮廷でつくられた作法形式のことであった」（*PZ2*. 219-220: 233）。ただし「礼節」や「何世紀にもわたって、繰り返し恋人たちが自分たち自身の感情の一部を再発見」してきた中世騎士恋愛歌は、「騎士社会一般の表現形式」なのではない。「礼節」とは「まず第一に、とりわけ社会的に他により多く依存する人たちの許において……創り出された行動様式」（*PZ2*. 124: 132）であった。また「トルーバドゥールの叙情詩や中世騎士恋愛歌の基礎になっている人間関係は、……夫婦の関係ではなく、社会的に自分より高い地位にある女性と社会的に低い地位にある男性との関係」（*PZ2*. 118-119: 126）であった。すなわち、大貴族の宮廷に集められた人々は、封建領主やその奥方との間でいわば雇用関係にある。彼らは主君の領地を管理したり、その関心事や政治的見解を彩る言葉を考え出したり、奥方の趣味や美しさに表現を与えるために雇われた、いわば社交遊技や威信争いの道具であった。その限りで、彼らは封建領主の用意する定義づけに即して、自分自身を――管財人や文筆家、歴史家や吟遊詩人などとして――定義せざるをえない。それが受け入れがたいなら、他の宮廷を探し求めねばならない。「礼節」は、この大貴族の宮廷に仕える者たちの心得として発達する。だから「礼節」を説く中世の作法集や騎士恋愛歌のなかに、エラスムスの著書がもつ観察の豊かさとそれを通じた身分の壁の撤廃という傾向が、入り込む余地はない。そして「礼節」の捧げられる当の大貴族たちの側には、むろんそうした「礼節」は不要である。「この宮廷の主人にとっては、かれの騎士および軍隊の指揮者としての機能が、依然としてかれの第一の機能」（*PZ2*. 118 : 125）なのであり、それゆえ「礼節」は基本的には従う必要などない身振り、あるいは従うべきではない身振りであり続ける。

だがやがて、貨幣経済の一層の発達や常備軍の漸次的確立、戦闘技術の変化、市民層の勢力増大などとともに、封建領主たちのあいだの大規模な統合が多くの反対の動きにあいながらも可能になっていく。ここに成立してくるのが、王とその大規模な宮廷である。一五、一六世紀頃からのこの推移によって窮地に追い込まれるのが、大貴族たちである。前章でも触れたように、彼らは、王の宮廷に赴くことで、自らの生に意味と輝きを与えてきた独立の喪失を甘受するか、独立を維持することで、事実上の没落を堪え忍ぶかという選択の前に立たされる。「戦士の宮廷化」である。

だが大貴族にとってこの「戦士の宮廷化」は、単に上から降ってきた変化ではない。より深甚な打撃は、従来の劣位者からもたらされる。すなわち、かつて中世の宮廷に仕えていた者たちは、大貴族という特定の他者による定義を唯一の権力資源としていたがゆえに劣位者たらざるをえなかった。だがいまや大貴族の宮廷ですら徐々に王の宮廷に連なり始め、そうした宮廷相互のネットワークがかつてよりも拡大する。ここに特定の大貴族に依存するのではなく、多元的な定義づけを権力資源とする者たちが出現してくる。その典型が、エラスムスをはじめとする人文主義的な知識層である。彼らはたとえ特定の大貴族の宮廷に属していても、無条件にはその大貴族に同化しない。それ以外の者たちにも依拠することで、大貴族との狭い結びつきから距離を取り、一方的に定義されるだけの存在であることを止める。王やその宮廷に従属した中小貴族や上流市民層との結びつきを拠り所に、彼らはみずからの仕える大貴族や貴婦人たちに対してすら独自の定義づけを繰りだし始める。戦争に明け暮れてきた大貴族たちの「不作法」や大貴族に仕える者たちの如才なき「礼節」といった行為記述がそれであり、さらにはそれらと対照的なものとして提示された、大貴族の宮廷から切り離された「真」の「良い振る舞い」としての「礼儀」がそれである。「それまで主として韻文による注意書、小さな詩、あるいはまったく別のテーマについての論述のなかで述べられてきた礼儀作法を、エラスムスが散文の著書にまとめ、そして見事にもはじめて、食事作法のみならず、社交における人間の振る舞いの問題圏全体を独立した著書にして扱っていることは、その成果もさることながら、この問題圏の重要性が増大してきたことの明白な現れである」（*PZI*. 194-195: 185）。

この変容は、暴力の問題に焦点を絞ることでより明瞭になる。中世の大貴族の結びつきでは、宮廷の外ではむろんのこと、宮廷の内部ですら暴力の制御が必要でも可能でもない状況が数多く存在した。戦争や決闘は「避けることのできない」身近な行為であった。王による暴力の独占は、そうした行為を物理的に困難にする。「暴力の独占化」である。こうした物理的変容に加え、人文主義者たちに代表される者たちによって大貴族たちによる暴力の行使は、回避しようと思えば回避できる行為として捉え返されるようになる。すなわち、大貴族の宮廷に参集するものに要請される宮廷的合理性のみならず、大貴族の従う封建的合理性からも「ある種の距離を保つ」ことで人文主義的知識層は、大貴族たちによる暴力の応酬を「悪い振る舞い」へと書き換える[10]。この暴力の記述に関して人文主義者たちが新しいのは、物理的・肉体的攻撃という行為の責任を個々人に帰責する点にある。つまり大貴族たちにとって暴力は、彼らの生きる世界固有の封建的合理性に即した、その意味でいわば「理性」的な行為であった。しかしそうした合理性から一定の距離をとった人文主義者たちは、暴力という行為を生む源泉として「理性」ではなく、個々人の意志という要素を新たに設定する。この意志という変数の設定を通じて人文主義者たちは、大貴族たちの暴力を劣悪な意志に導かれた「悪い振る舞い」として記述し、ひるがえって暴力を、意志によって制御可能な行為へと変換する。意志という原因が物理的攻撃の行使という行為を帰結する、という因果律の成立により、大貴族による物理的攻撃の行使が「悪い振る舞い」としての「暴力」として記述されるようになるのである。「暴力」の誕生あるいは「暴力」への意志の誕生である。この因果律の成立が、王による「暴力の独占化」の、ひいては「戦士の宮廷化」のもう一つの側面をなす。

このように見るならばエラスムスのいう「礼儀」とは次のようにいえる。封建的合理性や中世的な宮廷的合理性に即した行為を個人的な意志に由来する行為として記述することを通じて、それと対比されるものとして描きだされた、封建的合理性や宮廷的合理性に従わない、優れた意志に根ざす「良い振る舞い」である。封建制が衰退の途上にあり、新しい絶対主義的な宮廷社会もまだ十全に姿を現していなかった社会的な再編期、上昇と下降が速度を早める過渡期が、この時代の以前にも以後にもなかったほどの率直さと不偏不党性を、エラスムスをはじめとする人文主義的な市民的知識層に対して可能にした。「ほかならぬこの『『観察』にみられる』個人的な気質こそが……『時代の象徴』……、つまり幾分曖昧に『個人化』と呼ばれている、社会の変化の徴候なのである」(*PZI*. 93: 175)。

だが豊かな観察の時代は長くは続かない。「礼儀」概念の流通に予示されていた、新たな階層制度がやがて完成をみる。絶対主義的な宮廷社会である。この宮廷社会において「良い振る舞い」の問題は、これまでないほど重要な意味を獲得する。「礼儀」をめぐる闘争である。この新たな闘争の資源としての「礼儀」は、従来的な土地や暴力と比べると、より多様な解釈に開かれている。そこに生じるであろう、闘争に従事する者たちの相互的な定義の応酬を調停・規制する仕組みの一つとして、非宮廷人たるアウトサイダーの創出が図られる。メンバーシップの限定である。そして、このアウトサイダーの創出と表裏一体の関係にあるのが、エリアスのいう「王という装置」の創出である。宮廷人は、みずからがいかなる者でないか定義するために、アウトサイダーという定義力をはく奪された存在を創り出し、自分自身がいかなる者であるかを定義するために、王という最高の定義力を賦与された存在を創り出す。この両者の安定した再生産を通じて過度の不確定性が制御されている限り、宮廷人は、直接的には王による定義（へと縮減された他者による定義）をめぐって、間接的には王の名のもとに独占化された「租税および物理的暴力」の処分権限や配分のあり方をめぐって、暴力を凍結させた闘争を繰り広げうる。この闘争の拘束力は、中世後期の宮廷のそれに比べればはるかに不可避的である。そこに宮廷人は、「礼儀」をめぐる絶えざる自他観察へと導かれていく。だがここで観察の対象となる「礼儀」は、かつてエラスムスたちが求めたそれと同じではない。アウトサイダーに対する閉鎖化と王による定義を根本的な基準とする、独特の宮廷的合理性に即した「礼儀」である。それゆえ、この「礼儀」をめぐって交わされる宮廷人たちの制度化された自他観察が、身分の区別を消し去るという観察の豊かさを持ち合わせることはない。

この絶対主義的な宮廷社会の生誕に関しても、やはり暴力の問題に焦点を合わせた記述が可能である。それは次の三つの側面に整理できる。

まず宮廷人による宮廷社会内部での暴力の発動は、いまや王による暴力独占への侵犯となる。ただしその侵犯は、王に対する意志的な抵抗を徐々に意味しなくなっていく。暴力の制御が意志の問題というより宮廷的合理性に即した現象、つまり、宮廷人であれば誰しも備えているはずとされた「理性」の問題になっていくからである。それゆえ宮廷人による宮廷社会内部での暴力の発動は、意志的な抵抗というより、宮廷人としての「理性」が欠如しているがゆえに引き起こされた出来事として処理される。この因果律に則って、宮廷社会内部で暴力を発動させた宮廷人は、「理性」を備えていないアウトサイダーへの転落を余儀なくされる。暴力的抵抗の不成立である[11]。

また宮廷人による宮廷社会の外部への暴力の発動は、王とその王国への貢献という意味づけを介して、やはり宮廷的合理性に即した、その意味で正当な暴力となる。「内部においては比較的平和だが、外部に向かってはいつでも戦う用意をしている統合単位の形成」(*PZ2*. 94 : 98-99) である。ただし暴力の解凍は、宮廷社会内部での暴力の凍結に実質的に抵触する。その齟齬を乗り越えるため、宮廷社会の外部に対する暴力の行使には、「勇敢さ」や「気高さ」、「崇高さ」といった形容が、かつて以上に積極的に結びつけられるようになる。聖なる組織的暴力の成立である。

さらに、宮廷的合理性の中核に位置するがゆえに、意志による行為の余地が他のあらゆる宮廷人よりもはるかに大きいかに見える王においても、暴力の発動は制限される。闘争の結節項となることで、いまや絶対的と形容されるほどの性質を獲得したにもかかわらず、あるいはそれゆえにこそ、王はみずからの(家系が)成し遂げてきた「租税および物理的暴力の独占」を思い通りに処分できなくなる。エリアスが「王という装置」と呼んだ所以である。それゆえ王による暴力への意志は、その宮廷に連なる宮廷人に「勇敢さ」や「気高さ」、「崇高さ」といった自負を呼び起こしうる聖なる組織的暴力という形態を採る限りにおいて、その発露が許されるようになる。「ヨーロッパの多くの社会的諸集団において、中央集権化に際して、集権化された制度の処分権限そのものがそのように分有され分化される段階、つまり、誰が支配者であり、誰が被支配者であるのか、を明確に確定することが難しくなる段階すらも産みだされるのは、まさに近代においてである」(*PZ2*. 235: 248)。

四 ❖ 文明化の過程とアウトサイダーの創出

　以上のような過去への遡行に基づいて、エリアスは『宮廷社会』では十全に扱わなかった考察を展開する。宮廷社会以後の「文明化の過程」である。[12] この点について論じているのが『文明化の過程』の第一部「『文明化』という概念の社会発生について」である。そこにおいてエリアスは、一八世紀後半以降の「礼儀」から「文明化」へという行為記述の変容を、国家社会の近代的再編という観点から把握している。なかでもその再編を生みだしたものとしてエリアスが着目するのが、宮廷人とアウトサイダーの交錯である。

　エリアスによれば、宮廷社会を特徴づける宮廷人とアウトサイダーの関係は独特のダイナミクスを内包する。その基軸をなすのが、各々の側に見られる「同化の傾向と差異化の傾向」である。[13]

　まず宮廷人による「差異化の傾向」は、すでに触れた礼儀作法に顕著である。アウトサイダーとの区別が消えぬよう、宮廷人は礼儀作法に関してできるかぎりのことを企てる。礼儀作法は選ばれた者だけが知るべきであり、その真髄はただ宮廷での社交を通じてのみ習得されるべきとされる。とはいえ隠蔽は貫徹されえない。アウトサイダーの間に模倣の欲望を呼び起す限りにおいて、礼儀作法は優越性の象徴になるからである。それゆえ隠匿されるべき秘密が、幾多の礼儀作法書を通じて開示される。この拡散を通じて宮廷人は、礼儀作法の絶えざる更新を余儀なくされる。「宮廷貴族たちは、その独特な編み合わせのなかに生きているために、自分たちの振る舞い方、習慣、趣味、言葉が他の階層に拡がっていくのを妨げることができなかったし、それどころか……そういったものが拡がるのを助長さえしたのである」(*PZZ*. 361: 371)。礼儀作法の更新に加え、アウトサイダーに対する宮廷人の差異化において重要なのは、上方移動するアウトサイダーの礼儀作法を、宮廷人が「たんなる他者のモデルの模倣としか認め」(*PZZ*.

436: 446）ないことである。宮廷人は新たに宮廷に参入する「ブルジョア貴族」を「成り上がり」や「どっちつかず」として定義する。またアウトサイダーにおける礼儀作法の修得を「キッチュ化（俗悪化）」（*PZ2*. 436: 446）として記述する。宮廷人によるその判断において「合理的な理由づけといえそうな一切のもの」は重要ではない。「それらを社会的エリートが使うがゆえに良いのであり、社会的にかれらより地位の低い者がその形式で話すがゆえに悪い」（*PZ1*. 241: 246）のである。ある小説からエリアスが引用するように。「『私の友人のひとり』とか、『かわいそうな故人』なんて誰もいいませんわ、そんな言い方はすべて口のなかから市民の臭いがぷんぷんしますもの」（*PZ2*. 420: 432）。

宮廷人の「差異化の傾向」と対をなすのが、アウトサイダーの「同化の傾向」である。アウトサイダーは、宮廷人の礼儀作法に対する模倣を通じて宮廷社会への上方移動を試みる。この移動はもっぱら「個人的な成り上がり」として生起する。そこに生じるのが、過剰に厳格な礼儀作法や作り物めいたその実践である。このぎこちなさは、宮廷人として転生しようとするアウトサイダーが、みずからにとって異質な宮廷的合理性を遵守すべき義務として受けとめることに由来する。と同時に、ここでもやはり決定的なのは、自分たちこそが「真」の礼儀作法を定義する力を持っていると、宮廷人たちが心底信じていることであり、宮廷人がそうした力を持っていることを、アウトサイダーもまた信じていることである。それゆえ上方移動を試みるアウトサイダーがいかに的確に礼儀作法を習得しようとも、宮廷人によってそれが「真」の礼儀作法とみなされることはない。その厳格さゆえにかえって「まがいもの」として嘲笑される。こうした宮廷人の定義に曝されることで、垂直移動を試みる個々のアウトサイダーは過剰なまでの同化へのいっそうの固執を強いられる。

だが宮廷人によるこの手のからかいは、宮廷社会が終焉に近づくと姿を消していく（*PZ2*. 438: 427-428）。アウトサイダーが、宮廷人によって定義されるだけの存在であることを止め、自分たち自身についての定義を、宮廷人との対照において確立し始めるからである。このアウトサイダーにおける「差異化の傾向」の重要な基盤の一つは、むろん貨幣を介した商業化の広範な進展である。それを存在論的な基礎とするところにアウトサイダーは、宮廷人の「無為」に対して「労働」を、「礼儀作法」に対して「自然」を、社交形式の育成に対して知識の奨励を、男女関係や性的関係については「宮廷における『みだらさ』に対して『美徳』」を、それぞれ自己定義として対置する。そしてこの対比の定立においても、宮廷人の身体技法や生活様式がアウトサイダーよりも実際に「無為」で「ふしだら」かどうかは重要ではない。くわえてこの定立においてもやはり見てとれるのが、エラスムスたちにみられたあの意志という変数の設定である。すなわち、個々人の意志という変数を行為の源泉として措定することにより、アウトサイダーは宮廷人の礼儀作法を、宮廷的合理性に即した「理性」的行為というより、「外面的」な必然性や他者への過剰な配慮に動機づけられた「背徳的」で「非道徳的」な処世訓として記述する。宮廷人の礼儀作法を、「無益」さや「怠惰」によって「自由」や「平等」を疎外する悪しき意志行為として描きだし、同時にそれらとの対比において、交換の道徳に即した自らの身体技法や生活様式を、「自由」や「平等」を志向する優れた意志行為として記述する。こうした行為記述の転換によりアウトサイダーは、宮廷人に定義されるだけの存在から、宮廷人を定義する存在に転化する。

　このアウトサイダーによる「差異化の傾向」と結びつくように、宮廷人の側にも「同化の傾向」が生じてくる（*PZI*. 139-153: 122-136）。宮廷外に設けられた「サロン」に集う「自由な著述家、官僚、知識人、それにきわめて様々な種類の宮廷市民層の人々」を中心に、宮廷社会批判が展開される。この宮廷人による宮廷社会批判において現われてくるのが、ほかならぬ「文明化」の概念である。それはとりわけ、「偽りの文明化と真の文明化」という二項対立の形で現れてくる。すなわち、「文明化された」という形容詞は、もともと「礼儀正しい」や「洗練された」といった語彙とともに、宮廷的理想を表現する数多くの概念の一つであった。それが宮廷人による宮廷社会批判のなかで名詞化され、新しいニュアンスを獲得する。商業化の進展が「自然法則」にも似た自然法的・進化論的な法則性として思い描かれるところに、「未開」から「文明化された」状態へと進みゆく「文明化」という「社会」の合法則性と、その頂点にある未到の「文明化された社会」が発見ないし発明される。と同時に現実の「社会」、つまり宮廷社会を中核とする社会が、この「文明化された社会」との対比において批判される。すなわち宮廷社会は、頽廃した「偽りの文明化」の蔓延や「文明化」の法則性に無知な支配層の恣意的な介入によって「真の文明化」を妨げられ、無用の混乱や不幸、悲惨や困窮に陥っている「社会」として記述される。「偽りの文明化と真の文明化」という命題は、「文明化」の法則性に従って「社会」を「管理し支配する、啓蒙された理性的な管理組織」としての「国家」と、その「国家」のもとで「文明化」の法則性が十全に発揮されるところに成立する「文明化された社会」の構想という、宮廷的合理性からこれまでになく距離を取った、それゆえこれまでにない重みを持った、宮廷人による宮廷社会批判を可能にする。

だが批判の内実はともかく、「文明化」という概念それ自体は、少なくともフランスの「革命そのものにおいては、革命のスローガンのなかでも大して目覚ましい役割を果たさない」（*PZI.* 152: 135）。その概念が「礼節」や「礼儀」といった概念同様、やはり宮廷社会に根ざしているからである。すなわち、宮廷人にとって「真の文明化」という概念は、あくまで宮廷的な人間を理想像として念頭に置きながら、「偽りの文明化」に充ちた宮廷社会の改革を志向する。ここに見てとれるのは、貴族的ロマン主義がそうであったように、「現行のものをなかば肯定し、なかば否定する態度」であり、宮廷社会の抜本的な革命ではない。[14] 宮廷社会の解体を志向するアウトサイダーにとって「文明化」の概念は、それゆえ大革命のスローガンとなりえない。

「文明化」の概念が重要な価値を獲得するのは、むしろ革命の騒乱が収まりゆく時期である。革命後の本格的な国家社会の近代的再編にとって必要だったのは、宮廷社会の成立時同様、過渡期の孕んでいた極度の不確実性を、なんらかの方法でもって制御することである。だが宮廷社会の生成時に比べてそれははるかに困難である。一方では王と

「国家」の分離により、あらゆる他者に卓越する定義力を承認された王という具体的・卓越的な上位審級が消失する。他方では、革命を主導した交換の道徳が「自由」や「平等」といった理念をあらゆる人間に開くため、劣位のアウトサイダーをあからさまに創出しうる可能性が原理上閉ざされる。最高位の定義力を賦与された王と、定義力を剥奪されたアウトサイダーの原理的消失により、相互定義の応酬の調節や規制が困難になる。この条件のもとで国家社会の近代的再編はなされねばならない。「文明化」の概念はこの局面において重要な意義を発揮する。ただしそれは、宮廷社会内的な批判のスローガンであった「文明化」の概念との少なからぬ相違を孕んでいる。それはこういうことである。

国家社会の近代的再編において最も通常の機制となるのは、やはりアウトサイダーの創出である。その直接的な契機をなすのが、植民地拡張や対外戦争である。むろん海外進出にせよ戦争にせよ、この時期に始まるわけではない。だがそれらは「文明化」概念との結びつきのなかで新たな意味づけを獲得する。

原理的には存在しえないはずのアウトサイダーの創出に「文明化」の概念が寄与しえた所以は、この時期にその概念が新たに獲得するニュアンスに求められる。それが、本章冒頭で触れた次のニュアンスである。「この概念の生成のときとは違って、いまや諸国民にとって自分たちの社会の内部における文明化の過程は完了したものとして現れる」（*PZI*. 152: 135）。「未開」から「文明化された」状態へと向かう法則性、という進化論的ニュアンスは、新たな「文明化」概念でも失われたわけではない。だがそこに、すでに完了をみた自国の「文明化」というニュアンスがつけ加わる。こうして次の構図が浮かび上がる。すなわち、「文明化」の法則性に無知な支配者や「偽りの文明化」によって無用の混乱や困窮に陥っているのは、いまや自「社会」の人々ではない。他「社会」の人々であり、とりわけその被支配者である。フランスやイギリスといったヨーロッパ諸国の人々は、この新たな「文明化」概念の形成を通じて、かつてよりはるかに隠微な形でアウトサイダーを創出する。つまり、本性的には自分たちと同じ「自由」や

「平等」への意志や能力を有した人間でありながら、同時に、その潜在的な意志や能力を自分たちと同じ段階にまで開花させていない「未開」の人々、がそれである。「文明化」の概念は、かつて革命において拒絶されたはずの、「文明化されていない、もしくは未開の状態にある単純な人間に比べてより高度な社会であるという、昔から宮廷社会に対して与えられてきた感情」を新たなかたちで含み持つことにより、あらゆる人間に開かれた「自由」や「平等」と、アウトサイダーの創出とを結びつける触媒として新生する。

この新たな「文明化」の名のもとでなされることで、植民地拡張は他国の人々を「未開」状態から解放する行為となる。「文明化の使命」としての植民地拡張や戦争である。「自分たちは優れているのだという意識、この『文明化』の意識は、その後は少なくとも、植民地征服者になっていき、そしてそれとともにヨーロッパ以外の広範囲の土地にとって一種の上流階層になっていった国民が、自分たちの支配権を正当化するのに役立つ」(*PZI*. 153: 136)。「現行の、もしくは達成された文明化を他に伝達する者、外へ向けての文明化の旗手」(*PZI*. 153: 135)というヨーロッパ諸国の自画像の成立である。

この自画像の成立とともに、社会内的な相互定義の応酬――ときに暴力をも呼び起こしうるそれ――にも一定の終止符が打たれる。「文明化された社会」において「良い振る舞い」とみなされるのは、蒙昧なアウトサイダーに対する自国の優越性を証明する行為である。またこの「良い振る舞い」の成立に合わせて「悪い振る舞い」の基準も成立する。アウトサイダーとの近しさがそれである。そして、諸個人におけるこうした「良い振る舞い／悪い振る舞い」のなかでも最も重要なものとみなされるのが、かつての礼儀作法に比べてより多くの人々による参加が可能な、労働という行為である。すなわち、自国の優越性に貢献する労働には、「文明化」された「良い振る舞い」としての高い威信が付与され、自国の優越性にあまり貢献しない労働、あるいは、そもそも労働に従事しないことは、「文明化」されていない「悪い振る舞い」として貶められる。[15] ここに労働という行為の織りなす時空は、「文明化」の程度をめぐって諸個人間の絶えざる定義の応酬がなされる「公」的領域として立ち現れてくる。「市民的合理性」の成立である。そしてこうした労働という闘争を繰り広げる諸個人は、同時に「文明化の使命」にたずさわる優れた「われわれ」としての秩序化へと導かれる。「国民」の成立である。この秩序化において抽象的・超越的な「国家」は、労働という闘争場裡における「市民」を調停する機関として、また「文明化の使命」を遂行する「国民」を管理する機関として、その存在意義を獲得する。こうして新たな「文明化」の概念は、「政治的ないし経済的、宗教的もしくは技術的、道徳的もしくは社会的事実」といった、広範な領域での振る舞い方に結びついていく。比較的穏和な改革性ゆえに革命期のスローガンとしては大した役割を果たさなかった「文明化」の概念は、ここに「ヨーロッパの自意識」あるいは「国民意識」を表現する中心的概念へと生まれ変わり流通し始めるようになる。エリアスはいう。

文明化という概念は、民族間の国家の相違をある程度まで後退させる。この概念は、すべての人間に共通であるか、あるいは——この概念の担い手にとって——共通であるべきと思われているものを強調する。国家としての境界と国民としての特性が完全に確定しているために、それらが何百年来もはやとりたてて論じられることのない民族の持つ自意識、ずっと以前から国境を越えて拡がり、国境の彼方に植民している国民の自意識が、この概念に表れている。（*PZI*. 91-92: 71）[16]

五 ❖ 文明化された暴力

「失われた過去の探求」は、エリアスにとって「自分および自分の世界がどのような位置にあるのかを見定めるための手段」であった。では以上のような「文明化の過程」論を通じてエリアスは、二〇世紀前半期を生きていた「自分および自分の世界」の位置、とりわけ同時代における暴力の問題をどのように見定めるのか。これまでの議論から指摘できるのが、「文明化の過程」にともなう新たな暴力の因果律の成立である。それは次の二つの側面を持つ。

まず、「文明化された社会」ないし国民国家の内部において「国民」によって暴力が発動されることは、いまや国家的な暴力独占への明白な侵犯となる。と同時にそれは、王の暴力独占に対する侵犯の場合同様、国家に対する意志的な抵抗を徐々に意味しなくなっていく。ここでも暴力の制御は、意志的な行為というより、市民的合理性に即した「理性」の問題になっていくからである。暴力は「理性」の不十分さによって引き起こされた出来事となる。たとえ当事者がみずからの意志を語ってもそうである。暴力を制御する意志が育っていないという意味で、それは「理性」上の欠陥として処理される。

だがここでいう「理性」は、宮廷社会でのそれと同じではない。宮廷社会における暴力の発動は、「理性」の欠如としてアウトサイダーへの転落を帰結した。この宮廷的合理性に即した「理性」とは違い、市民的合理性に即したそれは、原理上、限られた人間だけが持ちうるものではない。それは「未開」の人々を含めたすべての人間に開かれている。それゆえもし「理性」が不十分であるとすれば、それは生得的な「理性」の欠如というより、なんらかの理由によって潜在的な能力が十二分に開花していないためである、とされる。ここに現れてくる因果律の一つが、暴力に対する心理学的説明である。「理性」による暴力の制御が適切に働かない原因として、教育の不全や心理的障害、さらには「無意識的なもの」や「エス」といった変数が設定される。「戦場は人間の心のなかに移される」(*PZ2*. 341: 349)。あるいは暴力に対する社会学的説明も、同様の文脈で成立する。家族や都市、科学や宗教、階級や階層といった多種多様な環境的変数を設定することで、「理性」の不成立が説明される。こうした因果律の成立は、人間にとって暴力が、多彩な説明を必要とするほど疎遠な現象として扱われるようになることを意味している。いわばあらゆる人間への「理性」の開かれが、人間にとってその原因を明確にはしがたいという意味で不可解な、あるいは、その原因を特定しがたいほどに不可解であるべき暴力、という現象を成立させる。「文明化の過程」に伴う「自己抑制化」や「長期的視野」の生成についてエリアスが述べるとき、そこで意味されている最も重要な変化が、暴力をめぐるこの不可解さの成立である。

とはいえこうした暴力をめぐる不可解さは、もっぱら「文明化された社会」ないし「国民」の内部における暴力をめぐる不可解さである[17]。「文明化された社会」ないし「国民」による外部への暴力の行使はそうではない。すなわち、「文明化された社会」ないし「国民」による外部への組織的な暴力の行使は、「文明化の使命」という意味づけを介して正当な暴力となる。植民地化の対象となる「未開」や「非文明国」への暴力はいうまでもない。植民地拡張の過程で互いに覇権を競い合う「文明国」同士の組織的暴力もまた、お互いに自らによる「文明化の使命」の障害と意味づけることで正当な暴力となる。宮廷社会とは異なる形態ではあるが、やはり「内部においては比較的平和だが、外部に向かってはいつでも戦う用意をしている統合単位」の形成である。それゆえ、そこには「絶えざる戦争の危険がある」(*PZ2*. 462: 473)。「このような緊張状態の真只中に生きている人間、そのように何の罪もなしに罪から罪へ、敵対関係へと駆り立てられる人々からは、かれらがすでに——今日非常にしばしば信じられているように——『文明化された』振る舞い方の最終かつ最高点を示しているようなやり方で、お互いに対して振る舞うことを期待することはできない」(*PZ2*. 462: 472-473)。

だがこうした暴力の解凍は、宮廷社会の場合同様、国民国家内部での暴力の凍結に抵触する。しかもその程度は宮廷社会より甚だしい。宮廷社会においては対外的な暴力行使に参与しうる「公」的な人間の範囲が限定されていたがゆえに、宮廷人にとって暴力の行使は自分たちに与えられた特権という意味合いも有していた。それゆえ宮廷社会の外部に対する暴力の行使を、「勇敢さ」や「気高さ」、「崇高さ」といった形容でもって飾り立てねばならない程度もまた限られていた。これに対し、国民国家における対外的な暴力の行使は、少なくとも平時において労働という「公」的領域に連なるあらゆる「市民」――そして、そうした人々を通じてあらゆる「国民」――が、関与せねばならないものとなる。アウトサイダーの創出という機制にとって、労働と戦争はいわば両輪をなすのである。だが対外的な暴力行使に参与する人間の範囲が広範になるのと引き替えに、その行為がもつ希少性は希薄になる。それゆえ国民国家における対外的な暴力の解凍においては、その聖化がきわめて重要なものとなる。「殺人や破壊の喜びといった、文明社会の日常生活から締め出され、社会的に追放された衝動表出を、多くの群衆の心の中に、いわばその暗黒部から再び目覚めさせ、それを正当化するには、異常な社会不安と恐慌、とりわけ巧みに操作された宣伝活動を必要とするほどである」(*PZI.* 372: 388)。

以上のような捉え方にしたがえば、『文明化の過程』を通じてエリアスが描き出したのは、従来のエリアス研究が整理してきたような、「文明化」という言葉でもってみずからを表現する社会やそこで生きる人々における、単なる暴力の抑止や消滅などではなかった、といえる。エリアスが描き出したのは、むしろ「文明化」という概念で表現されるヨーロッパの自己認識のもとでの新たな暴力の凍結と解凍の形式であった。それもそのはずである。第一次世界大戦に兵士として従事し、第二次世界大戦に際しては、祖国であったドイツにおいてだけでなく、「文明化」された国であることを標榜する亡命先のイギリスにおいてもさまざまなかたちで暴力の影に翻弄されたエリアス。そのエリアスが、わざわざ「文明化」という概念で表現されるヨーロッパの自己認識の分析を通じてあきらかにしようとしたのだとすれば、当然ながらそこに描き出されるのは、単純なかたちでの暴力の凍結などではありえず、むしろ「文明化された暴力」とでも呼べるものだったはずである。それゆえエリアスは、長大な『文明化の過程』の終わりあたりで次のような一節を残したのだった。「われわれは、われわれが『理性』と名づけているもの——かなり長期的視野に立ってわれわれの行動を調節し、衝動を押さえつけ，細分化しながら安定させているもの——が、いかに速やかに砕け散り、あるいは崩壊するかを、まだほとんど意識していない」（*PZ2*. 455: 466）。

以上のような分析は、ただし「文明化された暴力」についての一般的な叙述であって、エリアスが経験したナチズムとその暴力についての分析ではない。その分析は、エリアス最晩年の論文集『ドイツ人論』を待たねばならない。本章で再考された「文明化の過程」論は、『ドイツ人論』の読解にいかなる可能性を開くのか。さらにはエリアス研究の枠を越えて、グローバリゼーションと称される現代の分析にいかなるアプローチを切り開くのか。その検討が第四章の課題である。

注

1　一九三五年に掲載された雑誌論文「フランスからのユグノーの追放」（Elias 1935）には、この時期の窮乏した生活が映しだされているといわれる（Goudsblom and Mennell eds. 1998: 18-19）。なお同論文は Elias（2002）に、また同論文の英語訳は Elias（2006）に収められている。

2　Aron（1941）は Dunning and Mennell eds.（2003）にも収められている。本書で言及する他のいくつかの論文も同様である。

3　この点については第三章で取り上げる。

4 「文明化」概念のレトリカルな意味合いに着目するエリアスのアプローチは、たとえば二〇世紀半ば以降の言語論的転回やレトリック論・詩学論的な文化社会学、文学研究の影響を受けた歴史学、フーコーのディスクール論、E・サイードのオリエンタリズム論などを考えれば、さほど珍しいものではないかもしれない（ex. Brown 1987, Greenblatt 1984=1992）。だが二〇世紀初頭という執筆時期を考えれば、それなりに異色である。こうした観点からエリアスの議論を解釈するうえで興味深い示唆を与えているのが、Гуревич（1984=1992）や Stallybrass and White（1986=1995）である。またR・コゼレックらの概念史研究やそれと関連したルーマンの意味論的な研究にしばしば見られるエリアスへの言及も、こうした点にかかわると思われる（Koselleck 1978; Riedel 1975=1990, 1972=1990; Luhmann 1995; 荒川 2003）。ルーマンの「ゼマンティック」論については、高橋（２００２）を参照。

5 こうした意味合いを表現しようとするならば、*Über den Prozeß der Zivilisation* というエリアスの書名や概念は、「文明化の過程」と訳すよりも「文明の過程」と訳す方が適切であったかもしれない。つまり、ヨーロッパの人びとの自己認識においてはすでに完了をみたと思われてきた――その意味で「プロセス」という意味合いが欠落した――「文明」の概念が、成立してきた「過程」をあらためて問うているからである。同様に英語訳も"*The Civilizing Process*"よりも"*The Process of Civilization*"の方が適訳といえよう。もちろんこうした訳の問題は、その内容が理解されるならばさほど深刻なものではないだろう。本書では通常どおり「文明化の過程」を訳語として用いる。

6 同様のことは「脱文明化」概念にもあてはまる。もしエリアスが明らかにしたのが、「文明化の過程」における暴力の凍結というよりも、「文明化の過程」に孕まれている暴力であるとすれば、暴力の問題に焦点を合わせる先行のエリアス研究がしばしば用いる「脱文明化」の概念はあまり意味をなさない。その場合の「脱文明化」概念は、「文明化の過程」が常態として有する、暴力の解凍へと向かう傾向性という意味で理解する限りにおいて有効だといえる。ただしそれでもなお、概念の過剰ではあるかもしれない。

7 『文明化の過程』での過去への遡行が、国家社会の近代的再編を論じるための手法であることは、たとえば以下で言及する第三部の構成からも明らかである。第三部は「宮廷社会に関する概観」と「絶対王政の社会的発展に関する簡単な前置き」という二つの短い前置きと、長大な本論「中世における社会の発展機制について」から成る。前者においてエリアスは、宮廷社会をいわば議論の目的地として設定している。そして後者においてエリアスは、それに辿り着くための経路を様々な角度から検討している。また同様のことは、『文明化の過程』の全体的な構成にも見て取れる。これについては注（16）を参照。

8　『文明化の過程』の第二部の表題として掲げられた「人間の振る舞いの独特の変化」というタイトルも、それゆえ、礼儀作法集に痕跡をとどめる振る舞いの変化だけを意味しているのではない。第一段階の自他観察の生成が、そうした変化の重要な目録のひとつとなっている。執筆から三〇年以上たっていたにもかかわらず、再版された『文明化の過程』が、単なる「礼儀作法」の研究を超えて、奇妙に人々をひきつけてきた——たとえばコルバンがいうように「この頃［『文明化の過程』がフランスで翻訳された一九七〇年代］には、エリアスが利用した史料はすでに古びて見えたので、その方法の意義も認められないおそれがあった」（Corbin 1992=1997: 123）にもかかわらず——理由の一つは、おそらくここにある。なおこの点は注（4）とも関連している。

9　『少年礼儀作法書』は、Erasmus（1961=1994）に収められている。なおエラスムスについては、Huizinga（1924=2001）、Zweig（1934=1975）などが参考になる。

10　ここでいう「宮廷的合理性」は中世の大貴族の宮廷におけるそれであり、後段で触れるように、第一章で触れた絶対王政期の宮廷的合理性とはいささか異なる性質を持つ。

11　宮廷社会における暴力制御の「理性化」は、エリアスによれば直線的には進まない。とくに初期の宮廷貴族には、暴力の行使を含めた自己定義のあり方を、他者に強要しうる機会が多分に開かれている。宮廷貴族に見られる決闘はその一例である。そうした宮廷貴族における自己定義に見られる暴力性が、「理性」的ではない行為となっていく過程には、当然揺り返しが見て取れる。

12　宮廷社会論の展開から推論しうる、宮廷社会以後のいくつかの一般的な特徴については、すでに第一章の第五節で触れておいた。ここではそれを変化のメカニズムおよび暴力に関するその帰結に焦点を合わせて記述する。

13　以下では、宮廷人とアウトサイダーの各々に見られる「同化の傾向と差異化の傾向」を、宮廷社会の形成期から絶頂期における「宮廷人による差異化」と「アウトサイダーによる同化」から、宮廷社会の末期における「アウトサイダーによる差異化」と「宮廷人による同化」へ、という時系列的変化として図式的に整理した。ただし同質化と差異化は、いかなる時期の宮廷人とアウトサイダーにおいても多かれ少なかれ認められる態度である。たとえば第一章で述べたように、前者の時期の宮廷人にも、貴族的ロマン主義という特有の構造をもった「同化の傾向」が存在する。またこの時期のアウトサイダー、とりわけ上昇移動しようとする上流市民層にも、単なる「同化の傾向」だけが見られるわけではない。貴族とは異なる者としてみずからを表象しようとする——たとえば礼儀作法以外の手段、とりわけみずからに割り当てられた行政管理の手法に、礼儀作法よりも高い価値を置くといった——「差異化の傾向」も見られる。

14　第一章で論じた「貴族的ロマン主義」を想起せよ。それとまったく同じではないが、同様の構造が見て取れる。

15　だから、たとえば一九世紀における「非自発的失業」の問題は、純粋に経済的な問題ではまったくない。

16　遅ればせながら、『文明化の過程』の全体的な構成について一言。本章においてはエリアスの『文明化の過程』を、本来の構成とは順番を入れ替えて、第二部、第三部、第一部の順で論じた。その理由は、「文明化」と「文化」概念に触れた『文明化の過程』の第一部が同書の導入部であると同時に結論部でもあると、みなしうるからである。エリアス自身、一九三九年版の「序言」でそのことを次のように述べている。「いわば問題設定そのものへの導入部として、『文明』という概念がドイツとフランスで用いられる場合の、意味と評価の相違を究明することが必要と思われた。この課題を担うのが第一部である。それは『文化』と『文明』の対置の硬直化と自明性を解消するに役立つであろう。……しかし結局は、文明化過程自体のいくつかの典型的な型を明確化するのに役立つであろう」(*PZI*. 76: 58)。なお「文明化」と「文化」の関係については第四章三節で論じる。

17　なお第一章でもふれたように、国民国家では「公」と「私」の二領域の垂直的分割を想定する。暴力の解凍が国家的暴力独占の侵犯とみなされるのは、このうちおもに「公」的領域をなす職業的な身体技法・生活様式に関連してである。「私」的とされる領域での暴力の発動は、しばしば国家が介入するまでもない出来事として処理される。

第三章　個人と社会

一❖『社会学とは何か』の三つの次元

第二次世界大戦後まもない頃のイギリスの大学には、社会学のポストはほとんどなかった。この時期をエリアスは、ロンドン大学の成人教育講座を担当したり、友人の精神分析家S・H・フォルケスの設立した集団分析協会に関わったりしながら過ごしている。レスター大学の社会学部で常勤講師の職に就くのは、終戦から約十年後の一九五四年のことである。やがて上級講師になったエリアスは、定年を迎える頃まで同大学に勤めている。なお定年の少し前の一九六二年、エリアスは二年任期の社会学教授としてガーナのアクラ大学に赴任している。[1]六四年、ふたたびレスターに戻ったエリアスは、大学業務からの解放やある程度の経済的安定にも支えられて、論文や著書の執筆に没頭する。現存する著作のかなりの数が、この時期以降に執筆・刊行されている。そして一九六九年、『文明化の過程』が再刊される。これ以降、エリアスを取り巻く環境は大きく変化する。このことはすでに触れたとおりである。

一九七五年、オランダやドイツでの仕事が増えてきたエリアスは、住み慣れたイギリスを離れアムステルダムに居を移す。一九七九年にはビーレフェルト大学の学際研究センターに特別研究員として招かれ、研究や教育に従事している。八〇歳を越えていた。若い頃スキーの事故で失った片方の目の視力とともに、もう一方の目も衰え始めていた。だがそのことを文献目録から読み取ることは難しい。一九八四年、ビーレフェルトを離れたエリアスは、残された時間を過ごす場所として再びアムステルダムを選ぶ。一九九〇年八月一日、死去。九三歳であった。

『文明化の過程』の再版以降のエリアスの社会学的な業績に言及することは、さほど容易ではない。既刊・未刊の論文や講演原稿から編まれた数多くの論文集のなかでエリアスは、知識や科学、時間や死、モーツァルト、スポーツといった多岐にわたる素材を扱っているからである。だがいかなる素材との取り組みであれ、エリアスは常に社会学者であった。知識、科学、時間、死、モーツァルト、スポーツなどの専門家ではなく、それらを社会学的に考察することが常に変わらぬエリアスの構えであった。

このように捉えるとき、重要な意味をもつひとつの著書が浮かび上がる。一九七〇年に出版された『社会学とは何か』である。もともと同書は、ドイツで刊行された《社会学の根本的諸問題》シリーズ（D・クレッセンス編）の第一巻として刊行されている。『文明化の過程』から数えて約三〇年ぶりの書き下ろしでもあった『社会学とは何か』は、エリアスの社会学原論を理解するうえで重要な著書である。『社会学とは何か』を手がかりにしてエリアス社会学原論を明らかにすることが、本章の課題である。

だが『社会学とは何か』は、それがおそらく持つであろう重要性とは裏腹に、好意的な評価を受けてきたとはいいたがい。たとえばL・コーザーは同書の書評で次のように述べている。「三〇年代に著された『文明化の過程』があたかも七〇年代に著されたかのように感じられるとすれば、六〇年代に著されたこの著書［『社会学とは何か』］はあたかも三〇年代に著されたかのように感じられる」（Coser 1980: 193）。コーザーは、エリアスがまだほとんど知られていなかった頃のアメリカで、いちはやく『文明化の過程』を評価したひとりである（Coser 1978）。だがそのコーザーの目にすら、『社会学とは何か』は「失敗」に映った。なかでもコーザーが批判的だったのは、同書で示された「Figuration/figuration」の概念である。[2] このエリアス特有の概念が「個人と社会」問題の克服のために提示されていることを、コーザーは的確に捉えている。だがそれが月並みな概念形成の水準を抜け出ていないと指摘する。「コントやクーリーの時代から社会学の生得権であり続けてきた主題を射程に収めるこの新たな概念によって、いったいなにが得られるというのか」（Coser 1980: 193）。[3] 同様の評価はエリアス研究者にも見られる。エリアス学派の中心的存在のひとりであるメネルは、コーザーに比べれば控えめとはいえ、『社会学とは何か』が「全体としては成功しているとはいえない」（Mennell 1989: 252）という。その理由としてメネルは、同書の議論が「ひどく簡略化されている」ことや「多くの社会学者に馴染のある戦後社会学の画期をなす道標にあまり触れていない」ことなどを挙げている。[4]

コーザーが指摘したように、「Figuration/figuration」という概念はたしかにその意義がさほど明確とは言い難い。それゆえこの概念にのみ眼を注ぐならば、エリアスの社会学原論を十分に把握することは難しい。ここではむしろ、以下のようなアプローチを採る。「Figuration/figuration」概念を中心にしたエリアスの社会学原論は、コーザーも述べたように、「個人と社会」問題という同時代的な枠組との取り組みのなかで形成されてきた。エリアス自身、ヘーニヒスバルトのもとで哲学を専攻していた若き日に直面し、社会学へと専門を移ったのちも「格闘」（SS. 112）し続けてきたのが、哲学においては「主体と客体」、社会学においては「個人と社会」と定式化されてきた問いであったと述べている。[5] そして「Figuration/figuration」概念は、いわばそうした格闘の結果として提示された概念であった。それゆえ本章では、「Figuration/figuration」概念についての考察は後回しにし、まずは「個人と社会」問題への取り組みとして『社会学とは何か』を読み解くことに紙幅を割き、それにより「Figuration/figuration」という概念の特異性を軽減するという方向性を採用する。こうしたアプローチの妥当性を、『社会学とは何か』の次の一節は示している。「以下でなによりも問題となるのは、人間が相互に形成するネットワーク、つまり、Figuration を捉えるような方向に、社会学的想像力と社会学的思考を発展させる手助けをすることである」（WS. 23: 17-18）。「個人と社会」という同時代的な問題構成の乗り越えを図ったものとして『社会学とは何か』を位置づけるとき、科学像・人間像・社会像の再考という三つの主題群が析出できる。エリアスの社会学的視座は、これら三つの次元における構想の一体性を把握してはじめて十全な姿で浮かびあがる。ただしW・レペニースの手を借りて入門書としての体裁を整えられたという『社会学とは何か』は、メネルのいうように議論がかなり切り詰められている。それを補うために、『参加と距離化』（1983）と『諸個人の社会』（1987）、『文明化の過程』第二版（1969）の「序論」もあわせて検討する[6]。

本章の狙いは次のとおりである。『社会学とは何か』に見出される三つの次元の構想の一体性を把握することで、エリアスにおける社会学を「自己距離化の社会学」として描きだすこと、これである。

二❖参加と距離化

『社会学とは何か』はA・コントへの言及から始まる。社会学という呼称の考案者だからではない。コントの問題設定が「社会学や科学論の発展にとって最大級の意義を持っている」（WS. 37: 34）と、エリアスが考えるからである。コントの姿を借りてエリアスが展開する科学論上の問いとは、次のようなものである。

今後の研究にとっては、コントが設定した問題のほうが、その解決案よりも重要である。社会学的な認識論や科学論は、科学以前の思考や認識の型がどのようにして科学的な型に移行したのか、また、そのさいどのような全社会的変動と連関していたのか、という問題を避けて通ることができない。このような問題設定により、従来の知識社会学と哲学的科学論の限界が突破される。（*WS*. 39: 36）

エリアスの科学論は、「従来の知識社会学と哲学的科学論の限界」を念頭において展開される。「哲学的科学論」とは、唯一の「定冠詞つきの［理想的］科学」を想定し、それにふさわしい「ただ一つの科学的方法」を探究する科学論をいう。科学の方法基準の規定をもって自らの使命と任ずるこの手の科学論を、エリアスは「哲学的絶対主義」とも表現する。これに対し「従来の知識社会学」は、科学的認識の明晰化を科学論の使命だとは考えない。むしろ科学的認識と非科学的認識の区別を破棄し、ともにイデオロギーという観点から把握する。この科学論の特徴をエリアスは「社会学的相対主義」と表現する。いずれの見方に対しても、エリアスは「限界」を指摘する。どのような過程において、「自然」や「社会」について科学的な認識が可能になるのかを問わないというのがそれである。

科学化の過程を不問に付すことが、なぜ「限界」なのか。この判断は、「社会の科学」を求めるエリアスの姿勢から導かれる。

「社会の科学」というスタンスをとれば、まず、科学とイデオロギーのあいだに区別を設けない社会学的相対主義は不適切である。ならば哲学的科学論はどうか。それが科学のモデルとするのは理念的な自然科学である。物理‐化学的な連関の解明において産みだされてきた古典的な概念や方法を、哲学的科学論は「ただ一つの科学的方法」としてドグマ化し、その科学の道徳的公準を人間的‐社会的な連関にも転用する。また人間的‐社会的な連関の解明に携わる者自身も、しばしば「従来の科学の威信の高いモデルを踏襲することで、その威光を笠に着ようと汲々とする」

（*WS.* 60: 60）。ここから、科学としては信憑性が低い「社会の科学」という像が導かれる。「哲学的絶対主義」と「社会学的相対主義」という二つの科学論的スタンスしか想定できない限り、「社会の科学」には不安定な位置しか与えられない。「哲学的絶対主義」から逃れるや否や、社会学的相対主義の罠にはまり、その罠から逃れようとすると、また哲学的絶対主義の教条的なみせかけの確実性に陥ってしまうという……悪循環」（*WS.* 55: 54）が、「社会の科学」にはつきまとう。

この罠から逃れるために、諸科学の相違を考慮した多元的な科学像を構想することも可能である。エリアスもこれに近い立場をとる[7]。ただし、単に一元的な科学像を多元的な科学像に置き換えればすむとは考えない。エリアスによれば、必要なのは「自然」や「社会」をめぐる科学化の過程の分析に基づいて、自然科学のモデルが「社会の科学」にとって魅力的であり続けてきた所以を明らかにすることである。この作業を経てはじめて、「哲学的絶対主義」と「社会学的相対主義」の生む悪循環からの離脱が、いささかなりとも可能になる。そう考えるがゆえにエリアスは、あたかもコントを彷彿とさせるやり方で、科学以前的認識から科学的認識への移行、諸科学の専門分化、「社会の科学」のジレンマに言及する。

まず科学的といわれる営みは、しばしば、対象領域に関する理論化と個々の観察のフィードバックという観点から特徴づけられる。だがこの見解は、エリアスによればいささか単純である。科学的認識の生成に関してエリアスが重視するのは、「あるタイプの想像力」（*WS.* 21: 15）である。つまり、「人間が用いる知識獲得のための方法は……かれらが持っている基本的な世界像から切り離せない」（*ED.* 106-107: 96）。たとえば、科学的認識においては自然現象とされる事象が、人格的存在の意図や計画の結果として経験されている場合、出来事の意味は、それを引き起こした存在者の意図を、文書や口承の物語や格言、司祭や預言者の神託、夜の夢や開悟などを介して知ることで解明される。これを科学以前的な認識と呼ぶならば、そこから科学的認識への移行を特徴づけるのは、「自然」の観察と理論化の単なるフィードバックではない。人格的なものに由来するものとして経験されてきた特定の領域が、相対的自律性をもった非人格的な領域としてイメージされることである。そこにはじめて、システマティックな観察を諸理論の試金石として利用することが意義深い営みとなる。「システマティックな観察が、人間にとって認識の道具としての意味と価値を持つようになるのは、その領域を解明するために観察を適用することが有意味であると思わせるような、そうした対象領域のイメージを発展させたときにほかならない」（WS. 60-61: 61）。そのことは自然認識のみならず、社会認識においても同様である。「［自然認識と社会認識の］いずれの場合においても科学的思考への移行は、それまで比較的無反省に、個々の存在者の行為や意図や目的に起因する多種多様なものとして経験されてきたある範域の出来事を、いわばよりおおきな距離をおいて、相対的に自律的な、つまり、相対的にコントロールできない非人称的な、独特の出来事のまとまりとして認識することと関係している」（WS. 59: 58-59）[8]。

このイメージの転換は容易には生じない。非人格的なイメージが、しばしば情緒的な満足を与えないばかりか幻滅すら与えるからである。「自然の最も単純なレベル、つまり、物理学的レベルに関する科学的研究の影響下で苦心して創りあげられた『自然』の概念」ですらそうである。敵味方に区分された人格的な世界像のもとでは、「危険制御能力の乏しさと知識内容の空想性の高さがお互いを保持し合い、ともすればお互いを強め合う」（ED. 88: 77）。この「人間がはまり込んでいる罠」（ED. 78: 66）が緩められてはじめて、イメージの転換は可能になる。そのためには、単なる知識の蓄積だけでは十分ではない。知識を支える「経験の全構造」や「全体としての思考方法」の変化が不可欠である。

イメージ転換の推進力としてエリアスが重視するのが、いささか逆説的だが、科学的知識の情緒的意義である。新たな「自然」イメージはたしかに認識的価値を持つ。だが科学化の過程においてもう一つ重要なのは、相対的に自律的で非人格的な「自然」像が獲得していった情緒的意義である。すなわち、中世中期からゆっくりと、一六世紀頃からは急速に、気まぐれな振る舞いによって豊かな実りや壊滅的な結果をもたらしてきた世界のある領域が、とりわけ眼に媒介された快楽の源泉として経験され始める。なかば人格的で、なかば非人格的なこの「自然」の経験は、それを日常的な生活の舞台とはしない宮廷や都市の感性と結びついていた。科学的観察の対象としての、「自然」の非人格的イメージも同様である。そこでもまた、このイメージが可能にする「自然」現象の制御という認識上の恩恵とともに、たとえば宮廷社会における差別化の手段としての「知識」という情緒上の意義が、決定的な役割を演じた。その意味で「人間以外の自然との関係」における科学化の過程は、単なる知識の次元にとどまらない。感性や欲求の変化といった「個々人としてのかれら自身の変化」や、商業化や国家形成の進展、宮廷や都市の富裕層の興隆といった「諸社会としてのかれら自身の変化」（*ED.* 17: 11）とともに進行する過程である。そして同じことが、非人格的な「社会」イメージの生成にもいえる。つまり「社会の研究という特殊な課題を設定する科学の成立」も、やはり単なる知識の問題ではない。それは、自律的で非人格的な「社会」像の持つ情緒的意義の増大という「人間の自己経験の構造変動」（*WS.* 66: 67）の問題であり、「それ自体が国家社会の特殊な発展過程の一側面」（*WS.* 67: 68）であった。

やがて科学化の過程の一現象として専門分化が生じてくる。生命のない自然現象と生命のある自然現象という区別や、生命ある自然現象のなかでも人間にかかわらない現象と人間にかかわる現象といった区分である。むろんそうした区分は、世界のなかにあらかじめ書き込まれているわけではない。思考のうえで世界を把握しようと努めるなかで、ある現象の向こう側にあってそれに絶えず影響を及ぼしている非人格的な諸々の領域が区分けされていく。非人格的領域のこの多元化の、認識上の一つの基準となったのが、エリアスによれば「構成する部分と構成された全体のあいだの関係」（*ED.* 52: 46）であり、なかでも原子論のモデルである。原子論的に把握される対象領域では、個々の構成要素が相互の結びつきにより特性を変えることはない。切り離された諸要素から「全体」を説明することができるとされる。古典的な物理学や化学を可能にしたこの原子論的な見方が、さまざまな事象にも転用される。この原子論とのアナロジーを繰り返すなかで、世界のなかにさまざまな層が検出される。統合と分化のあり方にみられる相違に即して世界は複数の対象領域に区別され、それぞれを扱う諸科学が発生する。「社会」もそうした領域の一つとして区別される。その発見の当初において非人格的な「社会」という領域は、原子論的に把握された。「社会」の原子とみなされたのが「個人」や「主体」である。だが生物学などでの成果とも連動しながら、やがて「社会」は、諸単位への分解だけでは個々の単位も「全体」も説明することのできない領域として再発見されていく。原子論が十全に適切ではない――「個人と社会」問題を抱えた――この独特の領域を対象とする科学として、「社会の科学」は誕生する。

こうした叙述に基づいて、エリアスは「社会の科学」の困難を次のように把握する。

かれらは、一方では荒れ騒ぐ社会の活動に参加する者として、絶えず自分の研究活動のなかで、自分の問題と理論の基礎に、みずからの属する集団のあらかじめ定められた揺るがしがたい理想を据える、という危険を冒す。しかし他方で、科学者として、物理的事象の研究から導きだされ、物理学的諸科学の権威あるお墨付きをもつモデルによって支配される、という危険を冒す。（*ED*. 34: 29）

「社会の科学」において原子論のアナロジーが不適切であるのは、それに従事する者が、独特の形で強く「社会」と結びついており、そうした者として「社会」を内側から経験せざるをえないためである。「かれらは、ほとんどすべての場所で、人間の集団が、規模の大小にかかわらず、かれら自身の属する集団も含めて激しい地位争いに巻き込まれ、そして実にしばしば生き残りすら賭けた闘争に巻き込まれている世界で仕事をし、生きている」（*ED*. 27: 22）。他集団との闘いによって状況を改善しようとする集団であれ、台頭する集団の攻撃から既得権益を守ろうとする集団であれ、あるいは下降中の集団であれ、さまざまな集団のなかにあって「社会の科学」の従事者は「社会」を考察対象とする。それゆえ自発的であれ、あるいはアウトサイダーという烙印への恐れからであれ、「社会の科学」には、自らの属する諸集団において神聖視されている事柄がさほど省みられることとなく滑り込む。ここに社会認識に携わるいかなる者も、「自分の属する集団の眼に異端者と見えること（そして、そういうふうにして異端者になること）なしには越えていけない……一点」（*ED*. 28: 23）がある。

このジレンマゆえに、「社会の科学」はさまざまに異なる立場を必然的に内包する。権威ある「ただ一つの科学的方法」が魅力的になるのは、「社会の科学」が抱えるこのジレンマのゆえである。「ただ一つの科学的方法」という道徳的公準の遵守によって、ジレンマを覆い隠すことが容易になる。だがそこに、「一種の擬似＝距離化、不適切な設問、研究対象領域の著しい狭窄化」（*ED*. 57: 51）もまた産み落とされる。「こういう種類の方法を利用する研究者は、世間の眼に科学的であることを実証できるように、しばしばあまり重要でない問題を取りあげ、たぶんそれよりも重要な他の問題には答えないでおこうという誘惑に駆られる」（*ED*. 36: 30）。その結果、人間的‐社会的な連関のなかでも、古典的な物理学的諸科学の方法を適用するのに適さない広大な領域がとり残される。それを正当化するために、古典的な物理学的諸科学の範に即した方法によって研究できない問題は、科学的研究のテーマではないとすらみなされる。「この方法は、人間科学研究者がもつ独特のジレンマに由来する困難を回避するのに役立つが、ジレンマそのものには向き合わない。それは多くの場合、距離化の見かけをつくりだす。しかしその背後には、極度に参加した見方が隠れている」（*ED*. 35: 30）。

「社会の科学」の直面してきた困難をこのように描きだしたうえで、エリアスはいう。「真に根底的な転換と革新の兆しが、今日、社会的連関を社会学的に解明しようとする努力のなかに徐々に現れ始めている」（*WS*. 19: 13）。その方向性としてエリアスは、次の二点を指摘する。第一は、観察のあり方における転換である。それをエリアスは「主観と客観」から「参加と距離化」への転換として表現する。第二は、社会認識の対象における転換である。後者については次節以降で詳述するとして、ここではエリアスのいう「参加と距離化」に焦点を合わせておく。

エリアスのいう「参加 Engagement/involvement」とは、「より広い社会の闘争に荷担することから科学的研究のなかへ流れ込んでくるいろいろな評価の影響、つまり他律的評価の影響が非常に大きい」(*ED*. 59: 54) ことである。あらゆる人間が、生まれながらにしてそうした「参加」のもとにある。後述するように、人間が自分自身や自身の属する集団、さらには他の集団やそれに属する他の人間たちについての経験の仕方を身につけるのも、そうした関与を通じてである。とりわけ、「われわれと私」や「われわれとかれら」といった人称代名詞で表現される参加の形式は、人間に関わるもろもろの出来事や物事を特定の意味をもった現象として経験できるようになるうえで決定的な意義を持つ。それゆえ、こうした「かれらの属する諸集団や時代の社会的および政治的な事柄への関与」(*ED*. 25: 30) は、そもそも「やめることはできないし、それらが身に降りかかることを避けることもできない」(*ED*. 25: 30)。

このことは「社会の科学」に携わる者においても例外ではない。「人間科学者が直面している諸問題は、かれらが研究者としての職分のために、諸集団の構成員としてのかれらの役割を放棄すれば解決できるほど、単純なものではない」(*ED*. 25: 30)。エリアスのいう「参加」の状態は、それゆえ、それを停止すれば「社会の科学」が可能になるというものではなく、また、そもそもにおいてそうした「参加」からの離脱からして、よくなしうるものではない。その限りで、「観察者と観察対象のあいだの関係」(*ED*. 69: 253) を表現するさいに「もっとよく使用されるほかの概念——たとえば『主観的』と『客観的』という概念——のように、『主体』と『客体』という二つの違ったもののあいだに静的な、架橋しえない断絶があるかのようにわれわれを錯覚させる概念」(*ED*. 66: 250) は、エリアスによれば「社会の科学」には馴染まない。つまり、科学的な観察のあり方を表現する概念としてより頻繁に用いられる「主観／客観」の概念は、「主体と客体」という観察する側と観察される側のあいだの区別を基礎とする。たとえば、「主体と客体」のあいだにより小さな距離しか設けないのが「主観的」な観察であり、より大きな距離を設けるのが「客観的」な観察である、といったように。だがそもそも、そうした観察する側とされる側の区別を容易に設けがたいのが「社会の科学」である。にもかかわらず、「社会の科学」の従事者が、観察者と観察対象のあいだの明確に分離された関係を自明の前提とみなすならば、それは、その「社会の科学」を成り立たせている関係性において要請されているー つの「参加」の形式にほかならない。観察者と観察対象という、あたかも異なる二つのものが実在するかのように仮定し、それらの混合を回避するように振る舞うことが、ある時代や関係性においては不可欠な——それを行う人々にとって、とりわけ情緒的な意義をもった——「参加」のあり方として要求されるわけである。だから、社会学における「主観的／客観的」という観察図式の強調は、その意図するところとは逆に、むしろ「より広い社会の闘争に荷担することから科学的研究のなかへ流れ込んでくるいろいろな評価の影響、つまり他律的評価の影響が非常に大きい」(*ED*. 59: 54) ことを意味する。

むろん前述したように、こうした「参加」を停止してしまうことは不可能である。だから「社会の科学」に携わる者に必要なのは、そうした「参加」そのものの否定や隠蔽ではない。とはいえ、現在的な「参加」への開き直りでもありえない。必要なのは、自分自身における現在的な「参加」の形式から「距離を取る」ことである。あるいは次のようにいう方が正確である。自らにおける現在的な世界の見え方、ないし、「社会の科学」に従事する者として要請される、世界に対する現在的な構えのあり方を、「参加」という概念のもとで把握し、それを「より広範な制度の部分的制度として認識する」(*ED*. 16: 10) こと、これである。

エリアスのいうこの「距離化 Distanzierung/detachment」を、前述した「客観的」という概念と対比すれば次のようにいえる。「客観的」という概念が、「主体と客体」という観察する側と観察される側のあいだの十分な距離の設定に基づくとすれば、エリアスのいう「距離化」は、そのようなかたちで観察対象とのあいだに距離を設定する自分自身から距離をとることを意味する。いいかえれば、「客観的」という概念が、「主体と客体」という概念で表される二つができるだけ混ざり合うことなく隔てられた状態を理想的な状態とみなすとすれば、エリアスのいう「距離化」は、そのようにして「主体と客体」を区別しようとする自分自身を組み込んだかたちで、認識対象を構成することを意味する。これをエリアスは「距離化」として概念化する。

この「距離化」の概念においてエリアスが示唆するのは、「かれら自身の関与、かれらの参加は、かれらが研究者として解決しなければならないそうした事柄を理解するための必要条件のひとつ」（*ED*. 30: 25）だということである。つまりエリアスは、「社会の科学」の根底にある「参加」の問題を、哲学的絶対主義のようにアポリアとして理解することで、低位の科学としての「社会の科学」という像を導きだすのでもなく、とはいえ社会学的相対主義のように、「自然の科学」を「社会の科学」と同程度にイデオロギー的な位置にまで引き下げ、その効果として「社会」に関する分析を救いだそうとするのでもない。むしろ「社会の科学」にとって不可欠の立脚点として、「参加」の問題を読み替える。「自分の属する集団の眼に異端者と見えること（そして、そういうふうにして異端者になること）なしには越えていけない……一点」があるがゆえに、「社会の科学」を志向するスタンスには、自分自身を含めたかたちで対象を構成することが不可欠の要件となる。喜びや失望、希望や不安に彩られた現在的な人間像や社会像に即してもろもろの社会現象を認識しながら、同時に、そうした自らの経験や認識を存立させている機制を問うという複眼的な認識のあり方が、「社会の科学」の存立の要件をなす。「参加と距離化」という単純な概念は、そのためにエリアスが用意する一つの手がかりである。エリアスは言う。

社会学ではなにが問題なのかを理解したければ、われわれは思考のなかで自分自身に向き合い、自分自身が他の人間たちと同じひとりの人間であることに気づかねばならない。なぜなら社会学は「社会」の問題を扱っており、社会について考察し研究する人間もみな、社会のなかに含まれるからである。（*WS*. 9: 1）

三❖閉じた人と開いた人々

「主観と客観」から「参加と距離化」へという観察のあり方の変化に応じて、見えてくるものも変化する。自分自身を含めたかたちで社会認識の対象を構成することをより容易にするためにまずエリアスが試みるのは、人間像の再考である。

エリアスが人間像の再考において照準を合わせるのは、「個人」の概念である。あるいは先の観察の問題に即していえば、観察する側として想定される「主体」の概念である。ただしエリアスは、これらの概念を新しい人間像によって置き換えれば事足りると考えるわけではない。ここでもまずエリアスは、「社会の科学」において「個人」や「主体」といった概念が説得力をもってきた所以を問う。

その根底に横たわるものとして、エリアスは「特殊な自己経験」（WS. 128: 139）を指摘する。

その自己経験とは、自分自身すなわち固有の「自己」がなんらかのかたちで自分の「内面」に存在し、その「内面」においてそれが不可視の壁により、「外部」にあるすべてもの、いわゆる「外界」から分離されているかのように、人間に思わせるものである。（WS. 128: 139-140）

自己経験のあり方は、人間における「参加」の核心、あるいは少なくともその重要な要素である。なかでもその現在的な特徴として、エリアスは「内面」という自己経験のあり方に着目する。

「容器のなかの自己」と呼びうるこの自己経験は、とりわけ先進諸国の人々にとっては珍しいものではない。たとえばそれは、自分自身の自立や自由、責任や決断に対する自負に見いだせる。あるいは他の人間から隔絶した孤独や寂寥、見知らぬ者や他者によって与えられる不安や苦痛にも見て取れる。孤独のテーマが「つねにあらためて文学で取り扱われ、いつもあらためて共感を得る」ことは、この「人間を勢いづける根本的な経験が孤立的現象ではないこと」（*GI.* 266: 224）を示す。そうした経験を表現するために、「内面」や「壁」、「外界」といった比喩がしばしば用いられる。だが「外界」から「内面」を隔てる「壁」とはなにか。これはさほど問われない。この自己経験に基づいて、自分以外のあらゆる人間も各々単独で存在しているというイメージが成立する。人間を「究極的にはすべての他人から絶対的に独立・孤立した完全に自立した存在」（*PZI.* XLVI: 33）として捉えるこの人間一般についてのイメージを、エリアスは「閉じた人 homo clausus/closed person」として概念化する。社会学的な「個人」概念や哲学的な「主体」概念は、いわばこの「閉じた人」の変種である。

こうした自己経験のあり方は、身体の空間的な分離とは異なり、人間に生まれつき備わったものではない。「特殊な自己経験」とエリアスがいうように、歴史的な経過のなかで生じてきた、「相互の関係における個々の人間の、分離され隔てられた状態」（*GI.* 167: 139）である。ところがこの自己経験は、「通常、自分自身と他の人間を知覚する正常で健全な（他と異なり、なんら説明を要しない）方法として現れる」（*GI.*131: 108）。それがもつ真実味の強度は、これ以外のかたちでなされる自己経験の想像を困難にするほどである。学問的考察であれ日常生活であれ、人間という言葉から単独で存在する人間をイメージすることは、容易には避けがたい。「自己の『内部』と『外部にある』世界を分離する壁があるという感覚を正当とみなす認識から、そのような壁は存在しないという認識へとつなげていくことは、それゆえ少しも簡単なことではない」（*WS.* 132: 144）。

一見ごく単純なこの事態を、真実味と自明性のヴェールに逆らって「そのすべての帰結に至るまで理解できるように」するための手がかりを、エリアスはさまざまな箇所で示している。『諸個人の社会』でルネサンス以降の哲学者たちの議論を検討するのもその一助としてである。また『宮廷社会』や『文明化の過程』では、その成立についての詳細な経験的考察がみられる。これらの考察を基盤にして、エリアスは人間像の転換に関する理論化を次のように試みる。

まずエリアスは「閉じた人」に代わりうる社会学的な研究の始点として、「開いた人々 homines aperti/open people」という人間像を提起する。「開いた人々」という人間像は、「複数形の人間のイメージ、相対的に開かれた相互依存過程としての多数の人間たち」（*WS*. 131: 143）のイメージとして定義される。生物学的な構成に基づいて、学習以前の振る舞いのメカニズムから相対的に解放されている人間たちは、まずは産まれながらにして、次いで社会的に覚醒された欲求を通じて、生涯にわたって終始他人に調子を合わせ、頼り切り、依存し合っている。他人との関係において相対的な自律性は多少有するが、絶対的な自律性を持つことはない。その限りで社会学における人間像として想定すべきは、こうした多数の相互依存的な人間たちのイメージであり、人間という言葉から個人をイメージすることは無意味ですらある。「人間は多元性としてしか……存在しない」（*PZL*. 70: 50）。

エリアス自身もいうように、「開いた人々」という人間像は「このようなかたちで定式化してみると簡単でおそらく自明なものにさえ思われるかもしれない」（*WS*.131: 143）。ここで注意すべきは、「開いた人々」という人間像が、厳密には「閉じた人」と対をなしていないことである。人間像の単なる置換を意図しているのではないエリアスは、それを「閉じた人」という人間像よりもメタレベルに位置する概念として提示している。つまり「容器のなかの自己」という自己経験や「閉じた人」という人間像を生成の地点から捉え返すための手がかりとして、それは提起されている。そのようにして「もっと自己から距離をおく」ことができてはじめて、「自己自身と『他者』、『個人』と

『社会』、『主体』と『客体』のあいだに実在し、両者を分離しているかのように思われる距離が、距離をおくという社会的に組み込まれた自分の営みの物象化されたものであると認識することが可能になる」（WS.132: 144）。「開いた人」という人間像によって捉えられる、相互依存の形式や強度はさまざまである。だがなかでもエリアスが重視するのは、「われわれ we」という人称代名詞で指示されるそれである。それは人間における「社会化の限定性」（GL. 259: 218）を生む。つまり、幼児としての人間はさまざまな関係性のなかに産み込まれるが、その成長において中心的な役割を果たすのが、「われわれ」という人称代名詞を用いて幼児を認知する人々である。そのなかで「種に特有ではなく、社会に特有のコミュニケーション手段」を身につけるのが、人間の社会化の特徴である。

そして人間の社会化において決定的な意義を有するこの「われわれ」という相互依存は、「視点依存的な性質」（WS. 136: 149）を持つ。そのこともやはり人称代名詞群が端的に示している。「われわれ」のあいだのコミュニケーションにおいては、それぞれの人間が、自分自身を「私」や「われわれ」と呼び、互いに相手を「あなた」や「あなたたち」と呼び、そしてそのコミュニケーションに一時的ないし継続的に関与していないさまざまな人々を、「彼」・「彼女」・「かれら」といった代名詞をもって指示できる。「コミュニケーションをおこなう人々の特定の地位を、互いの関係のなかで指示する」これら人称代名詞群の視点依存性は、エリアスによれば「あらゆる人間の他者との基礎的な関係性、あらゆる個々人の基礎的な社会性の最も基本的な表現」である。

人称代名詞に見て取れるこの視点依存性を鑑みれば、特定の「われわれ」に即した社会化において生じるのは、社会化という概念でしばしば想定されているような、画一的な規範に即した振る舞い方の学習や、自己・他者・モノについての共通の意味の獲得だけではない。それぞれの人間によって、自己・他者・モノなどに付与されている意味の多様性を感じ取れるようになることも、社会化の重要な側面である。あるいはむしろ、この後者が社会化の中心的な側面をなす。すなわち人間は、ある「われわれ」という視点依存的な相互依存のなかで、それぞれの人間との（友好であれ敵対であれ）関係を取り結べるようになってはじめて、「われわれ」のなかの他者からその個別性を識別され、自らもまた「われわれ」のなかの独自のメンバーとして自己を同定しうるようになる[9]。人間が、特定の「われわれ」に対して相対的に自律した自意識を、そのもっとも素朴な意味で獲得するのがこの時点である。その意味で、特定の「われわれ」においてなされる「パースペクティブの編み合わせ」（*WS.* 138: 151）に対する学習は、「それを基盤にして、個々の人間がその社会の他の構成員から異なるようになるような、いわば土壌」（*GL.* 244: 205）だといえる。

だが、この特定の「われわれ」の内部における「パースペクティブの編み合わせ」の学習は、即、「容器のなかの自己」という自己経験の発生を意味しない。「内面」と「外界」の分離という自己経験が伸長を遂げるのは、継続的に関与する「われわれ」の種類が増加することによってである。つまり、人間の関与する複数の「われわれ」という相互依存性のあいだの関係は、常に折り合いが良いわけではない。そもそも、それぞれが固有の形式でもって閉じている複数の「われわれ」の関係は、往々にして何かしらの緊張を孕んでいる。それゆえ、そうした複数の「われわれ」に関与するなかで人間は、いずれの「パースペクティブの編み合わせ」をより重視して振る舞うかを、「より多く自分で判断できるだけでなく、より多く自分で判断しなければならな」（*GL.* 167: 139）くなる。いいかえれば、それぞれの「われわれ」からいったん距離を取り、それぞれの「パースペクティブの編み合わせ」のなかでの自らの位置や他者との関係を吟味したうえで、それぞれの「われわれ」とどのような関係を取り結ぶかを判断し選択することが必要になる。この「われわれ」の複数性の経験から生じるのが、「内面」という「自意識の新しい段階へと向かう推移」（*GL.* 145: 120）である。

「内面」や「外界」、そして「壁」といった語彙を用いた自己経験の語り口が、近代において強度の自明性を帯びてきた所以の一つは、近代におけるこの「われわれ」の多様性に求めうる。「開いた人々」の織りなす「われわれ」が多様になるなかで、「個々人のモビリティは、この言葉の場所的な意味でも社会的な意味でも増加」（*GL.* 166: 138）する。錯綜した「われわれ」の直中で成長することを要請される人間は、自分自身の特性・努力・成果（とされる諸要素）によって自分を他者から際立たせ、それによってより多くの「われわれ」から拍手を得ることに、魅力や誇りを感じるようになっていく。逆にいえば、特定の狭い「われわれ」に容易には定住し難くなる。「個人」や「主体」という人間像は、多様な「われわれ」のあいだでの判断や選択を迫られるという、この自己経験に基づいている。そして、この自己経験との対応において、各々の「われわれ」は、それぞれ固有の合理性という重みを備えた、多少なりとも実体的な「外部世界」として経験されるようになっていく。「人間社会の発展過程において、反省と良心が、社会的訓練に基づいて管理的・抑圧的なかたちで、自己の自発的な行為衝動と他の人々や他の自然の対象のあいだに差し挟まれるようになるほど、人間はますます強く、自分自身を自然の対象や他の人々から分離された個体として経験するようになる」（*WS*. 131-132: 144）。

この高度の「個人化」への道ゆきには、むろんさまざまな「独特のリスク」がともなう。たとえばそれは高度の先見性と粘り強さを要求する。より多くの人間からの拍手という長期的な目標のために、より小規模な「われわれ」に即した幸福の機会を一時的なものとして見過ごすよう迫られる。しかもそうして望まれた目標には途中までしか到達できないかもしれない。望まれていた機会はそれを望む人間の数に比してしばしば少なく、比較的少数の人間が得る達成の満足には、はるかに多くの人間の達成不可能性、挫折、倦怠、空転、落胆、存在の無意味が付随するからである。あるいは望まれていた目標に到達できたとしても、その道ゆきにおいて、獲得したものを意義深いと感じる能力も失うかもしれない。その能力を失わないとしても、道ゆきにおいて経験してきた選択肢の多さは、逸した機会や演じなかった役割、営まなかった生への後悔を帰結するかもしれない。いずれにせよ、多様な「われわれ」が開く喜びや幸福、快適や楽しみの独特の形式には、苦悩や不幸、不満や不快の独特の形式が付随する。「わたしたちがここで関わっているのは、個々人に生来備わった、つまり、非社会的な自然発生的な願望と、その願望の実現を阻む社会組織との矛盾ではない。むしろそれは学習された矛盾、つまり、独特の社会的な諸制度や諸経験を通じて個々の人間の個人的な願望が生産され、しかも、その人間集団の社会的な諸制度それ自体が、それになんらの達成も与えなかったという矛盾である」（*GL.* 195: 163）。

そして、この「歴史的＝社会的な発展の経過のなかで現れ、独特の人間的状況と関連している問題は、それに巻き込まれた人間自身には、広く人類一般の問題として現れる」（*GL.* 196: 164）。高度の個人化を要請される人間の多くが感知する学習された葛藤は、世界に投影されることで、人間のあいだの「実存的」な深淵、「個人と社会」の永遠の抗争として現れる。その意味で「閉じた人」という人間像は、多様な「われわれ」への関与から生まれてくる、「距離をおく」という「社会的に組み込まれた自分の営み」――ここでいう「距離をおく」とは、第一章でも触れた第一段階の自己観察や他者観察である――が、「自己自身と『他者』、『個人』と『社会』、『主体』と『客体』のあいだに実在し、両者を分離しているかのように思われる距離」として「物象化」されるところに生じる人間像にほかならない。

「閉じた人」という人間像をこのように捉え返したうえでエリアスはいう。「社会の科学」に携わる者も、「容器のなかの自己」という自己経験から逃れることは容易ではない。後述するように、ほかならぬそうした自己経験のなかでこそ、「閉じた人」という人間像に基づいた透明な「社会」という構想が生み出されてきたのであり、ひいてはその実際における不透明性を分析しようという「社会の科学」が産みだされてきたのである。この意味で「閉じた人」という人間像は、「社会の科学」にとって、障害というよりも、むしろ不可欠の存立要件である。「社会の科学」が「閉じた人」という人間像から完全に逃れうるというのは、だから幻想でしかあり得ない。

「しかし」――とエリアスはいう――「自己意識のそのレベルに比べると、今日わたしたちはあちらこちらですでに次のレベルへと進み始めている。わたしたちは、自分のイメージを自意識の鏡において捉えると同時に、また別のより遠く距離をおいた鏡においても捉えることを学んでいる」（*GI.* 159: 115）。エリアスによれば、「閉じた人」という「今日でも支配的な……人間像の基本形式」の生産・再生産から絶対的に逃れることができないことは、「社会の科学」にとってのアポリアではない。そうではなくて、「閉じた人」という人間像に即して世界を眺めつつ、同時に、世界に対してそうした構えをとる自分自身をも認識の対象として構成すること、これが「社会の科学」という独特の営みを成立させる要件となる。

自意識のいまや自明となった形式……を、特定の経過のなかで（すなわち、より広い社会的連関のなかで）生成したものとしてわたしたちが認知することができるということは、自意識の新しい段階へとむかう緩やかな前進を表しているのである。（*GI.* 139 : 114-115）

四❖「われわれの綾どり」としての社会

「個人」という人間像の再考が、エリアスのいう「距離化」のもとでの「主体」の問い直しであったとすれば、もう一つ必要なのは「客体」の側の問い直しである。これが「社会」像の再考である。

ここでもまずエリアスは、「社会の科学」において魅力的であり続けてきた社会像の検討から始める。だがエリアスはいう。「『社会』という言葉によってなにをイメージすべきかは、まったくあきらかでない」（*WS.* 96: 103）。人間像に比べて、再考されるべき「社会」像の絞り込みが容易ではない理由は、「人々が自分たち自身を社会として認識するようになった事情をイメージする」（WS. 66: 67）ことで明らかになる。

エリアスによれば、「一八世紀末にゆっくりと始まり、一九、二〇世紀と進展してきた、社会に関するより科学的な思考への移行は驚くべきことである」（WS. 65: 65）。すでに見たように、それは単なる知識の蓄積の結果ではない。「人間の自己経験における構造変動」や「国家社会の独特の発展過程」の一部である。とりわけ「容器のなかの自己」という自己経験は、「社会に関するより科学的な志向への移行」にとって重要である。この自己経験の持つ真実味は、それを梃子にした人間関係の作り直しを可能にする。そこに生み出されるのが、原子論的なアナロジーに即した「社会」の構想である。だが原子論的なアナロジーに即した「社会」構想は、当初、それが想定していた「社会」の透明性ないし見通しの良さとは裏腹に、不透明なものであらざるをえない。というのも、そもそもこの「社会」を基礎づけるとされた「閉じた人」という人間像自体が、多様な「われわれ」という「より高度の互酬的、多極的な依存や制御へとむかうあらゆる社会的関係性の転換」のなかで生成してきたからである。加えて、「閉じた人」という人間像に基づいて試みられる「社会」の編成は、往々にして、多様な「われわれ」の間の権力格差の縮小をともなう。[10] ここに、原子論的なアナロジーに基づいて始まった透明な「社会」構想の末に、それを構成する個々の人間からは説明しきれない「社会」の不透明性が発見される。観察する個々の「主体」から切り離された、「客体」としての「社会」の科学的認識は、こうした過程のなかで開始される。「社会過程は相対的に不透明であり、直接個々の人格に注目する説明は不適切であるという意識が……強まった結果、一つには、先行する科学の対象とのアナロジーによって社会過程を捉え、固有法則性をもち、かなりの部分が自己調節的であり、相対的自律性をもった機能連関として研究する努力、ひとことでいえば、科学的方法を用いて研究する努力がでてきた」（WS. 74: 75）[11]。

だが「客体」としての「社会」の科学的認識は、往々にして、多様な「われわれ」のいずれかへの偏りをともなう。さまざまな集団のなかにあって「社会の科学」の従事者は、すでに触れたように、自発的であれアウトサイダーという烙印への恐れからであれ、みずからの重視する「われわれ」を認識の中心に据えたがる。繰り返すならば、社会認識に携わるいかなる者であれ、「自分の属する集団の眼に異端者と見えること（そして、そういうふうにして異端者になること）なしには越えていけない……一点」があるからである。その結果、諸個人の描き出す「社会」は、同じ「客体」の認識といいながら、それぞれの重視する「われわれ」の相違にしたがってさまざまな形象で現れる。古典的な自然科学的認識が「社会の科学」にとって魅力的に映るのも、また社会学的相対主義が「社会の科学」をイデオロギーとみなすのも、社会認識に付きまとうこの不確実性ゆえである。だがこうした偏りを孕んだまま、もしも方法論的な手続きのみが厳密にされれば、そこに生じるのは、自分自身や自分が同一化している「諸集団を中心に据えた社会像」を、科学的認識という装いのもとで、他の社会像をもつ人々に押しつけるという「研究対象領域の著しい狭窄化」（*ED*. 57: 51）である。その結果として「社会の科学」は、むしろみずからが懸命に差異化しようとする「有力な大衆政党の信念体系、有力な社会的イデオロギー」と変わらないものになる。「社会科学とりわけ社会学と有力な大衆政党の信念体系、有力な社会的イデオロギーは、たしかに科学とイデオロギーというまったく異質のものであるが、同じ時代の産物であり、同じ社会的転換の二つの現象形態なのである」（*WS*. 70: 71）。

以上のようにみるならば、「社会」の語がはらむ曖昧さは二重である。一つは、近代における多様な「われわれ」への関与であり、もう一つは、「社会の科学」の従事者による、そのいずれかの「われわれ」への偏りである。そして、「社会」の語の曖昧さをこのように把握することで、再考されるべき「社会」像を次のように規定できる。「特定の個々人や個々人が同一化している諸集団を中心に据えた社会像」がそれである。この「社会」像に対する再考を、エリアスは次のように表現する。

特定の個々人や個々人が同一化している諸集団を中心に据えた社会像から、個々人や個々人の属する諸集団がもはや中心になりえない社会像へと移行するためにも、対象から距離をおくという独特の営みが必要である。（WS. 170: 187）

「特定の個々人や個々人が同一化している諸集団を中心に据えた社会像」は、それを形成する諸「個人」あるいはそれを観察する諸「主体」から独立した、「客体」あるいは「客観的」な実在として現れる。だがこの「社会」の現れは、エリアスの見方に従えば、極度の「参加」のもとで得られる像である。つまり「容器のなかの自己」という自己経験や「閉じた人」という人間像に基づいて、不透明な「社会」あるいは「客観的」な実在としての「社会」が立ち現れる。そして「社会の科学」は、この「社会」の不透明さを克服することをもって自らの課題と任じ、そのための「科学」的認識を展開する。エリアスが要請するのは、こうした現在的な社会認識のあり方からの「距離化」である。

このための手がかりとして提示されているのが、「Figuration/figuration」の概念である。それをエリアスはゲームをメタファーにして、「プレイヤーたちがまるごとの存在として形成する、つまり、知性だけでなく全人格によって、相互関係のなかでのあらゆる振る舞いによって形成する、変化する人間模様」（WS. 142 : 156）と定義する。だが「Figuration」概念の含意は、この定義だけでは明晰にしがたい。というのも、もし「Figuration」概念の要点が、みずからを含めた多数の人々が形成する、多かれ少なかれ不安的な権力バランスをともなった相互依存ネットワークとして「社会」をイメージさせることにあるのだとすれば、それは「開いた人々」の概念と大幅に重なり合うからである。「社会」のイメージを、諸「個人」の外部に存在する「客体」から、諸個人のネットワークへと転換することが「Figuration」概念の含意のすべてだとすれば、それは概念の過剰である。

ここでは「Figuration」の概念を次のように解釈する。「社会」として名指されているものの根底にあるのは、すでに述べたように多様な「われわれ」の存在である。「われわれ」という人称代名詞でもって経験される相互依存は、家族、性別、村落、学校、都市、階層、国民など多岐にわたる。こうした「われわれ」という相互依存は、私たちが「知性だけ」でなく「全人格によって」、つまり多かれ少なかれ常に情緒的意義の付着した語りや行為という「あらゆる振る舞い」を通じて紡ぎだしているものである。にもかかわらず、多様な「われわれ」への関与を通じてみずからを「閉じた人」として経験するようになる人間は、みずからもまたその一員として綾どっているはずの「われわれ」を、多少なりとも相対的に自律した実体的な「外部世界」として経験する。「客体」として実体化されがちな家族や村落、学校や都市、階層、国民などを、自らが他者と交わす語りや振る舞いのなかで絶えず紡ぎだしている、情緒的意義を付与された「われわれ」として把握すること。これが「Figuration」という概念にエリアスが込めた意図である。ここでは「Figuration」の概念を、それゆえ「われわれの綾どり」と訳しておく。

　この「われわれの綾どり」という概念は、みずからにおいて実在的な「社会」と現れてくるものが、みずからもまたその一端を織りなしている相互依存ネットワークであることを意識させるだけではない。この概念は、そうしたネットワークのなかに書き込まれている「われわれ」というものの存在に目を向けさせる。そのことによってこの概念は、私たちが紡ぎだしている「われわれ」を「客体」としての「社会」と素朴に等置することが、極度に「参加」した認識であることに注意を向けさせる。つまり、みずからにおいて「われわれ」として経験されているものを素朴に分析対象として設定するところに現れるのが、「特定の個々人や個々人が同一化している諸集団を中心に据えた社会像」にほかならない。「われわれの綾どり」という概念は、こうした「社会」像からの「距離化」を促す。いいかえれば、みずからにおける「われわれ」と「社会」の同一視から距離を取り、みずからにおける不透明な「社会」という経験を、それが埋め込まれているより広範な相互依存の諸作用として理解し説明するように促す。自分自身や自分が同一化している「諸集団がもはや中心になりえない社会像へと移行する」には「対象から距離をおくという独特の営みが必要である」とエリアスがいうとき、そこで意味されているのは「社会」という「対象」から「距離をおく」ことではなく、「客体」としての「社会」というみずからにおける「われわれの綾どり」から「距離をおく」ことである。不透明な実在として「社会」を認識し、それゆえしばしば自らの重視する特定の「われわれ」を科学の名のもとに「社会」分析の中心に滑り込ませがちな自分自身を組み込んだかたちで、認識の「対象」を構成すること。これが「われわれの綾どり」という概念を用いた、エリアスによる「社会」像の再考の焦点である。

この「われわれの綾どり」としての「社会」という観点から、エリアスは「社会に関する社会学的言明」を検討する。そこに浮かびあがるのが、「社会学的言明」につきまとう「生存単位 Überlebenseinheit/survival unit」の問題である。「生存単位」とは、「それに所属する大半の人間の意識において、われわれ＝アイデンティティの他の階層のどれよりも強く、人間集団の対決や自然災禍の場合に、彼の身体的かつ社会的な安全を左右する保護単位」（*GI*. 277: 234）と定義される。すなわち、近代を特徴づける多様な「われわれ」は、それを織りなす人々によってすべて等しく重視されるわけではない。個々人の見方に従い、その重要度には濃淡がつけられる。だがそうした「われわれ」をめぐる多様な濃淡にもかかわらず、より多くの人々によって共通して重要視されるある種の「われわれ」が存在する。それが「生存単位」である。[12] こうした「生存単位」は、日常的な振る舞いによって形成されているものだが、同時に「社会の科学」も大きく方向づける。つまり、ある「われわれ」が陰に陽に「生存単位」としてみなされていることが、「社会の科学」のあり方も大きく左右する。ある「生存単位」としての「われわれ」にとって有利なかたちで展開された社会認識は、同じ「われわれ」に属するとされた多くの人々の支持を得られやすいからである。多様な「われわれ」の存在を前になされる「社会の科学」が、多くの人々によって「生存単位」とみなされている「われわれ」を念頭に置いて営まれがちであること、そして、その結果として提示される「社会」の姿は、それを「生存単位」とみなす人々のより多くから支持が得られるように整形が施されがちである、といったことが起こる。「われわれ」の多様性から生じる「社会」の不透明性、その不透明性を克服するための科学的装いへの憧憬、そしてそうした科学的装いに滑り込んでくる「生存単位」の重視。これが、「われわれの綾どり」という観点からみたときの、「社会に関する社会学的言明」の現在である。

この観点からエリアスは二〇世紀後半の社会学的言明を分析している。そこでとりわけエリアスが着目するのが、同時代の社会学において「長期的社会過程の解明の努力が……ほとんど完全に姿を消してしまっている」(*PZL*. 25: 15-16) という点である。[13] それはしばしば、二〇世紀における進歩信念の拒否から説明される。だがその説明は十分ではない。「進歩の信念が二〇世紀にいたってなぜ色褪せ、なぜ社会学者のあいだでも長期的社会発展の問題に対する関心が意味をうしなったのかの理由を理解しようとするならば、重要なのは、一九世紀において社会発展の諸問題に対する関心がいかに強かったかを意識することであり、この関心の根底がなんであったのかを自問することである」(*PZL*. 32-33: 20)。一九、二〇世紀の社会思想ならびに社会学をめぐるこの検討は、「われわれの綾どり」という社会像を用いた、エリアスによる社会認識のあり方を簡潔に示している。

一九世紀の社会思想や社会学における進歩への関心は、なによりも産業ブルジョアジーや労働者階級との結びつきに求められる。これら新興階級にとって、進歩は単なる現在的な事実ではなく、未来においてさらに実現されるべき理想でもあった。こうした新興産業階級との結びつきのなかで社会学もまた台頭する。過去の社会発展の方向と原動力を研究し、それを通じて未来における理想の実現を立証することが、社会学に課せられた務めとされた。いずれの階級と結びつくかで立証すべき社会発展の方向性は異なっていた。だがいずれにせよ、進歩のなかにある「われわれ」の姿を描きだそうとする社会学者の営みは、旧来の上流階級を圧倒せんとする、新たな「われわれの綾どり」の一つの実践であった。このための概念として彫琢されたのが、国家に対して自律的な領域とされた「市民社会」や「全体としての人間社会」といった社会像である。

進歩を賛美する声の傍らで、この時代には「われわれ」の変化を阻止しようとする人々の声も聴かれる。かれらは古き良き過去を賛美することで、同時代を悪化の一途を辿りつつある時代として描きだす。それは往々にして、産業革命以前のエリートを中心的な担い手とする「われわれの綾どり」であるため、しばしば拡がりに乏しい。だがその同時代批判は、世襲的な職業形態や生活様式を喪失しつつあった農民や手工業者の声を代弁したり、あるいは、労働者の状況の改善という観点からなされる「われわれの綾どり」と結びつくこともしばしばであった。

とはいえ、やはり進歩の夢想に充ちた「われわれの綾どり」が、あらゆる同時代批判を凌駕する。その所以は「国家内部の階級のみならず、これらの国家社会全体が勃興・拡大する社会的構成体だった」（*PZI*. 33: 20）ためである。産業地球上の他民族に対する覇権の拡大を、ヨーロッパ諸国がこれまで以上に強力に推進したのがこの世紀である。産業階級の台頭はこれら諸国の興隆と関連していた。「市民社会」や「全体としての人間社会」という概念において結晶化をみる「われわれの綾取り」は、それらを産みだした諸国の「揺るぎなき権勢優位」（*PZI*. 37: 23）から推進力を汲みだすことで、ロマン主義的な「われわれの綾どり」を圧倒する情緒的価値を獲得する。一九世紀の「社会」概念を、この時代のヨーロッパ諸国における多元的な「われわれの綾どり」の一つとして捉えるときに浮き彫りになるのが、こうした「国内的発展線と諸国間的発展線の結合である」（*PZI*. 41: 27）。

同様の観点から二〇世紀中頃の社会学が考察される。「社会に関する社会学的言明は、今日では第一に、国家……として組織されている社会に関わるのが普通である」（*WS*. 151: 165）。「国家……として組織されている社会」への社会像の変容は、かつての新興産業階級が、二〇世紀に至って国内的な覇権を掌握したという国内的変容に対応する。まずは産業階級の代表者が、やや遅れて労働者階級の代表者が支配的集団としての地位を確立する。同時に二つの世界大戦が、そうしたさまざまな階層の人々のあいだに「国民としての性格」を成立させる。従来の階級意識とともに、あるいはそれ以上に次第にその役割を増してくるのが、「国民」ないし「国民国家」という「われわれの綾取り」である。ここでもやはり国内的発展と国家間的発展の結合が見られる。

だがこの「国民」という「われわれの綾どり」のもとで、やがて長期的社会過程への関心が失われる。そこにおいて決定的だったのが国家間関係の変化である。諸国によって時期に違いはあるものの、ヨーロッパ諸国の数世紀にわたる興隆は、二〇世紀になって次第に歩みを止め始める。かつて隷属国であった他大陸の諸国や民衆が勢力を増大してきたためである。むろん事実上の優位はまだ大きい。だが「揺るぎなき権勢優位の時代に、ヨーロッパ諸国民のあいだに培われ確立されてきた例の考え方、すなわち、かれらが他民族に対して行使する権力は、神によってであれ、自然によってであれ、歴史的宿命によってであれ、ともかくあらかじめ与えられた永遠の使命の表現であり、弱者に対する根拠ある優越性、自明のすぐれた固有の価値の表現であるというイメージ、旧来の工業国民の自画像やわれわれ理想のなかに深く根づいてきた表象が、二〇世紀にいたって発展の事実上の経過によってこのうえない動揺を蒙る」(*PZI*. 37: 23-24)。ここに、進歩という信念に代わって、現在の自国民が備える超時代的価値への信仰が情緒的価値を帯び始める。「国民」はその過去においても未来においても永遠不変なものとして経験されるようになる。「この発展にふさわしく、二〇世紀の多くの社会学者が『社会』という場合、かれらが念頭においているものは、もはや先達たちのように国家の枠外にある『市民社会』や『人間社会』ではなく、国民国家といういささか薄っぺらい理想像であるという傾向が強まってくる」(*PZI*. 39: 26)。

一九世紀の社会学の発展モデルでは、……より良きものへの発展、各時代に即した社会的理想という意味での社会的発展が、事実に即した観察と混ぜ合わされ、事実として主張されていたのと同様に、二〇世紀の通常不変とみなされる「社会システム」の社会学的モデルにおいても、国民の全構成員の調和的統一という理想が、事実に即した観察と混ぜ合わされ、現実像として、事実として主張されている。ただし理想化の対象は、前者の場合

未来であるのに対して後者では現在であり、現に存在する国民国家の秩序である。(*PZI*. 43: 29)

「われわれの綾どり」という社会像によって、エリアスが切り拓こうとするもの。それを消極的に表現するならば、「国民」ないし「国民国家」という社会像から自明性を剥ぎ取ることであった。それをより積極的に表現するならば次のようにいえる。その都度における社会像を「われわれの綾取り」として捉えることで、現在的な社会像の存立を可能にしている「開いた人々」のより広範な相互依存のあり方――とりわけ「われわれ」と対比される「かれら」との相互依存――を、認識の対象として構成すること、これである。いいかえれば、自らがその認識や実践を通じて描き出している、現在的な「生存単位」としての「われわれ」が埋め込まれている、しかし現時点では意識的な制御のもとには置かれていない、「かれら」とのあいだの「意図されざる人間の相互依存」を可視化させること。これがエリアスにおける社会認識の対象の転換にほかならない。「人間を互いに結びつけているのは、相互依存のこうした編み物である。この相互依存は……『われわれの綾どり』……と名づけられているものの核心である」(*PZI*. 70: 50)。

その限りでエリアスの「Figuration/figuration」の概念は、たとえば「システム」や「構造」といった同時代の諸概念と似て非なるものであった。つまりそれらの概念も、コーザーの言葉を借りれば「コントやクーリーの時代から社会学の生得権であり続けてきた主題」である「個人と社会」問題と向き合うなかで生み出されてきた。それらはたしかに「われわれ」の現在的な経験を見事に捉えた比喩的表現であった。だからこそその時代時代において広く流通をみた。とはいえそれらはその流通のなかで、現在的な「われわれ」の経験あるいは「われわれ」と「かれら」の区別を、しばしばかえって強化する。こうした「システム」や「構造」といった諸概念にも見られる「われわれ」と「社会」の同一視という社会認識のあり方を、いわば認識の対象の一部として構成するために提示されたのが、エリアスの「われわれの綾どり」という比喩的概念であった。その意味で「われわれの綾どり」という概念は、「システム」や「構造」といった概念よりもメタレベルの概念であったといえるだろう。

五❖自己距離化の社会学

《社会学の根本的諸問題》シリーズの編者クレッセンスは、『社会学とは何か』の「編者序言」で次のように述べた。「私の見る限り、読者が本書でたどることになる道筋は——他の社会学の入門書と比較した場合——馴染みのないものである」（*WS*. 7: iii）。この言葉を受けてであろう、エリアスもまた「まえがき」を次の一節から始めている。「社会学の入門書において決まった道筋を少しばかりはずれて、読者が社会の根本問題をあらためて考え抜くことを手助けしようとするならば、なによりもまず自分自身の誠実さを頼むよりほかはない」（*WS*. 8: v）。そもそも社会学の入門書に定型があるとして、『社会学とは何か』のどこが異色だったのか。

科学像・人間像・社会像という三つの次元における再考というエリアスの試みを貫いているのは、自分自身から距離を取るといういささか奇妙な意志である。「参加と距離化」、「開いた人々と閉じた人」、「われわれの綾どり」といったエリアスの諸概念は、すべて、現在的な自分自身を含めたかたちで社会認識の対象を構成するための手がかりとして提示されている。すなわち、そのときどきの関係性への「参加」は、社会認識の営みを常に困難に陥れる。だがそうした「参加」を欠いたところに社会認識はありえない。ここにエリアスは、みずからにおける「参加」を足掛かりにした社会認識を構想する。こうした自分自身からの「距離化」を、「閉じた人」から「開いた人々」への人間像の転換や、「客体」としての「社会」から「われわれの綾どり」への社会像の転換は後押しする。この距離化によって浮かび上がるもの、それはみずからがそのなかで生きている「意図されざる人間の相互依存」である。つまりエリアスの社会学は、認識者自身をふくめた形で認識対象を構成することにより、現在的な視座のもとでは容易に認識もされなければ存在もしえない関係性への問いを拓く。それにより、「閉じた人」という人間像や時々の「われわれの綾取り」が埋め込まれている、「意図されざる人間の相互依存」を「学習の対象にする」（*GL.* 223: 188）。科学像・人間像・社会像という三つの次元におけるこうした構想の一体性を鑑みるとき、エリアス社会学を「自己距離化」の社会学として特徴づけることができるだろう。

人間の問題を視野に入れる過程社会学的なアプローチは、距離化——しかも研究対象からも研究者自身からも距離を置く行為——のさらに進んだレベルへの移行を要求する。（*GL.* 240: 201）

この自己距離化のためにエリアスが好んで用いるもう一つの仕掛けに、最後に触れておく。それが「過程」という視点である。「今日ではほとんど自明になっている事柄が、まだ習慣的になっていないという新鮮さを放っていた時代を回顧することは、世界と人間であるわたしたち自身について、私たちが抱いている基本的な考え方——これにすでに慣れている今日では、たいてい明白な意識の閾下に残っている考えであるが——の特徴をはるかに明確にすることになる」（*GL.* 137: 113）。もちろん「過程」の視点も、常に自らにおける「参加」を足掛かりにして営まれる限りで、現在という時空から逃れることはできない。いいかえれば、個人的な経験を基礎にして現在的な「われわれの綾どり」の構成を跡づけようとするエリアスの社会学的な営みは、いかなる意味においても普遍的な歴史の描出をめざすものではない。そこに描き出されるものは、いわば歴史的に検証可能な一つのフィクションでしかありえない。たがそのことは、単なる限界として理解されるべきではない。そこに賭けられているもの、それは社会認識という営みを通じて自分自身を変化させていくことである。自分自身の変化を通じて、それ以前には存在していなかった、世界や自分自身に対する新たなかかわり方を、自己や他者のあいだに創りだすことである。エリアスの次の一節はそうした意味で理解されるべきである。「いかにして、またなぜ、ほかならぬこの『われわれの綾どり』というより後のものが、かつてのあの『われわれの綾どり』から立ち現れてきたのかを説明できないかぎり、また前者の存続を無造作に受け入れ、それを『われわれの綾どり』が本来属している流れから生成してきたものではないかのように切り離して取りだすかぎり、その『われわれの綾どり』の諸作用……は、せいぜいのところ記述できるだけであって理解したり説明したりすることはできない」（WS. 180: 198）[14]。ここでエリアスが「理解」や「説明」といった言葉で意味しているのは、みずからの外側にある「客体」としての「社会」を「記述」することではない。世界や自分自身との関係において現在の自分が抱いている親近性から距離を取り、それを特殊な「われわれの綾どり」、および、それが埋め込まれているより広範な相互依存の諸作用として「理解」し「説明」すること。これを通じて、現在においてはまだ意識的な制御のもとにない「意図されざる人間の相互依存」を意識化することである。この作業が終わりを迎えることとは、原理的にありない。

むろん「われわれの綾どりを捉えるような方向に、社会学的想像力と社会学的思考を発展」させることがまったく容易ではないことを、エリアスは知っていた。長期的変動に対する関心を強く持った「一八九〇年世代」の影響下に育ちながら、二〇世紀の近視眼的な社会学の流れにいち早くさらされることになったエリアス。そこにエリアスの社会理論は、多くの人々の目に時代遅れの社会理論と映り、長きにわたって等閑視された。二〇世紀社会学における国民国家と「社会」の同一視がはらむ問題性という、エリアスがはやくから展開してきた原論的な議論についてもそうである。この問題が多くの社会学者によって指摘され始めるのは、ようやく一九九〇年代になってからである――しかも若干の例外を除き、エリアスの議論は忘れ去られたままである（Urry 2000=2006）。自伝的著書のある一節に付けられた「遅すぎたか早すぎたか」という見出しには、そうしたエリアスの経験が凝縮されている（SS. 170）。だがこの長きにわたる不遇と晩年における突然の評価の高まりは、社会認識における自己経験の自明視の根深さと、それゆえの「意図されざる人間の相互依存」の制御しがたさについて多くのことをエリアスに教えた。それゆえエリアスが次のようにいうとき、そこに見てとるべきは、現在的な「われわれ」のなかでの短期的な成果や評価に一喜一憂する私たち自身の姿であり、そうしたことを踏まえないかぎりにおいて現れてくることのない、社会学の新たな可能性であろう。「われわれの綾どりを捉えるような方向に、社会学的想像力と社会学的思考を発展」させることは「時間を要する。望んだとおりの最終状態に、突如として存在するのではない。それは、わたしたちが歩み進む方向にかかっている」(*GL* 223: 188)。

> 人類が、計画に依らずして歩みゆく事柄について学ぶ過程は悠長な過程である。それは、ときどきの社会がそのなかにある社会過程のあとを、多かれ少なかれかなりちぐはぐなかたちで追いかけるのである。(*GL* 221: 186)

注

1 ガーナは一九世紀以降イギリスの植民地であったが、一九五七年に独立。一九六〇年に共和国を立ち上げたばかりであった。

2 『文明化の過程』第二版の「序論」や『エスタブリッシュドとアウトサイダー』にもこの表現は登場するが、その概念化を試みているのは『社会学とは何か』である。

3 おそらくこうした批判に応えてであろう、エリアスは次のように述べている。「以下のことを私は理解していないわけではない。人々は、私がFigurationという概念の形で彫琢しようとしてきた概念的道具を、主として次のような観点から吟味する。すなわち、個人的な水準の上位に人間統合の集合的な水準を配置する昔の諸理論、たとえばデュルケム流であったりジンメル流であったりするそれとの共通性や、あるいは『システム理論家』の理論との共通性といった観点からである。そうした人々に、私はその違いを教えることはできない。……最終的には自己距離化というさらなる行為、自己意識の螺旋階段の次のレベルへの上昇しだいであり、そしてもし人々が自己距離化というこの行為を遂行できなければ、私の説明は顧みられないのである」（SS. 177）。「その仕事は、コロンブスの卵により提示されたこと程度には易しいが、コペルニクスのブレイクスルー程度には難しい」（SS. 178）。ここでエリアスが言わんとしている違いをあきらかにすることが、本章の課題である。同様の試みとして、大原（２００６）、荒川（２００８）。

4　他の社会学者との比較によってこうした点を補完する先駆的な学説的研究として、Arnason（1987）やSmith（2001）がある。

5　自伝的著書のなかでエリアスは述べている。「わたしの初等教育の歩みのなかでの、古典的なドイツの文芸書が持つ意味に対する方向づけ――それは、これらの著書を持っていたことに対するわたしの自尊心や、これらの文芸書の表現に対するわたしの早くからの時期の没頭のなかに現れていた――は、わたしにはきわめて特徴的なことのように思われる。それらは、人間の諸問題への接近における広さと深さを与えてくれた。徐々にその哲学的・観念的な方向づけの不充分さが明らかとなり、わたしがついに社会学へと移ることで、この伝統の特殊な人文主義に対して、ますます批判的な態度を取るようになったときでさえ。わたし自身の社会学的な方向づけは、この伝統のそなえる現実性の奇妙さと社会学におけるその紛うことなき影響に対する格闘のなかで発展させられてきたと、わたしには思われる。しかし、こうした根底的な変化はかなり長い過程の結果であった」（SS. 112）。新人文主義とエリアスについては、坂（１９９９）を参照。

6　『社会学とは何か』の構成とあえて対応させていえば、科学像の問題は、第一章「社会学――コントの問題設定」と第二章「神話の摘発者としての社会学者」に、人間像の問題は、第三章「ゲーム・モデル」と第四章「人間社会の普遍要素」に、社会像の問題は、第五章「編み合わせの脈絡――社会的結合の問題」と第六章「社会発展の『必然性』という問題」に、それぞれ緩やかに対応しているといえる。もちろん、第三章を科学像の問題に分類するといった、他の対応のさせ方も可能である。本章での『社会学とは何か』からの引用も、それゆえここで述べた対応関係に厳密に即しているわけではない。『参加と距離化』、『諸個人の社会』、『文明化の過程』第二版「序論」も、それぞれ緩やかに本章の第二、三、四節に対応させているが、やはり厳密なものではない。

7 エリアスは「自然の科学」と「社会の科学」を根本的に異なるものとして厳格に区別してしまうわけではない。というよりも、「認識」を他の諸要素から切り離されたものとして扱うことをしないエリアスにおいては、「自然の科学」であれ「社会の科学」であれ、独立した「認識そのもの」として論じることにはそもそもあまり意味がない。とはいえ、エリアスの社会学原論に関する本章の議論では、あくまで社会認識の問題に焦点を絞っており、それとのかかわりにおいてのみ自然認識の問題を引き合いに出しているにすぎない。自然認識と社会認識の関係については、たとえばB・ラトゥールのアクター・ネットワーク・セオリーに基づく科学論との対比など、より詳細な検討が必要だろう。ラトゥールやM・カロンと、エリアスについては、たとえばNewton (1999; 2002) を参照。

8 エリアスはしばしば「(洗練された) 経験主義」として批判されてきた (Layder 1986)。これについては近森 (2001) も参照。

9 もちろん、人称代名詞の形態と用法には、たとえば一人称と三人称の記号的表現が判然と分化していない場合といった、さまざまな差異があり得る。こうした観点からエリアスは、人称代名詞群に見いだされる差異は「当該集団の構造の差異、人々の関係とその関係が経験される様式の差異を示すものである」(*WS*. 135: 148) という。

10 たとえば統治者は、いまやみずからの適格性を被治者にたえず立証せねばならない。権力バランスにおけるこの絶えざる試行が、やがて選挙や大衆政党の拡大、ストライキや社会運動の示威行動として制度化される。そうした制度化が権力格差の縮小に遅れをとれば、不満やアパシーの表明、騒乱や暴力沙汰として現れる。こうした「世襲的な特権階級が寡頭制的に統治する社会から、罷免可能な大衆政党の代表者が統治する社会への転換」に典型的に見て取れるのは、人間を包囲する「われわれ」の多層化や視点依存性の複雑化ゆえの不確実性の増幅である。

11 ここで「先行する科学の対象とのアナロジー」といわれているのは、古典的な物理学や化学とともに生物学である。

12 とりわけ「願望された生存単位」としての性格が強い「国民」は、「気づかぬうちに潜在的あるいは現実的な絶滅単位」（*GI.* 278: 235）になりうる、とエリアスはいう。むろん絶滅単位としての「国民」という性質は、「敵対国の国民に関してのみならず、自分の国の国民に関してもあてはまることである」（*GI.* 278: 235）。さらにエリアスはいう。「二〇世紀の二つの戦争を経験するなかで、先進産業国の住民は、語の新しい意味における国民としての性格を獲得し、当該国家は国民国家としての性格を獲得したのである。国民国家とは、戦争のなかで、戦争のために生まれた、ということができるだろう」（*GI.* 277: 234）。なお、この現代の「生存単位」の問題に密接にかかわるのが、「二〇世紀後半期の焦眉の問題である、エスタブリッシュドーアウトサイダー問題」（*GI.* 277: 234）である。本書におけるエリアス解釈は、こうしたエリアスの示唆に基づくものでもある。

13 より厳密にいえば、ここで同時代の社会学として念頭に置かれているのは、T・パーソンズの社会システム論である。これが、コントやマルクス、ヴェーバー兄弟、マンハイムといった、二〇世紀半ば以前の社会学者たちに見られる「長期的社会過程」への関心と対比されている（*SS.* 172-173）。

14 バークによれば、「エリアスは『なぜ』ということだけでなく、『いかに』という変化の仕組みにたいへん関心を持っていた」のであり、それゆえ「エリアスの研究が今後もあらゆる社会変化の理論に引き続き関連を持っていくことは明らかだろう」と述べている（Burke 1992=2006: 150-151）。

第四章 近代への診断

一❖『ドイツ人論』と二つの目撃者

一一月のポグロムあるいは水晶の夜――ドイツ各地でユダヤ人商店やシナゴーグ、墓地などが破壊され、一〇〇人近くのユダヤ人が殺された――の起こった一九三八年、ロンドンにいたエリアスのもとをブレスラウの両親が訪ねている。ドイツ領からの移動がまだ可能であった。このとき息子は両親に、イギリスで一緒に住むようもちかけている。だが提案は退けられる。そのときの父の言葉を、エリアスは晩年になっても忘れることができなかった。

やつら［ナチス］が私になにができるというんだ。私はこれまで誰にも何も悪いことをしてこなかったし、これまでの人生で法を破ったこともない。(SS. 166)

両親にしてみれば、住み慣れた土地を離れ、息子以外に知る者のないイギリスに住むことなど、おそらく気の進まないことだっただろう。またエリアスにも両親と一緒に暮らせるだけの十分な経済的余裕はなかった。だがイギリスへの移住がなされなかった理由はそれだけではない。かれらのうちの誰ひとりとして目前に迫っていた事態を十分に見通してはいなかった。水晶の夜に類した事件の数々は、たしかにエリアスたちに不安を呼び起こしはした。だが多くの同時代人同様、エリアスの両親はそれらを例外的事件とみた。とりわけ法務局のアドバイザーでもあった父は、そのキャリアにふさわしくドイツにおける「法の支配」を信じていた。そして両親よりも多少は事態に敏感であったはずのエリアスですら、かれらを説得できるほど事態の推移を明確に見通していたわけではない。ほどなく故郷ブレスラウの郊外に建設されることになる強制収容所のこともおそらくかれらは知らなかった。

「こうしてその年老いていた人たちは何も知らずにドイツへと帰って行った」（*SS*. 166）。それが両親をみた最後である。一九四〇年、エリアスは母ゾフィーから手紙を受け取る。父ヘルマンがブレスラウの収容所で死亡したことを知らせる手紙であった。ほどなくして今度は母からの手紙も途絶える。赤十字を経由して届いた母からの最後の手紙は、アウシュビッツ行きの途中でしたためられたものであった。一九六九年、『文明化の過程』が再版された際、エリアスはその扉に次の言葉を書き加えている。「わが両親、ヘルマン・エリアス（一九四〇年ブレスラウで死す）、ゾフィー・エリアス（一九四一年?アウシュビッツで死す）の思い出に捧げる」。エリアスの戦後は両親の死とともに始まる。

エリアスがドイツのことに触れ始めるのは、一九六〇年代以降のことである。以後、一九九〇年に死去するまでにドイツについての複数の論考を残している。そして死の前年、「一九、二〇世紀におけるドイツの発展に関するノルベルト・エリアスの論文を集成」（*SD*. 553: 559）した一冊の論文集が出版される。『ドイツ人論』である。この論文集の刊行は、エリアスの著書目録に新たな一冊が加わることだけを意味していたのではない。ドイツに眼を向けること、それは両親の死に目を向けることであり、さらには両親の死に対して無力であった自分自身を直視することでもあった。社会理論の構築という形を借りて、両親の死とみずからの無力に向き合ってきたエリアスの戦後を、『ドイツ人論』には見て取れる[1]。

そしてこの取り組みが、戦後社会学の一つの係争点であった問題へとエリアスを導いていく。近代性とナチズムの問題である。ナチズムとその帰結としての大量虐殺は、第二次世界大戦後の社会学において必ずしも直接の考察対象にされてきたわけではない。だがそれは、社会学的な近代への診断にとって常に無視しえない経験であり続けてきた[2]。E・フロムやT・パーソンズは、反ファシズムという立場から出立してその社会理論を構想した（Parsons 1942=1973, 1951=1974; Fromm 1941=1951）。またM・ホルクハイマーやT・アドルノは、ナチズムは近代の嫡子か鬼子か、という問いから始めてその社会理論を構想した（Horkheimer und Adorno 1947=1990）。近代性とナチズムというきわめて異質に思われる二つの現象がみせた近接は、それを経験した少なからぬ社会学者たちに、ナチズムと近代性の関係を問う想像力を呼び起こした。ナチズムの経験から近代性を問い直すこの自省的な視線とともに、戦後社会学は開始を告げる[3]。『ドイツ人論』におけるエリアスも、戦後社会学のこうした問いと無縁ではありえなかった。その意味で『ドイツ人論』は、戦後社会学におけるエリアスの位置を測定するうえで固有の意義を持っている。

だが『ドイツ人論』は、読み解くことが必ずしも容易ではない著書である。同書の構成にもそのことは表れている。『ドイツ人論』は次の五篇から成る。ドイツの第二帝政期を論じた第I篇「文明化と脱形式化」（一九七八年頃）、第II篇「ナショナリズムについての補論」（一九六〇年代後半）、ワイマル共和国期を論じた第III篇「文明化と暴力——物理的暴力の国家独占とその侵犯」（一九八〇年頃）、アイヒマン裁判を契機とする第IV篇「文明化の崩壊」（一九六一／六二年頃）、七〇年代西ドイツのテロリズムについて論じた第V篇「連邦共和国についての省察」（一九七七／七八年）である。システマティックな論考というよりも、エッセイというほうが『ドイツ人論』にはふさわしい。

この論文集にまとまりを与えているのが、編者M・シュレーターが設定したドイツ史という時間軸である。シュレーターはいう。「たしかにテキストの大半は――それぞれの表題が示すように――広範な問題を提起するために著されており、ドイツの出来事はそれを説明するための素材として使われている。だがそこではドイツとの関係が非常に重要なので、それを論文選択の原則として一巻にまとめあげ、一種の完結性を与えるのが適当と思われた」(*SD*. 553: 559)。ドイツ史に即したこの編集方針は、一九九〇年代以降の新たなエリアス研究を少なからず方向づけてきた。『ドイツ人論』の刊行を契機に現れてきた「文明化と暴力」をテーマとする新しいエリアス研究が、「脱文明化 Entzivilisierung/decivilization」あるいは「脱文明化の過程 decivilizing process」をキー概念にして、フランスやイギリスなどにおける「文明化の過程」とドイツにおける「脱文明化の過程」をしばしば対比させてきたのも、『ドイツ人論』のこの時系列的な構成に由来する(Mennell 1990a; Fletcher 1997; 奥村 2001; Smith 2001)[4]。

だが、本章では『ドイツ人論』の読解においてこれとは若干異なる観点を設定する。『ドイツ人論』の非体系的な性質にこそ、ある種の一貫性が見て取れると考えるからである。こうした解釈を許すのが、同書の出版に際してエリアスが書き下ろした「序論」のなかの次の一節である。

ここに公表される論文の背後に――なかば隠れて――いるのは、およそ九〇年にわたって出来事の成り行きとともに生きてきた目撃者である。通常、個人的な出来事の関与者としての人間が創りだすイメージというものは、研究者という距離から冷静さをもって白日のもとに曝されるイメージとは、特徴的なあり方において異なっている。カメラを例にとればよい。人間は――接近したり、少しばかり離れたり、かなり離れたりといった――さまざまな距離で被写体に焦点を合わせるような、そうした位置にある。出来事の歩みとともに生きた者であり、かつ研究者でもある人間の眺めにもまた、同様のことがあてはまる。(*SD*. 1: 7)

この一節に、エリアスが味わってきたであろう苦難を読み取ることは難しいことではない。だがここで想起すべきは、自己距離化という、前章で論じたエリアスの特徴的な社会学的な視点である。それをこの一節に即して敷衍すれば次のようにいえる。

まず、ここで「目撃者」とか「出来事の歩みとともに生きた者」といった言葉で表現されているのは、そのときどきにおいて出来事を同時代的に経験してきたエリアスの姿である。こうした「目撃者」としてのエリアスの視点が、『ドイツ人論』の諸論考を貫いて存在する。ただし、それは「なかば隠れて」いる。それを覆うように前面に押しだされているのが、「研究者」としてのエリアスの視点である。だが「研究者」としてのエリアスの視点は、「目撃者」としての視点を消し去っているわけではない。ときどきにおいて出来事を経験している「目撃者」としての自分自身を含み込んだかたちで、「研究者」としてのエリアスは認識の対象を構成している。「出来事の歩みとともに生きた者であり、かつ研究者でもある人間の眺め」という表現は、『ドイツ人論』の諸論考がこうした自己距離化によって支えられていることを端的に示す。そして「目撃者」としてのエリアスは、当然ながら不動ではない。時間とともに立つ位置や視点を変化させる。こうした被写体の変化に合わせて「研究者」としてのエリアスの認識も更新される。このように捉えれば、『ドイツ人論』のエッセイ的な性格は、その都度の「目撃者」としての自己から距離を取るという、エリアスにおける社会認識の一貫性に基因するものとみなしうる。[5]

本章では、自己距離化というエリアスの複眼的な視点を『ドイツ人論』を読み解く準拠枠として設定する。そのため『ドイツ人論』の各論考はシュレーターの編集とは違い、執筆時期に沿って配列し直される。具体的には、『ドイツ人論』の諸論考を、一九六〇年代の第Ⅳ篇・第Ⅱ篇からなる前期と、一九七〇年代後半から一九八〇年にかけての第Ⅴ篇・第Ⅰ篇・第Ⅲ篇からなる後期という、二つの時期に分けて解釈する。

まず二節では、『ドイツ人論』のなかでも最初期の論考である第Ⅳ篇を手がかりにして、『ドイツ人論』を貫くエリアスの問題設定を明らかにする。その問いに対する前期の取り組みを検討するのが三節である。続く四節では前期の取り組みの限界と新しい「目撃者」としてのエリアスの経験を指摘し、最後の五節ではエリアスによる後期の取り組みを検討する。以上のような『ドイツ人論』の再構成を通じて、エリアスにおける近代への診断をあきらかにすることが本章の課題である。

二❖文明化をめぐる根本的誤解

一九六〇年代という『ドイツ人論』の前期に属するのが、第Ⅳ篇「文明化の崩壊」と第Ⅱ篇「ナショナリズムについての補論」である。なかでも最初の論考である第Ⅳ篇は、モダニティとナチズムの問題に対するエリアスの基本姿勢を明瞭に示している。

第Ⅳ篇「文明化の崩壊」は、アイヒマン裁判への言及から始まる。ユダヤ人大量虐殺の計画・監督者だったE・アイヒマンの処罰をめぐり、エルサレムで開廷された戦争犯罪裁判である。一九六一年四月に開廷された同法廷は、同年一二月の死刑判決をもって閉廷し、翌年五月にはアイヒマンの死刑が執行されている。この裁判は、エリアスによれば「一個人についての裁判」であると同時に「一個人の裁判以上のもの」でもあった。裁判の経過とともに、「特設された死の収容所や隔離されたゲットーでの餓死、毒ガスによる殺害や射殺による住民の抹殺」が白日の下に晒されたからである。その「目撃者」たる一九六〇年代のエリアスの姿が、第Ⅳ編と第Ⅱ編の起点をなす。

むろんアイヒマン裁判以前にも大量虐殺のことが知られていなかったわけではない。だが「アイヒマン裁判までは、自分と無関係な無力な他人のことはどんな痛ましい出来事でも忘却してしまうという恐るべき人間の能力がすでに働き始めていた」(*SD*. 393: 351)。そのことは、「零時刻」とか「崩壊」といった表現にも読み取れる(三島 1991: 15)。「零時刻」とは、本土決戦によってすべてが灰燼に帰したことを意味する言葉であり、「崩壊」とは、敗戦という言葉に代わって用いられた、ナチス崩壊を意味する表現である。終戦後のドイツに現れてきたこれらの表現には、戦後ドイツをナチス・ドイツから切り離そうという含みが見え隠れする[6]。

戦後処理をめぐって顕わになった冷戦構造のもと、西側世界に組み込まれたドイツ連邦共和国(西ドイツ)は、一九五〇年の朝鮮戦争頃から経済的な成長軌道に乗り始める。一九六〇年代半ばには、完全雇用状態やフォルクスワーゲンに象徴される生活水準の改善、年金や住宅を中心とした社会保障の充実も実現する。政治的には、再軍備に対する否定的な論調が朝鮮戦争の勃発を機に抑え込まれ、国家主権回復やＮＡＴＯへの加盟、国防軍の設立が達成される。敗戦後の対応から解放され、それなりに安定が実感され始めるのが、一九四九年から一九六三年まで続いたＫ・アデナウアー政権の時期である。現状肯定の没政治的な政治文化や落ち着いた生活を願う安定志向が生まれていた。ヨーロッパおよび西側世界の一員という自己理解のもと、ナチス時代をドイツ史の異質な一齣とみなし古き良きドイツの伝統に回帰しようとする復古主義が、この時期の全体的な風潮となる。だがアデナウアー政権下の西ドイツには「零時間」や「崩壊」の語とは裏腹に、戦前からの連続性があった。連合諸国主導の非ナチ化は冷戦の開始とともに骨抜きにされた。第三帝国の官僚層は専門家不足を理由に多くが温存された。大学の人的構成も、東からの流入と亡命ユダヤ人の帰国を除けば、戦前とほとんど変わらなかった。ナチス時代と向き合うことなく戦後に滑り込んだドイツ連邦共和国において、「現代の国家が少数の憎むべき人々を抹殺しよう試みたことについての記憶は、人々の意識からしだいに消えてしまっていた」(*SD*. 393: 351)。

その記憶をアイヒマン裁判は蘇らせた。そこに引き起こされたのが、みずからにおける忘却を忘却した、「信じられない――『そういうことはヨーロッパでは起こりえない』――という反応」(*SD*. 401-402: 360) である。あるいは、そうした過去を一応は認めながらも、「ナチズムを文明社会という身体にできた癌だとか、彼らのやったことは多少なりとも精神異常であるとか、特別に悪質で不道徳的な人間たちの非合理的な反ユダヤ感情によるものであるとか、ドイツ特有の伝統や特質に基づくものだった」(*SD*. 395: 353) とする反応である。虐殺の責任をヒトラーら首脳部に全面的に帰すことで、追従者や一般の人々は、虐殺とは無縁の人々、あるいは、むしろナチスの支配と戦争の被害者だった、ともされた。またナチズムとホロコーストを、一九四五年以前のドイツの独特の発展ゆえに生じた出来事とみなすことで、戦後ドイツはすでに「正常への復帰」を果たしたとされた。「こうした説明は、それに類したことがふたたび起こるとか、そういう野蛮なことは現代産業社会の構造に内在している傾向に由来するのかもしれないという、つらい思いから守ってくれる。それが一種の慰めを与えるのだ」(*SD*. 395: 353)。だがこうした反応とともに、少なからぬドイツ人のなかに復活をみたのが、「戦後ドイツの知的生活にとって、また心情のドラマにとって、原点」(三島 1991: 4) でもあった次のような問いである。「二〇世紀の最高のやり方ともいうべき、合理的というよりも科学的な仕方で、昔の粗野な野蛮への後退とも思われる企てを計画し、それを実行に移すという――人数の違いを無視し、死んだ奴隷にも人間存在の資格を認めるなら、昔のアッシリアやローマならありえたかもしれない――ようなことが、どうして起こりえたのか」(*SD*. 394: 352) という問いがそれである。おそらくこれは、エリアスもまた抱いた問いだった。多くの人々とは異なる意味合いだったとはいえ、戦後におけるエリアスもまた、過去はもう忘れるべきだと思い意識的にそう努めてきた[7]。アイヒマン裁判はそうしたエリアスの記憶をも蘇らせた。そこに呼び起されたのが、「なぜそういうことが文明国で起こりえたのだろうか」という問いである。

だがエリアスは、自らの抱いた「理解しがたさ」のままに第Ⅳ篇を著しているのではない。「なぜそうしたことが文明国で起こりえたのだろうか」という自らに湧き起こる問いから、思考のなかで距離を取る。そのことは次の一節のなかに明瞭に見て取れる。

国民の名のもとに行われた老若男女の外国人の大量虐殺が投げかけているおもな問題は、詳しくみれば明らかなように、その行為そのものにあるのではなく、それが現代の高度先進国の特徴と思われている基準と結びつかないところにある。（*SD*. 394: 352）

エリアスによれば、大量虐殺に対する忘却の忘却や例外視といった反応は「進歩信仰」に支えられている。「自分も時代も文明化や合理性の点で、昔の時代や現代の後進国の粗暴さをはるかに超えている」という心地よい思い込みのなかで生きているがゆえに、裁判を通じて露わになった、だが以前からわかっていたはずの大量虐殺という事態にいわばふたたび遭遇したときに、人々は「われわれ」における大量虐殺という事実から眼を逸らそうとし、あるいは、大量虐殺にたずさわった人々と「われわれ」のあいだに境界を設けようとした。あるいは、「なぜそれが文明国で起こりえたのだろうか」という、いわばナチズムとホロコーストを「われわれ」による行為として受けとめようとする問いにすら、こうしたことは当てはまる。というのも、「なぜそれが文明国で起こりえたのだろうか」という問いに表現されているのは、「国民の名のもとに行われた老若男女の外国人の大量虐殺」という「その行為そのもの」に対する不条理さではない。そこに表現されているのは、「それが現代の高度先進国の特徴と思われている基準と結びつかない」ことに対する不可解さである。「なぜそれが文明国で起こりえたのだろうか」という、「われわれ」による大量虐殺をめぐる驚嘆や悲嘆に充ちた問いは、それゆえ、「現代こそ人類最高の文明段階である」という心地よい自負があらかじめ存在していてはじめて可能になる。「進歩信仰が疑わしくなっているにもかかわらず、進歩信仰に関する人々のイメージはいささかも変わっていない」（*SD*. 394: 352）。

だからエリアスが問うのは、「なぜそうしたことが文明国で起こりえたのだろうか」という問いではない。そうではなくて、大量虐殺と進歩信仰のあいだの「根本的なジレンマ」ないし「文明化をめぐる根本的な誤解」（*SD*. 401: 360）こそ、「社会学者にとっての問題なのだ」（*SD*. 395: 353）と、エリアスはいう。

そして、アイヒマン裁判の「目撃者」としての自分自身に対するこの自己距離化は、実は、もうひとつの「目撃者」に対する自己距離化と重なり合う。ナチズムを同時代の出来事として経験していた一九二〇、三〇年代のエリアスである。

若き日を回顧してエリアスはいう。「ヒトラーと部下たちは、ユダヤ人に対する消しがたい完全な敵意やユダヤ人抹殺の願いを少しも隠そうとしなかった」（*SD*. 405: 364）。ユダヤ人などの国内の裏切り者による「背後の一突き」が第一次世界大戦での敗北をもたらしたとする匕首伝説をはじめ、「ユダヤ民族くたばれ」とか「ユダヤ人の血をナイフで流せるなら」といった表現は、ナチズムの運動においてかなり早い時期から繰り返し見られた。ドイツの「人種の純潔」とユダヤ人など「劣等人種」の排除は、国家社会主義者の政治的綱領のなかで明確に告げられていた。大規模かつ組織的に展開され始めるのはポーランド侵攻以後だとはいえ、ユダヤ人に対する迫害は、「共産主義やエホバの証人、同性愛者、抵抗運動を続けるキリスト教の牧師や司祭など」に対するそれとともに、第二次世界大戦の以前から行われていた。その意味で、ユダヤ人をはじめとする人々の大量虐殺は、「ナチズムの中心をなしていた根の深い確信の成就を意味していたにすぎ」ず、「もう危険がないと思われたとき、彼らがこの抹殺に取りかかったのは驚くべきことでなかった」（*SD*. 405: 364）。

これに続けてエリアスはいう。

驚くべきことは、公言していたことを国家社会主義者が実行に移すかもしれないということを、ながいあいだ

ほとんどの人々が、……想像もできなかったことである。（*SD*. 405: 364）

なるほどあとから考えれば、それは予見できたように思われる。「だが実際には、国家社会主義者が実権を握った一九三〇年代には、ヨーロッパやアメリカのたいていの人々には、ドイツ人が冷酷にも数百万の老若男女を殺すなどとはまったく考えられなかった」（*SD*. 397: 355）。だから一九三〇年代にナチズムの台頭をまのあたりにしていた人々の多くは、「ドイツに限らずどこにおいても、国家社会主義者の野蛮な信仰や行動を聞いても肩をすくめるだけで無視してしまった」（*SD*. 408: 367）。

こうした傾向は、ヒトラーたちの言葉や行為の根底にはより「現実的」で「合理的」な利害が隠れているとする、当時の説明に典型的に見て取れる。いわく、彼らの信念は一種のプロパガンダ、つまり宣伝のための技術や意図的なデマである。彼ら自身、自分たちの言っていることの馬鹿馬鹿しさを、多かれ少なかれ知っている。そして、ユダヤ人を生け贄にした扇動を彼らがおこなう裏側にあるのは、より現実的な集団利益である。たとえば、経済的な利益や信奉者の獲得による政党としての躍進、潜在的な経済上の競争相手の排除、あらゆる不満を外部の生贄のせいにして国民の団結を固める、といった目標などがそれである。これに対してエリアスはいう。たしかにそうした「現実的」な目標は、少なくとも運動のある時期までは、反ユダヤ主義の原動力だったかもしれない。だが政権掌握後のナチスは、大規模な対外戦争と並行しながら、ユダヤ人などの虐殺に多大な費用と労力をかけて着手した。そして、すでに敗北が明白になった一九四四年にH・ヒムラーが虐殺の中止と改善命令を出すその時まで、強制収容所は稼働し続けた。その責任者として「全力を挙げて仕事を続けた」のが、アイヒマンと彼が長官を務める部局であった。このことは、彼らの信念を荒唐無稽なイデオロギーとみなすことの不充分さを示している。ヒトラーとその協力者たちの言葉には、たしかに過剰なまでの戯れ言や嘘が含まれていた。だがそのことは、彼らが自分たちの信仰の究極的な正しさを確信していたことと矛盾しない。「結局、ユダヤ人の大量虐殺は『合理的』と呼べるような目的のために行われたのではなく、国家社会主義者たちは、なによりも彼らの強固な揺るぎない信仰そのものによって虐殺に駆り立てられたことは、このうえもなく明らかである」（*SD*. 407: 365）。

この過去に関してエリアスが問題視しているのも、アイヒマン裁判の場合同様、「文明化をめぐる根本的誤解」である。多くの同時代人は、その進歩信仰ゆえに、「ヒトラー自身やその側近のたいていの協力者が自分の言っていることの大半を深く信じていること」を、自分たちの理解を絶したこととして扱い、ナチズムから思わず、あるいは懸命に眼を背けた。このことは、『文明化の過程』を執筆していた当時のエリアスと両親にも当てはまる。「やつら［ナチス］が私になにができるというんだ」という父の言葉はそのことを端的に物語る。エリアス自身、ナチスの演説集会をわざわざその目で確かめに行ったり、虐殺された友人を目の当たりにしたりしていたにもかかわらず、自分を訪ねて来た両親を結局ドイツに帰らせた。その点で、エリアスもまた「文明化をめぐる根本的誤解」のなかにいた。「自分の考え方や行動様式に逆らうものを吟味し、現実の出来事に照らして検討するということは、そうざらになされていることではない。その意味において、国家社会主義者の強制収容所やユダヤ人の大量虐殺のような出来事を、多くの人々に受け止めさせなかった思想や性向や確信を見ると、自分たちの文明についての……支配的理解の根本的欠陥を、どうしても中心的な問題として取りあげなければならない」（*SD*. 408: 367）。

現在と過去の自分を起点とした二重の自己距離化によって、エリアスが設定するのが次の問いである。

ヨーロッパからユダヤ人を抹殺しようとした出来事に、比類のない側面があることを示すのは容易い。しかしもうひとつの側面は比類のないものではない。……アイヒマン裁判のなかで言葉にされたさまざまな出来事は例外的なものであった、というイメージによって自らを慰めておくよりも、二〇世紀の文明化における諸条件、つ

> まり、この種の野蛮さを過去において促進し、かつ、未来においても促進しかねない社会的諸条件を研究することのほうが、より有益でありうるだろう。（*SD*. 395-396: 353-354）

「なぜナチズムが」という問いのもとで進歩の自負に浸り続けることは、ナチズムとホロコーストを産みだした「二〇世紀の文明化における諸条件」から眼を背け続けることであり、さらには両親の死から眼を背け続けることである。とはいえ、絶望や落胆に身を任せて「二〇世紀の文明化」を裁断することも、エリアスのよくなしうることではない。というのも、ナチズムとホロコーストをモダニティの不可避的な産物として捉えることは、両親の死の意味をモダニティそのものに預けてしまうことであり、両親の死に対して無力であったかつての自分自身を、やはり忘却することだからである。

ここに「研究者」ないし「社会学者」としてのエリアスは、ナチズムやホロコーストの暴力と、それらに驚嘆を覚える自分自身の両者をともにレンズに収める。それによってエリアスが試みるのは次のことである。すなわち、かつてナチズムの台頭を看過し、そしていままたホロコーストに不条理さを感じている自分自身が、そのもとで生きてきた「二〇世紀の文明化」のなかに、「この種の野蛮さを過去において促進し、かつ、未来においても促進しかねない社会的諸条件」を探りだすこと、そしてそれにより、自分自身の生がいかなる意味でナチズムやホロコーストと結びついているのかを慎重に解きほぐすことである。「文明化の現在的な成長過程の孕んでいる危険性」（*SD*. 401: 359）[8]。これが『ドイツ人論』の全体を通じたエリアスの中心的な問いをなす。

> アイヒマン裁判は覆っているヴェールを一瞬上げて、文明化された人間の慎重に隠されている暗黒面を見せたのだ。それに眼を向けなければならない。（*SD*. 395-396: 353-354）

三❖文明化と文化

「文明化の現在的な成長過程の孕んでいる危険性」をめぐる前期の取り組みにおいて、エリアスが問うのはドイツにおける「国民」形成の問題である。エリアスによれば、一九三〇年代の経済危機やそれを機に激化した階級闘争といった、他の諸国でも多かれ少なかれみられた短期的な事態は、ナチズムやホロコーストの発生にとって二次的な意味をもつにすぎない。それらがナチズムの台頭とホロコーストという帰結にまで展開することを許した所以を、「社会としてのドイツ」のなかに問わなければならない。この点からエリアスは、ドイツにおける「国民」形成の過程を分析する。すでに第二章で見た、「文明化」をシンボルとした「国民」形成を手がかりとしつつも、それとは異なる「国民」形成の類型が検討される。

このためにエリアスは、かつて『文明化の過程』において行ったのと同様に、二〇世紀初頭のドイツにおける「国民」的な自己解釈の中心的表現に注目する。それが「文化 Kurtur」である[9]。当時のドイツ語における「文化」の概念を、エリアスは次のように簡潔に特徴づけている。

> ドイツ語の「文化」という概念の機能は、「文明化」の対立物を意味することである。(*PZI.* 95: 75)。

ドイツ語の「文化」概念を理解するうえでエリアスが重視するのは、ドイツにおける「文明化と文化」という対比である。ドイツにおけるこの概念上の対立においてより高い価値が付与されているのは、「文化」である。「文明化と文化」というこの対比には、次のようないくつかの補足が必要である。

第一に、ドイツ語における「文明化」概念は、英語やフランス語の「文明化」概念とはいささか意味合いを異にする。フランス語や英語の「文明化」は、人間のあらゆる領域における振る舞いや業績に関して高い価値を表現する幅の広い概念であった。これに対してドイツ語の「文明化」概念は、「人間の外面、人間存在の表面だけを覆っているにすぎないもの」、つまり人間の住居や社交形式、言葉や衣服、さらには科学技術などの「洗練された」性質という、いわば人間の目に見える性質にかかわる概念であった。この点でドイツ語の「文明化」は、「たしかにまったく有益なものを意味しているが、二流の価値を意味しているにすぎない」(*PZI.* 90: 69)。人間のより深遠な価値を指示するという点で、むしろフランス語や英語の「文明化」に近い意味合いを持つのは、ドイツでは「文化」概念であった。

第二に、いま述べたように、ドイツ語の「文化」概念は、人間の最高位の価値を指示する点でフランス語や英語の「文明化」に近い。ただしフランス語や英語の「文明化」概念が、人間のあらゆる領域に関連するのとは違い、ドイツ語における「文化」概念は、「その核心において精神的、芸術的、宗教的事実に関係し、そしてこの種の事実と政治的、経済的、社会的事実とのあいだに、強固な隔壁をめぐらすという強い傾向をもっている」(*PZI.* 90: 70)。つまり、ドイツ語の「文化」は、政治や経済に関してはあまり用いられず、宗教や芸術、学問といった領域に限定して用いられる概念であった。

第三に、ドイツ語の「文化」概念は、英語やフランス語、そしてドイツ語の「文明化」とは異なり、普遍的な進歩という含みを持っていない。それぞれの時期や集団において独自の発展を遂げるものとして、それはイメージされていた。エリアスがいうように、当時、驚異的な売れ行きを記録したO・シュペングラー『西洋の没落』の次の一節は、この「文化」の運動性の適切な表現となっている。「どの文化も、現れ、成熟し、衰え、そして二度と戻ってこない表現の独自の可能性を持っている。……最高位の生物であるこの文化は、野原の花のように、崇高な無用性をもって成長する。これらは、野原の花のように、ゲーテの生きた自然に属し、ニュートンの死んだ自然には属さない」(*PZI*. 307:74)

これらの補足を経ることで、二〇世紀初頭のドイツ語における「文化と文明化」の対比は、次のように整理できる。宗教や芸術、学問といった領域において、特定の時代や社会に固有のものとして人間が生み出してきた価値ある「文化」と、さまざまな領域において見られる「洗練された」人間の振る舞いとしての「文明化」。こうした対比のなかで二〇世紀初頭のドイツの人々は、前者の「文化」概念をもって自らの「国民」的な自己解釈の中心的な表現とした[10]。つまり、ドイツにおける「文化」概念は、同時代のフランスやイギリスの「文明化」概念同様、「『われわれ』として呼びかけることのできる集団への愛情」というかたちをとった「自己愛の一形態」(*SD*. 197: 178) を表現する語彙であった。

ここでいう、「『われわれ』として呼びかけることのできる集団への愛情」というかたちをとった自己愛は、むろんドイツに限られたものではない。またそもそもそうした自己愛は、近代に限られたものでもない。あまり分化していない諸社会における拡大家族や村落、都市や領邦、王国などの闘争を想起すればここでは充分だろう。しばしば「ナショナリズム」や「祖国愛」といった言葉で表現される近代のそれは、こうした自己愛の系譜の末裔にあたる[11]。だがそれらとまったく同じというわけではない。近代におけるそうした自己愛の特徴を、エリアスは次のように指摘する。

あまり分化していない諸社会と比べれば、一九、二〇世紀のより高度に分化した諸社会において、個々の成員の感情を惹きつけ、かつ、纏めあげる集団のシンボルは、きわめて非個人的な性質を有している。(*SD*. 190-191:

172)「集団への愛情」という形式をとった自己愛は、その成立においてなにかしらのシンボルをともなう。ここでいうシンボルとは、当該集団の成員を相互に結びつける諸記号といった程度の意味である。そうしたシンボルとの結びつきを介して、「われわれ」への愛情というかたちをとった自己愛が諸個人のあいだに成立する。「国民」をめぐる愛情に関してもこうしたシンボルが必要であるが、エリアスはそれが「非個人的」な性格を帯びていると指摘する。ここでいう「非個人的」な性質は、「超人間的」な性質をもったシンボルや「個人的」な性質をもったシンボルとの対比によって次のように捉えられる。

まず「超人間的」な性質をもったシンボルとは、あらゆる人間に超越する存在に関するシンボルであり、その典型が神である。神の観念やそれを具象化する像・言葉・儀式などへの結びつきを介して諸個人は、神とともにある「われわれ」への愛情、というかたちをとった自己愛を育て上げる。これに対し「個人的」なシンボルとは、他のあらゆる人間に対して卓越している個別具体的な人間的存在に関するシンボルであり、その典型が初期近代の宮廷社会の王である。王やそれを指示する像・言葉・儀式などへの結びつきを介して諸個人は、王の卓越性を分有する「われわれ」への愛情、というかたちをとった自己愛を培養する。前者の「超人間的」なシンボルのもとで成立するのが超俗的な自己愛であるとすれば、後者の「個人的」なシンボルのもとで成立するのは世俗的な自己愛だといえる。これらとの対比でいえば、「非個人的」な性質をもったシンボルとは、人間的存在でありながら個別具体的な人間ではないという、独特の性質を有した存在に関するシンボルである。「国民」という観念やそれを具象化する像・言葉・儀式などが、こうしたシンボルの典型として挙げられる。そして、世俗的な人間的存在でありながら、あらゆる人間を超越しているという性質を持つ、その意味で「非個人的」な「国民」というシンボルを介して、諸個人は「国民」という「われわれ」への愛情というかたちをとった自己愛を醸成する。この奇妙に同義反復的かつ形容矛盾的な近代の自己愛は、他の自己愛の諸形式に比べても、きわめて「自己礼賛的」（*SD*. 195: 177）であるというユニークな性質をもつ。

そしてこの近代的な自己愛に、「文明化」や「文化」といった概念は次のような形で結びつく。まず「国民」という「われわれ」を形成するための最も通常の機制は、第一章や第二章で述べたように、原理的には存在しないアウトサイダーを創出することである。そしてこの原理的には不在のアウトサイダーを創出するために必要なのが、戦争や植民地拡張などであり、さらにはそれらに際して、「ヒューマニスティックで平等主義的な道徳の伝統という信条を、必ずしも完全に排除するのではなく、逆にいろいろなかたちで結びつけ」（*SD*. 209: 191）ることである。そのとき国家を結節項にした諸個人の全体的な関係性としての「国民」は、ヒューマニスティックな理念の受肉化された「賛嘆と崇拝にふさわしいきわめて価値あるもの、神聖不可侵のものとして立ち現れてくる」（*SD*. 191: 173）。「文明化」や「文化」といった概念は、世俗的－超俗的な「国民」を彩り、それへの愛情という形をとった個々人の自己愛を成立させるうえで、きわめて重要なレトリックとなる。

ならば同じく自己礼賛的な自己愛を成立させる「文明化」と「文化」は、そのシンボルの修飾においてどのような違いを有しているのか。エリアスによれば、両者の区別は必ずしもつねに明確というわけではない。ドイツにおける「文化」概念には、フランスやイギリスにおける「文明化」の概念に近づいた時期が少なからず認められる。「一九世紀において、とりわけドイツがヨーロッパにおいて強大になり、植民勢力のひとつになりつつあった一八七〇年以降、このふたつの言葉の使用における対立はかなり大きく後退し、そして文化は、現在におけるイギリスや部分的にはフランスにおいてそうであるのと同様に、単に、文明化の一定の領域、ないしは、文明化のより高度な形式というものを意味していた」（*PZI*. 400: 78）。

とはいえ、そこにはやはり相違もある。最大の相違は、「文明化」の概念に比べて「文化」の概念が、「人類全体に妥当する道徳的価値やその他の価値や業績を有しているという確信」に十分には支えられていないという点である。ドイツ語の「文化」概念が、普遍的な進歩という含みを持たず、それぞれの時期や集団において独自の発展を遂げるものとされていること、また、政治や経済、社会といった領域よりも、宗教や芸術、学問といった領域により親和性を持つ概念であるという、先の議論がこれにあたる。つまり、「国民」形成や植民地拡張において後発であったがゆえに、ドイツにおいては、「国民的な誇りや傲慢さがしっかりと根づいていた」イギリスやフランスなどとは異なり、「文明化の使命」がみずからのものであることを善かれ悪しかれ十二分に確信しえなかった。それゆえ「国民」の経済成長が鈍化したり、あるいは「文明化」の概念でもって装飾された他の「国民」との政治的対立が激化したりすれば、すぐに「いったいわれわれの特性とはなにか」という自問自答が絶えず新たに湧き起こった。そこに呼び起されるのが、「文明化」概念とは異なる、「文化」概念の特異性である。だが「国民」を装飾するシンボルとして召喚される「文化」の概念は、自らの「国民」が有する人類史的な意義やそのための具体的な行動の指針を必ずしも十分には示さない。そうした具体性を担ってきたのは「文明化」の概念であり、それとの差異において定義されてきた「文化」の概念は、多分に観念的であり具体的な「生き方」の提示に乏しい。それゆえ「文化」的な「国民」というシンボルを介したドイツ人の自己愛は、流動的な国家間・国家内関係のなかでしばしば容易に揺さぶられる。「ドイツでは国民の自意識は、プライドと傲慢とのあいだでいつまでも不安定で傷つきやすいものであり続けた。……見下されているのではないかという疑念が、ドイツ人にはすぐ生まれた。彼らはまるで待ちかまえていたように、……見下されたことに腹を立て、その反対に自分たちの優越感をことさら強調しがちであった。自分たちについても、彼らは過小評価と過大評価のあいだで揺れ動いていたのである」（*SD*. 419: 378）[12]。

文化というドイツ語の概念は、国民の相違、グループの独自性をとりわけ強調する。とくにこの機能によって文化の概念は、たとえば民族学と人類学の研究領域において、ドイツ語の言語領域とこの概念の根源状態をはるかに越えて意味を獲得した。その根源状態とは、西方の諸国民と比較すると非常に遅れてやっと政治的な統一と安定に達した国民の状態であり、その国境においては数世紀も前から現在に至るまで、何度も領土がちぎり取られたり取られかけた国民の状態である。……文化の概念には、「いったいわれわれの特性とはなにか」と繰り返し問わねばならなかった国民の自意識、政治的ならびに精神的な意味におけるみずからの国境を、つねに新たにあらゆる面で求め、そうしてまとまっていなかった国民の自意識が映しだされているのである（*PZI*. 92: 71）

「いったいわれわれの特性とはなにか」というこの自問自答に、「文化」の概念が容易に答えを与えてくれないのは、いかに「文化」という言葉で独自の精神性を強調しても、首から下の実際のドイツの生活は、「文明化」をシンボルとする諸国の多大な影響のもとで成立しているからである。それを差し引いて残る独自の「文化」を探し求めても、自分たちの特性やそれが持つ人類への貢献を十分に実感できるほどのものは、そう簡単には見つからない。だから自分たちの特性を明確にするには、劣位のアウトサイダーを絶えず定義し続けるしかない。そうしたアウトサイダーの創出は、一方では「文明化」概念でもって自「国民」を修飾する諸国同様、非ヨーロッパ諸国の人々に対しておこなわれる。同時に他方では、「文明化」概念でもって自「国民」を修飾する諸国に対して、アウトサイダーとしての定義づけが図られる。この後者の対比のなかで、「文明化」は「たしかにまったく有益なものを意味しているが、二流の価値を意味しているにすぎない」もの、「人間の外面、人間存在の表層だけを覆っているものを意味しているにすぎない」ものへと切り詰められる。また「人類全体に妥当する道徳的価値」を標榜する『文明化』の旗手として感じている」諸国のあり方は、「パワー・ポリティックスの背徳的特徴を認めながら、それに道徳という覆いを掛けて覆い隠している」ものであり、「下心に基づくまやかし——猫かぶり」や「きれいごと」（*SD*. 468: 427）へと貶められる。こうした非ヨーロッパ諸国のアウトサイダー化や、「文明化」概念でもって自「国民」を修飾する諸国に対するアウトサイダー化に依拠してのみ、ようやく「いったいわれわれの特性とはなにか」という問いへの回答は与えられる。その意味で二〇世紀初頭のドイツの「文化」概念は、「みずからを『文明化』の旗手と感じている西方諸国に対するドイツの自己主張の表現であり、これらの諸国に対する緊張の表現」（*PZI*. 401: 78）であった。

以上のようにエリアスは、二〇世紀のドイツにおける「文化」の概念を手がかりにして、ドイツにおける国民形成や国家社会の近代的再編の過程を透かし見る。それは、かつての『宮廷社会』や『文明化の過程』に比べれば限られた考察であるとはいえ、フランスにおけるそれとは異なる「国民」形成の類型となっている。ただしここでいう類型の捉え方には、次のような注意が必要である。「文化」概念を掲げるこの「国民」形成のもう一つの類型は、「文明化」概念を掲げる「国民」形成と独立して存在しているわけではない。あくまでそれとの絡み合いのなかで、エリアスは「文化」概念を掲げる「国民」形成を捉えている。二つの異なる「国民」形成の相互作用に眼を向けるこの視点は、近代におけるアウトサイダーの創出をめぐる次のような捉え方から導かれる。すなわち、それぞれの宮廷社会が独自のアウトサイダーを創出しえた初期近代とは異なり、近代の国民国家においては、それぞれの「国民」がいわば剥きだしの形で対峙し合い、それぞれを互いにとってのアウトサイダーとして定義づけることになる。その限りでエリアスの「文明化の過程」論の射程は、単に「文明化」概念を掲げる「国民」形成の分析にとどまるものではない。それとの相互作用において展開をみる「文化」概念を掲げる「国民」形成にも、その射程を拡大しうるものである。[13]

むろんこうした「文明化の過程」論の拡張は、ナチズムやホロコーストといった行為を直接的なかたちで説明するわけではない。だがそれは、それらの行為が埋め込まれていた、しかも必ずしもドイツという特定の国民国家に還元されることのない一つの連関を提示する。この考察から導かれるのが、『ドイツ人論』の前期における、エリアスによる次のような近代へのより一般的な診断である。

エリアスによれば、近代において生成をみる「国民国家は、おそらくこれまでのあらゆる国家形態以上に、『われわれと呼びうる国家』――つまり、あらゆる社会的諸層がさまざまな程度において一緒に結びついている組織」（*SD*. 456: 414）である。それを可能にしたものの一つが、「文明化」や「文化」といった概念によって装飾された、「国民」という観念の成立であった。だがこの国民国家は、世俗的かつ超俗的な自己愛という、これまでにないほど「自己礼賛的」な自己愛に支えられている。その限りにおいてきわめて不安定である。それが維持されるためには、「すべての市民があらゆる他者からの束縛に加えて、さらには彼ら自身の良心や理想によっても――つまり、彼らが諸個人として自分自身に対して行使するような、そうした拘束力によっても――、彼らの個人的な欲求を、集団や国あるいは国民の要求に従わせ、必要とあらば、彼らの生命さえも懸けるように促されるようになることが不可避的に必要になる」（*SD*. 192: 174）。そして、こうした自己礼賛的な自己愛を維持し続けるうえで重要になるのが、劣位のアウトサイダーの創出である。アウトサイダーの創出が適切に作動し続けている限りにおいて、「文明化」や「文化」の概念によって装飾された「国民」という観念は、単なる強制によってではなく「彼ら自身の良心や理想」によって、「彼らの個人的な欲求を、集団や国あるいは国民の要求に従わせ、必要とあらば、彼らの生命さえも懸ける」のに値するとみなされるような、シンボルとして作用する。

そしてこのことが意味するのは、「文明化」や「文化」、そして「国民」といった概念において表現されている「現在の価値や意味の形式は、その本質的な諸特徴のなかに、排除性や内蔵された対立関係、他者に対する潜在的あるいは顕在的な敵意を含んでおり、それゆえに通常、それ自身の破壊の萌芽を孕んでいる」（*SD*. 457: 415）ということである。そのため「国民」への愛情という形をとる近代的な自己愛が活性化されるとき、そこには常に自他の破壊という危険がある。そしてこの「文明化」や「文化」、そして「国民」といったシンボルとともに発動される破壊性を制御することは、関与するいずれの諸個人や諸国にとってもつねにきわめて困難である。「そうしたことが生じるときはいつでも、それは文明化とともに悪化していき、文明化の崩壊へと近づいていくのである」（*SD*. 457: 415-416）。エリアスはいう。

支配的な諸集団にとって文明化した行動規範は、ほかにいかなる機能があろうとも、往々にして、自分たちの支配力の象徴や道具であり続ける限りにおいて有意味であるにすぎない。それゆえ、ナショナル・エリートや支配層、あるいは諸国民は、しばしば、自分自身の優れた価値や優れた文明の名において、自分自身が擁護すると言い張っている価値にまったく相反する方法で戦う。絶体絶命の窮地に立たされれば、文明の擁護者はきわめて容易に、文明の途方もない破壊者になる。彼らはいとも簡単に野蛮人と化すのである。（*SD*. 464: 441-442）

四❖国民をめぐる過小と過剰

一九六〇年代後半の第Ⅱ篇の執筆からおよそ十年後、エリアスはドイツに関する三つの論考を矢継ぎばやに執筆する。これら一九七〇年代後半以降の論考でも、「国民」形成に関する前期の議論が土台となっている。だが十年という時のなかで、「目撃者」としてのエリアスには変化も生じている。後期の最初の論考、一九七七／七八年の第Ⅴ篇「連邦共和国についての省察」は次の一節から始まる。

今日の西ドイツにおいて、いくらかの距離化のもとで目にするもっとも驚かされる経験のひとつは、住民の一方が他方との関係において感じている、凄まじいまでの憤懣と敵愾心である。（*SD.* 519: 481）

一九七〇年代のドイツ連邦共和国——いわゆる西ドイツ——に、エリアスが見いだした「凄まじいまでの憤懣と敵愾心」とはなにか。話は少し遡る。

一九六〇年代後半、感情の解放やライフ・スタイルの変革を求める学生反乱や議会外反政府運動が、若い世代を中心に湧き起こる（Grosser 1970=1981; 三島 1991）。この「反抗運動」は、B・オーゾネルクの射殺やR・ドゥチュケの暗殺未遂がおこった一九六七年から一九六八年にかけて、もっとも緊迫した時期を迎える。しかし一九六八年に非常事態法案が議会を通過した頃から、運動は急速に退潮し始める。「憎むべき社会構造はかすり傷を負っただけで完全に機能していることがわかったとき、運動に参加していた人々の多くが、閉ざされた未来——自分はどこへいくのか？なにをすべきか？——という問題に新たに直面することになった」（*SD.* 265-266: 238）。やがて運動は、「理論に厭きた内面化、左翼政党での政治活動、意気込みだけに終わりかねなかった『制度の中の長征』」（三島 1991: 182）などへと分岐を遂げる。それらとともに「もうひとつの方向となったのが、テロリズム」（三島 1991: 182）である。一九六八年、弁護士のA・バーダーやジャーナリストのU・マインホフを中心とするバーダー・マインホフ・グループが、フランクフルトのデパートに放火する。バーダーらは逮捕されたが一九七〇年に脱獄。いわゆる赤軍派を組織し公然とテロ活動を開始する。一九七二年には多数の幹部が逮捕されたが、その後もテロはうち続く。

不安や怒りの虜となった市民のあいだでは「魔女狩り」（*SD.* 541: 502）が蔓延した。まず、テロリストの行動指針となっていたのが、「国民のなかの少数派や抑圧された少数民族集団を解放するための戦いというスローガンへの変形」を遂げたマルクス主義であったため、「アカ狩り」が噴出する。それと少なからず重複する形で、「シンパ」狩りも発生した。とりわけ知識人への反感は根強く、いささかでもテロに理解を示すような発言や執筆をすれば、テロリストのシンパとして猛烈な批判を浴びせられた。こうした「一種のパニック状態」(*SD*. 526: 488)が、『ビルト』紙をはじめとする「マス・メディアのキャンペーン」(*SD*. 526: 488)と共振しながらエスカレートする。この事態に対し当時のW・ブラント首相は、基本法への忠誠が疑わしい人物の調査や公職からの罷免・就職の拒否を認めた、いわゆる過激派条例を施行する。だがナチスに汚れていない新しいドイツの象徴として登場し、「ヒトラー時代の暴力行為と妥協抜きで対決し、伝統的な支配層には徹底的に反対して、現体制を有効に改革することを求める要求に対する支援を期待」(*SD*. 345: 311)されていたブラント首相であっただけに、それが引き起こした幻滅も深かった。こうした当時の状況を概観してエリアスはいう。「今日においても強力な指導者集団は、こういう少数派の暴力行為をきっかけにして、国家権力や言葉の暴力を使って、自分にとって好ましくないすべての集団や諸個人に対する追究を、犯人たち以上の激しさではじめている。……『シンパ』という言葉にその憤激を込めて、一切の暴力に反対するグループに対してまでこの言葉を無差別に使っている。……多くの若者たちが先はないぞと脅されたり、簡単に解雇されてしまうために、——法律を強化した意図せざる結果として——国家から疎外された人々の集団や、場合によってはシンパの集団がますます増えている。連邦共和国のこうした展開を一番喜んでいるのは、テロリスト自身かもしれない。テロリストたちは、連邦共和国においては、人々が自由であるかのように見えるのは外見だけで、その背後にはファシズムの国家ではないにしても、権威主義的な警察国家が潜んでいると以前から言っていた。連邦共和国の最近の発展によって、彼らのイデオロギーはこれまで以上に説得力を増してきた。連邦共和国内の緊張を高めることがテロリストの目的のひとつだったとすれば、それは成功したわけである」(*SD*. 538-539: 499-500)。

こうした目に見える出来事とともに、この時期には一九七〇年代半ばから一九八〇年代にかけて顕在化するシニシズムや新保守主義も胎動しつつあった(三島 1991: 202-232)。まず、経済成長路線や環境破壊に邁進する消費・管理社会とともに、一九六八年後の運動の空虚さにも嫌気がさした人々からは、既成のライフ・スタイルから多かれ少なかれはみだしたオールタナティブなライフ・スタイル――麻薬や不法占拠、環境保護や菜食主義といった多様なサブ・カルチャーに象徴される――への志向が現れつつあった。これに対し、既存のライフ・スタイルを守る人々に訴えかける思想として現れてきたのが、新保守主義である。オールタナティブな風潮の蔓延は、反抗運動やそれを後押しした知識人の責任に帰され、「常識」や「現実」、民族的伝統や歴史物語などによる「国民」の同一性の強化が模索された。類似した動きは戦後直後にも見られた。だが戦後直後のアデナウアー時代の復古主義が、産業革命やフランス革命の以前を回帰すべき未来として思い描いたのに対し、新保守主義が維持しようとしたのは、資本主義的な市場経済に依拠する「一八七一年以後のような昔のドイツ」(*SD.* 546: 505) であった。

こうしたさまざまな潮流が渦巻いていた最中の一九七七年、テロが最盛期を迎える。四月には検事総長が、七月にはドレスデン銀行の頭取が殺害され、秋にはドイツ工業連盟会長の誘拐と連動して、ルフトハンザ機のハイジャック事件が起こる。『シュピーゲル』紙の依頼に「ためらいながらも応じ」(*SD.* 520: 482) たエリアスにより、「連邦共和国についての考察」と題された論考が執筆されたのがこの一九七七年である[14]。「社会学者としての責任を感じなかったら時事問題に取り組むことはなかっただろう」(*SD.* 520: 482) と述べているように、エリアスにしては珍しい同時代的省察である。

この論考において「研究者」としてのエリアスが被写体の中心に据えているのは、やはり、一九七〇年代の西ドイツに「凄まじいまでの憤懣と憎しみ」を見いだし、それに「驚かされ」ている「目撃者」としてのエリアス自身の姿である。「猛烈をきわめた知識人批判、一九世紀のウィーン体制のメッテルニヒ体制にもたとえられた厳しい取締り、さらに、元来は正義感から出発しながら、なんともいい難い悲劇的な結末をとげた赤軍派、どうしてこういうことが、世界でも最も豊かで安定した国に起きたのか説明できない不可解さ」(三島 1991: 220) を感じている、そうした「目撃者」のひとりとしての自分自身から距離を取ること。これがこの論考におけるエリアスの企図である。
　こうした視点の取り方ゆえにエリアスは、「時事問題を短期的に眺め」（*SD.* 520: 482）る認識をまずもって退ける。「テロリストの犯罪を単純に彼らの個人的な悪意や犯罪者的性質の結果として説明」（*SD.* 550: 511）することや、マルクス主義や知識人に責任を負わせる説明はいうまでもない。また政治的な左翼や右翼といったレベルの説明も、エリアスによれば適切とはいい難い。「問題は、集団の状態や社会全体の状態次第では、政治的スペクトルのどちらの極へと導くかわからない」（*SD.* 315: 282）からである。さらに、事態は若者の問題とみられやすいが、エリアスによれば、それはあくまで「世代間の葛藤と緊張」（*SD.* 528: 490）である。若者の側のテロリズムやオールタナティブ運動とともに、対極に位置するとみなされる新保守主義も考察の俎上に載せる必要がある。そしてまた「バーダー・マインホフ・グループおよびその後継者たち」のように、事態を「ファシズムの復活」に切り詰めることも不適切である。むしろ見逃しえないのは、「革命の脅威とそれへの恐れ、独裁的警察国家の脅威とそれに対する怖れが、それぞれに悪循環を起こしている」という、「螺旋運動のダイナミクス」である。それゆえエリアスはいう。「誰に対しても、右であれ、左であれ、あるいは中道であれ、気に入ることだけ話すわけにはいかない。……私にできることは、今日の西ドイツ社会で起こっていることや、そこにみられる若干の傾向、とりわけ危険な傾向についていくらか解明するということよりほかにない」（*SD.* 520: 482）。

　西ドイツの人々における根深い分裂性や、今日そうした人々のあいだに湧き起こっている憎しみと恐怖の高まりを説明しようと努めるならば、いまここの現在にじっと視線をすえているだけでは充分ではない。連邦共和国における小規模で緊密に閉鎖化したテロリストグループの実力行使と、それに対応するシンパ狩りの高揚は、隠されていた破損個所を一気にさらけだし、全世界の目にみえるものにした引き金にすぎない。西ドイツ社会の壊れやすさの奥底は、さらに遡ることができる（*SD*. 521: 482)。

エリアスが「さらに遡ることができる」という「西ドイツ社会の壊れやすさの奥底」とはいったいなにか。それは次のようにいわれる。

国民感情は、あらゆる諸国民にいわば自然によって刻まれていると暗黙のうちに考えているために、連邦共和国が、「経済の奇跡」へのかすかなプライドを除けば、国民に共通のアイデンティティの感覚というセメントをほとんど欠いている、ヨーロッパでも珍しい国のひとつであるということが、人々にはわかっていないのだ。(*SD*. 545: 506)

まずエリアスが焦点を合わせるのは、第二次世界大戦後のドイツである。戦後ドイツの人々にとってナチズムの経験は、三〇年戦争以降では最大の破局に突き落とすものであった。だがエリアスにいわせれば、「東でも西でもドイツ国民のほとんどは、この破局の甚大さには気づかなかったように思われる」(*SD*. 521: 483)。むろん戦後の廃墟や東西ドイツへの分割といった、眼に見える「破局」には誰しもが気づいていた。だがエリアスがいう「破局」とは、ナチズムという経験が残したスティグマにより、ドイツでは「国民」であることの価値や意味が極度に疑わしくなったということである。この「アイデンティティの危機」(*SD*. 522: 484) に対し、過去の直視をもって対処しようとした人々は少なからずいた。だがその問題はあまりに「言いにくいもの」であり、「言うべきことの多くがきわめて痛ましいこと」(*SD*. 521: 483) だったため、直視されるよりも隠されることのほうが多かった。アデナウアー政権は、「国家社会主義の時代は過ぎ去り、本質的にはなにも変わらなかったように見せかけた」(*SD*. 521: 483) し、実際、「なにも改革せずに、ドイツの昔の支配層のやり方で国家行政を処理し続けた」（*SD*. 536: 497）。また「敗北と破壊、昔の受難と現実の生活難のために麻痺してしまった西ドイツ国民の大半」も、「あらためて父親のような人物に自分の運命を託そうという気になりがちであった」（*SD*. 521: 484）。戦後の冷戦構造と急速な経済復興は、両者の結託を後押しし、「ヒトラーがドイツの人々に残した危険な遺産を、公に論ずることを脇にやってしまった」（*SD*. 520-521: 483）。

「今日振り返ってみると、こういう隠し方が失敗だったのは明らかである」（*SD*. 521: 484）。エリアスの見る限り、「過去が抑圧されただけで、決して克服されていないことは明白であ」り、「依然としてこの問題は、ドイツ人の良心に重くのしかかっている」（*SD*. 547: 508）。この後遺症は、ナチズムの蛮行に対して個人的には無関係だが、ドイツ国民としてそのスティグマを負わされてきた若い世代にとりわけ顕著に見て取れる。「彼らが過激になり、極端な場合には、のちにテロリズムに走った根源」（*SD*. 536: 498）にあったのは、「顕著な方向喪失、連邦共和国の価値や意味に関する困惑の増大」であるが、その根幹をなしていたのは「国家社会主義がドイツの次世代に残した恥辱や罪悪感という問題」（*SD*. 547: 508）であった。「とりわけ思想的に目覚めた若者たちは、ファシズムを説明してくれると同時に、自分たちはこういう過去とはいっさい関係がなく、責任を逃れているのだと感じさせてくれる唯一の思想であるマルクス主義のうちに、アイデンティティを見いだそうとせずにはおれなかった」（*SD*. 536: 498）。いわばマルクス主義がヒトラーに対する解毒剤になったのである。このように見れば、エリアスのいう「西ドイツ社会の壊れやすさの奥底」を構成していた一つの要素は、ナチズムという過去の問題であったといえる[15]。

だがエリアスによれば、ナチズムをめぐる問題は「西ドイツ社会の壊れやすさの奥底」の核心ではない。さらに深部へと、エリアスは考察の歩を進めていく。「過去の克服」という問題に見舞われたのは、なにもドイツばかりではない。「イギリス、オランダ、フランス、イタリア、デンマークの多くの人々が——たとえドイツほどには切実でなかったにしても――アイデンティティの問題に直面していた」（*SD.* 530: 492）。一九六八年の前後に、フランスやイギリスといった第二次世界大戦の戦勝国でも生じた学生運動の先鋭化は、そのことを端的に示している。同様にドイツの新保守主義と似通った思潮も、それら諸国に多かれ少なかれ見いだされる。このように問題となっている事態が「ヨーロッパ的な出来事であること」を見過ごし、「一つの国だけを取りあげるならば、見る目が狂ってしまう」（*SD.* 528: 490）と、エリアスはいう。

この「ヨーロッパ的な出来事」の源泉の一つとしてエリアスが指摘するのは、戦後の国家間関係においてヨーロッパ諸国が経験した相対的な衰退である。ここで重要なのは、一九世紀以降の圧倒的優位の時代に培われてきた「国民」の自画像が蒙った動揺である。すなわち、「彼らが他民族に対して行使する権力は、神によってであれ、自然によってであれ、歴史的宿命によってであれ、ともかくあらかじめ与えられた永遠の使命の表現であり、弱者に対する根拠ある優越性、自明のすぐれた固有値の表現であるという、旧来の工業化された国民の自画像ともいうべきエスノセントリズムに根ざした考え方」（*PZI.* 38: 24）が、第二次世界大戦において敗戦国となったドイツのみならず、戦勝国においても植民地の独立などの経験を通じて動揺する。この動揺はさまざまな受けとめ方をされた。だが、いずれの諸国でも「次のことを予感していた人間がどうやらごく少数しかいなかったという事実」は共通していた。すなわち、「二つの先進国集団間の軍事的対決が、すでに久しく今日あるを期していた後進国に対するこれら先進国集団全体の支配力を、いかに急速かつ徹底的に減退させることになるかという予感」（*PZI.* 37: 24）がそれである。ヨーロッパにおけるドイツの覇権という夢は潰えたが、それとともに世界におけるヨーロッパ諸国の覇権も多かれ少なかれ消え去った。このことは、戦勝国の多くの人々にとって「意外なこと」（*SD.* 531: 493）であった。[16]ドイツでは、このより深い震源からの衝撃が、軍事的敗北というより直接的な衝撃によってさしあたり覆い隠されたのである。

「国民」的自画像のこの動揺は、ヨーロッパ諸国の人々のあいだに少なくとも二つの態度を生みだした。まずそれは、「国民」をめぐる自己愛の強調という、あらゆる「国民感情に必ず内在している一つの傾向」を強めた。数世紀にわたる相対的に連続的な発展や「文明化」における先行性ゆえに、ドイツに比べればはるかに安定し、深く根づいた共同体意識を有してきたフランスやイギリスといった諸国においてさえ、植民地からの撤退とともに「文明化」の価値が多かれ少なかれ疑わしくなり始める。ことさら強調するまでもないほどにしっかりと優越感が根づいていたためにこれまであまり議論にされてこなかった、「いったいフランス的とはなにか」とか「いったいイギリス的とはなにか」といった問いが、いまや切実なものとして浮上する。そこに帰結されるのが「自国民の超時代的価値への信頼を優先する人々の声」（*PZI.* 41-2: 27）の高まりである。

もう一つの態度は「両親の世代の態度や規範」への抵抗、あるいはより広く「ブルジョア的な態度や規範の全体的拒絶」（*SD.* 532: 494）である。たとえば植民地拡張は、戦前世代にとっては自国の偉大さと高い価値の証拠であり、「国民」としての自尊心を育てる土壌であった。だがその崩壊のなかで育った戦後世代にとっては、むしろ恥辱や罪悪感の土壌へと転化する。「戦後生まれの人々には、結局、父親の世代こそ、こういう抑圧的な理想のために、ヨーロッパならびにヨーロッパに依存する世界の大部分を、一九三九年から一九四五年の恐ろしい戦争に追い込んで、ドイツの崩壊と衰退だけでなく、ヨーロッパの大部分の戦勝国の衰退やかつての偉大さの喪失をもたらしたのだと思われた」（*SD.* 529: 491）。こうした「戦前のブルジョア的な両親の世代の支配的な態度や理想と対決する」ために、たとえば「全世界の人々の不正や抑圧や搾取に対する戦い、専制的体制によって政治犯として囚われている人々や、絶滅の危機に曝されている動物や、汚染されていない土地の美しさを保護するための戦いに熱心に尽力」するという「より人間的なエトス」（*SD.* 533: 494）が、若い世代では支持されるようになる。その限りで、「六〇、七〇年代の中産階級出身の過激な若者集団自身が、なにをデモや家屋占拠や被抑圧者・敗者の擁護の目的とみなし、なにをその目的だと称する場合でも、その背後には……意味の問題が強力な動機として潜んでいる」（*SD.* 269: 241）。

こうした戦後ヨーロッパにおける「経験世界の断絶」から、ふたたびエリアスは「西ドイツ社会の壊れやすさの奥底」を測りなおす。エリアスはいう。

古い世代の人々は、「若者が国民的アイデンティティの感覚を持たないのなら、彼は去るべきであり、軽蔑に値する〈祖国なき者〉なのだ」というかもしれない。だが古い世代の人々はおそらく気づいていないのだ。西ドイツに存在しているのは、単なる国家組織にすぎないということに。(*SD*. 546: 505)

ドイツにおける「経験世界の断絶」が、ナチズムの遺産とその隠蔽ゆえに、他の諸国よりも根深いものになったのはたしかである。それに比べれば、より連続的な発展を遂げてきた「文明化」をシンボルとする諸国には、「対立するグループも、結局は依存し合っているのだという感覚があり、同じ運命共同体の後継者だという感覚がある」(*SD*. 539: 500)。一九六八年前後の対立が、ドイツのようなテロリズムにまで至らなかった所以である。だが、そうした「文明化」概念によって綾どられた「運命共同体」という感覚、あるいは、そうした集団への愛情という形をとった「自己礼賛」的な自己愛ですら、植民地拡張などを通じて国家間システムにおける政治・経済的な優越が成立し、かつ、アウトサイダーとされた人々による定義の応酬が抑え込まれている限りにおいて維持されてきたにすぎない。いいかえれば、アウトサイダーの創出という独白的な機制に基づいた「われわれ」の構築は、アウトサイダーの側の台頭を通じておのずと変化を被る。そしてこの変化は、「文明化」や「文化」、「国民」といった概念に含まれた、「排除性や内蔵された対立関係、他者に対する潜在的あるいは顕在的な敵意」(*SD*. 457: 415)を、一方では増幅する方向へと動くであろうし、他方では意識的に反省する方向へ動くであろう[17]。そのとき、前者によって「国民」には、自己愛のシンボルとしての輝きがいっそう与えられるかもしれない。だが後者にとって「国民」は、もはや自己愛のシンボルに足るだけの内実をもたず、ただの国家機構しか目に映らない。とはいえ、それは「国民的アイデンティティの感覚」の喪失と必ずしも同義ではない。むしろそうでないからこそ、自己愛のシンボルとして輝きを失った「国民」に、さまざまな手段――デモやスクウォッティング、環境保護や被抑圧者の擁護といった手段をもってか、あるいは場合によってはテロリズムという手段――でもって、再び意味を吹き込もうとする。むろんつねに年長の世代が前者への傾斜を示し、若者の世代が後者へと傾斜を示すわけでもない。それは容易に入れ替わりうる。重要なことは、これらがしばしば決して相容れることないものとして緊張を昂進させ、対立のエスカレーションを産みだすことである。

以上のように、『ドイツ人論』の後期においてエリアスが描きだす近代への診断は、前期の「国民」形成に関する考察を基盤にしながらもそれと同じではない。後期において焦点を合わせているのは、むしろ、「国民」という機制が二〇世紀の後半に至って露呈し始めた限界である[18]。この現象を引き起こしつつあったもの、それが「エスタブリッシュド－アウトサイダー」関係の変化である。「二〇世紀の歩みのなかで、男性と女性の関係において、両親と子供との関係、あるいはより一般的にいえば、年長者と年下の者との関係において、ヨーロッパ社会とかつては植民地だった社会、および、ヨーロッパ以外のすべての世界との関係において、留保がいるが、支配者と被支配者との関係において権力格差が縮減した。……こうした力関係の変化とともに社会的アイデンティティの問題も、それほどダイナミックではなかった社会とは比べものにならないほど明確な形をとったのである。……二〇世紀は疑いもなく不安な世紀だが――それは二つの大戦のためだけではない」(*SD*. 36-37: 29)。

それゆえ一九七〇年代の西ドイツにみられる「凄まじいまでの憤懣と憎しみ」が、もし「不可解」であると思われるならば、それは、「国民」への愛情という形をとった自己愛が「われわれ」の統合に対して果たす機能を、いわば過剰に見積もっていることを意味する。つまり、「国民」への愛情という形をとった、世俗的かつ超俗的、それゆえきわめて「自己礼賛的」な自己愛は、「われわれ」の統合に対して永続的にプラスに作用するわけではない。いまや

「文明化」という概念のもとでより安定的な「国民」の形成を保ってきた諸国においてすら、旧来のように「文明化」の名のもとで劣位のアウトサイダーを一方的に定義し、国家間関係における政治的・経済的な優越を確立することは困難になりつつある。しかし同時に「国民」という機制は、「エスタブリッシュドｰアウトサイダー」関係の流動性が高まりつつあるからといって、それに合わせてスムーズに変化するわけではない。たとえ旧来の「エスタブリッシュドｰアウトサイダー」関係が変化しつつあるとしても、この「自己礼賛的」な自己愛を状況に合わせた新しい形態へと更新していくことは容易なことではない。この点で、「国民」への愛情という形をとった「自己礼賛」的な自己愛の根深さを、過少に見積もることはできない。「国民」を単位とした閉鎖化ないし「生存単位」としての「国民」が見せ始めた綻び。それが「西ドイツ社会の壊れやすさの奥底」にエリアスが見出したものである。

問題は、国民的自尊心を良きものとして評価するか否かではない。問題は事実のほうである。予断なしにみれば、地上のあらゆる諸国家の人間たちが、国民的自尊心の問題と対決しなければならないこと……はあきらかである。（*SD*. 25: 29）

五❖文明化の過程としてのナチズム

第Ⅴ篇からほとんど間をおかずにエリアスは、第Ⅰ篇「文明化と脱形式化」と第Ⅲ篇「文明化と暴力――物理的暴力の国家独占とその侵犯」を著している。これら二つの論考は、帝政期とワイマル共和国期のドイツという、前期の

第Ⅳ篇と似た素材を扱っている。だがアプローチは少なからず異なる。前節までの議論を踏まえれば、その相違は次のように理解される。第Ⅳ篇を執筆時のエリアスは、「国民」形成という観点からドイツの過去を理解しようとした。これに対し第Ⅰ篇と第Ⅲ篇では、「国民」という機制の限界という観点からアプローチし直そうとした。二〇世紀後半の「エスタブリッシュド－アウトサイダー」関係の流動性の高まりのなかで著されたこれら最後の論考は、その意味で単なるナチズムの前史に関する論考ではない。「生存単位」としての「国民」の限界という問題への手がかりを、たとえ多少とはいえ帝政期やワイマル期のドイツのなかに求めたのが、これら最後の論考である。

第Ⅰ篇「文明化と脱文明化」でエリアスが照準を合わせるのは、第二帝政期の後半、一八八八年以降のヴィルヘルム時代の市民層である。一八七一年の統一以前のドイツでは、政治的・軍事的・経済的な領域から隔てられていた市民層は、文学や哲学、科学といった領域で台頭する。だが自らの立場に満足せず、ドイツの統一とそこでの自らの主導を夢見ていた市民層は、これら諸領域において宮廷や貴族の優位に対する闘いを試みる。「文化」の概念は、本来、この時期のドイツ市民層に特有の反宮廷的・反貴族的な自尊心の象徴として発展を遂げた。だが一八七一年、ドイツの統一が貴族の主導によってなし遂げられる。そのことは、貴族との対決に市民層が敗れたことを意味した。そこにドイツの市民層に変化が生じる。多くの者が貴族の優越と戦うのをやめ、統一によって参入の道が開けた上流社会の最下層という地位に甘んじるようになる。新しいドイツ帝国の「国民」であるという自負が、二流の階層という屈辱を埋め合わせてくれた。「彼らは、大衆を抜きんでた者としての成文化されていない自分たちの特権を、下層階級の増大する圧力から守る代償として、第二帝政における中産階級である自分たちの社会的地位が二流で、貴族特権階級が優位に立つ不平等を受け入れていた」（*SD*. 121: 106）。

この新たな上流社会での市民層を、エリアスは決闘という現象を手がかりにして描きだす。決闘は、国家の法律や法廷に訴えずにみずから体を張って名誉を回復する手段として、貴族にのみ許されたヨーロッパ共通の慣習であった。

とはいえ多くのヨーロッパ諸国では、市民階級の台頭とともに決闘は多かれ少なかれ意味を失っていく。だがドイツではむしろ逆の経過を辿る。「自分たちがけっしてなりえないものである貴族的なものに、一世代のうちになろうとする願い」を持って新たに台頭してきた上流市民層――高級官僚や軍人、弁護士や医者といった大学出身者――が、「最高の地位にある集団の標識であり、上流階層の者と下層階級の者を区別する記号」として決闘を積極的に受容し、勇気・服従・名誉・訓練・責任・忠誠といった概念のもとでその形式を厳格化していく。決闘の作法や傷痕を所属証明とするこの上流社会を、エリアスは「決闘を許された社会」と呼ぶ。

だが植民地獲得競争に深入りしていくなかで、ドイツでも産業化と都市化が進展する。一九世紀から二〇世紀への世紀転換期には、労働者層の台頭が顕著になり始める。この労働者層の台頭が、上流社会を徐々に揺るがしていく。上流社会の人々にとって、「労働者やその代表者といった下層の人々が、ドイツ帝国のような偉大な帝国を支配する手段をもたないことは、まったくあたり前のことであった。それがいまや……彼らの呼び方では『大衆』といわれるものたちの雪崩が、絶えず自分たちのうえに転がり落ちてくるのを見ることになったのである」(*SD.* 115: 100)。新しく上流社会の一員となっていた市民層の目にも、労働者の台頭を防ぎえない貴族の無力さが徐々に明らかになり、貴族的規範が有するモデルとしての魅力も揺らぎはじめる。だが、そうした規範や自己抑制の価値が疑わしくなり始め、それに従属する自己陶酔的な喜びが減退しはじめたとしても、それを容易に放棄することはできない。その無意味さを認めれば、成り上がる過程で味わってきた喜びや誇り、犠牲や欲求不満などが、すべて意味を失うからである。

一方ではつらい断念を強いるとともに、他方では、高い地位に達したり地位が保てたりするといったそれなりの喜びの報酬を約束する、高度に形式化された社会的拘束の仕組みのなかに入れられると、人々は自分に言い聞かせて、拘束の仕組みのもたらす犠牲にも意味があり、免れえない欲求不満も有意義だと簡単に思いこめる。その意味なるものは、しばしば人々自身は知らなかったり、わからなかったりするが、自分が知らなくても意味があるのだと信じるのである。耐えねばならない断念が、自分の集団の力の維持や強化に役立つか、自分の地位の高い象徴として役立つ以外には、意味も役割もないことを認めると、おそらく幻滅しかないからである。（*SD*. 145: 131）

続く第Ⅲ編「文明化と暴力——物理的暴力の国家独占とその侵犯」では、第一次世界大戦後の状況が、やはり上流市民層を中心に議論が展開される。

まずドイツの上流市民層にとって第一次世界大戦での敗北は、「二重の敗北を意味していた」（*SD*. 280: 254）。国家間戦争での敗北とともに、国内的にも皇帝は退位し、「決闘を許された社会」もまた消滅する。歴史上はじめて労働者の代表が政権を握る。だが「決闘を許された社会」の人々には、それを受け入れる準備ができていなかった。「没落したのは帝国であったが、帝国を代表する多くの者たちは生き延びていた。帝国とともに消滅したのは、こういう人々に意味ありとみえていた人生の課題にほかならなかった」（*SD*. 254: 228）。新たに産声をあげたワイマル共和国は、それゆえ「二重の屈辱」の象徴にほかならなかった。その屈辱を拭い去ること、つまり、対外的には「必要ならば新たに戦争をしてでもドイツを再び強国の地位に就けること」、および、国内的には「軍隊だけでなくすべての国民において、指揮官と部下との厳格な上下関係を復活させること」（*SD*. 280: 254）が、敗残者たちの新たな目標として現れてくる。

だがこうしたかつての上流社会の人々は、統一的な状況からはほど遠かった。労働者層が力を持ったドイツに、ロシア革命の模倣者が出現するのを恐れた連合諸国は、国防軍の一部存続を認めた。この国防軍に残留したのが上層の年長世代であった。彼らはワイマル共和国には共感していなかったが、暴力的に政権を打倒する試みには反対した。

カップ一揆に際しての国防軍の対応はそれを端的に示している。国防軍に残留した旧上流層は、連合諸国の監視のもとで、中央政府に対するある程度の独立を保ちながら多党制の廃止や軍備拡張の機会を窺うことになる。

問題は、若干の貴族や多数の市民層からなる若い将校や学生たちであった。彼らはそれまで自分たちの思い描いてきた正規のルートから放りだされた。そこに彼らが選んだのは、自発的な義勇軍を作ることであった。だが国防軍の援助はなかった。そのため、国家間関係において偉大なドイツを再生することは不可能であった。そこに義勇軍によって代替的な標的として選び出されたのが、彼らが「豚小屋」や「雑談部屋」と呼ぶ共和国で第一党になった社会民主党の代表者たちであり、それを支持する労働者やリベラルな市民層であった。M・エルツベルガーやW・ラーテナウの暗殺はその一端にすぎない。むろん彼らの運動が支持を得ることはなかった。だがそのことが、かえって彼らをテロリズムにしがみつかせることになる。

こういう状況には、暴力的集団の計画にもルーティンワークにも、虚無的な要素が増えているのがわかる。次の暗殺や放火や殺人の成功のことしか考えられない。……破壊が――破壊できる力が――同時に、自分には力があるという感情を与える。……それを放棄することは、敗北した証拠であり、敗北を認めることだった。自分の努力が無駄であることが歴然となって、暴露しようとした社会の無意味さの次には、自分自身の行動の無意味さが顕わになった。……しかし集団の共同生活では、誰もそれをいう者はいなかった。それを口にだすことは裏切りであり、命取りにもなりかねなかった。……人々は、自分自身の破滅をほとんど確実に予測し、――あるいはそれを期待さえしながら――破壊を続けていた。逃げ道のない者たちに橋を架けてやるほうが、社会にとってはコストがかからならなかったかもしれない。（*SD*. 297-298: 270）

分裂が見られたのは旧上流層だけではない。労働者やリベラルな市民層にも深い亀裂が見られた。ワイマル共和国を支持する集団と、ロシア革命をモデルにした革命を求める親ロシア派への分裂である。それゆえ共和国の中心を担った社会民主党の代表者たちは、義勇軍などの市民層だけでなく、暴力革命に倣おうとする労働者層も牽制する必要があった。だがそのための軍事力や警察力を、共和国は有していなかった。ここに共和国の代表者たちは国防軍と手を結ぶ。だが共和国政府による国防軍への依存は、R・ルクセンブルクやK・リープクネヒトらの虐殺を経て、労働者層の試みを挫折させるとともにエスカレートさせていくことになる。

ここに暴力行使の真に弁証法的なダイナミクスが始まる。……こうした二重拘束の過程がいったん始まると、多くの場合、もう止めようがなくなって勝手に進行し始める。過程を産みだしている敵対する人々や集団を越えて、その過程は自動的に進行し、多くの場合、ますますエスカレートして激しくなり、両方の集団が、相手側の暴力行為を恐れるあまり、自ら暴力で相手を倒そうとせざるをえなくなる。（*SD*. 284: 258）

ワイマル共和国期は、議会闘争と連動しながらこうした議会外の闘争がうち続いた時期である。「ワイマル時代を振り返って、国家による暴力の独占がしだいに麻痺し、議会制共和国の体制が内部からしだいに切り崩されていったといっても、それは決して文学的メタファーではない」（*SD*. 293: 265）。闘争が多少なりとも沈静化したのは、一九二〇年代初頭の経済的危機を克服した一九二五年頃から、新たな経済危機の始まる一九二九年までの間であった。しかし国民経済の成長に依存したこの妥協は、成長の後退のなかで綻びをみせ、世界経済の瓦解とともに最終的に断ち切られる。連合諸国も自国の対応に追われたこの機に、国防軍を中心とする旧上流層は、共和国の根幹である憲法秩序を破壊する。だがいまや大衆化した「国民」を、エリート主義的な旧上流層が動員することは困難であった。これに対し、その傍らで台頭してきたナチスはそうした限界を持たなかった。市民層のなかのユダヤ人資本家を、労働者のなかの共産主義者を、それぞれアウトサイダーとして措定することで、国家内的な騒ぎや暴力沙汰に嫌気がさした市民層や労働者を取り込んでいく。かつての義勇軍参加者たちもナチスに入党し、その軍事的な貢献に新たな意味を見いだすようになっていく。ここに国防軍を中心とした旧エリート層もナチスと手を結び、ワイマル共和国は瓦解する。

だがナチスの掲げる「民族共同体」は、多岐にわたる強度の緊張や葛藤のなかでいわば公約数的に設定されたものである。その限りで、ドイツ伝統の「文化」概念に比べてもはるかに中身の脆弱なものであった。またその貧弱さゆえに「民族共同体」という「われわれ」は、自らの存立に関して絶えず新たに内外のアウトサイダーを排除し続けるという形式に依拠せざるをえなかった。その限りで、「文明化」や「文化」がそうであったよりもあからさまに、アウトサイダーに対する敵意と破壊をその本質的な特徴としていた。その結果、国内外の敵に対するナチス体制の過酷さと、ナチス体制に対する国内外の敵の憎悪が、相互昂進を遂げていく。しかしナチズムの信奉者をはじめとする少なからぬ「国民」の目には、国内外の緊張を増幅しているナチスの信条と運動こそが、そうした不安から守ってくれているように見えた。そのためナチズムの信条と運動に縋りつき、お互いに対する牽制もいっそう厳しいものになった。ナチスの中心メンバーも同様である。「国民」に対するナチスの圧力がより全面的になるにつれ、ナチスに対する「国民」の圧力も大きくなった。A・ヒトラーも、自分の地位や命を失う危険を冒したくなければ「国民」の期待を裏切るわけにはいかなかった。そしてヒトラーと「国民」に挟まれた多くの部下たちは、大多数の「国民」から頭一つ抜きんでた自分の地位や命を失う危険を冒したくなければ、ヒトラーの掲げる要求から逃れることができなかった。むしろ、より理不尽な要求や過酷な犠牲をみずから進んで求めた。その要求が過酷なものであればあるほど、そしてその遂行に伴う犠牲が大きなものであるほど、それは「自己礼賛的」な自己愛を充足させた。葛藤を引き起こしそうなことは見ないか、あるいは、倒錯的な喜びを引き起こすものへと変換された。規律や調和といったうわべの下で緊張や葛藤、競争の重圧が極度に高まっていったのが、ナチス・ドイツの時代であった。

強制収容所の蛮行は、けっして諸個人のサディスティックな傾向から説明できるような特殊な現象ではなかった。それが示唆しているのは、指導者たちがいわば歯を食いしばって、手段の乏しい巨大な課題に取り組んでいた社会システムの一枚岩的な外見の背後にある——人間同士や個々人における——緊張や葛藤の途方もない重圧にほかならない。そこにまざまざと示されているのは、きわめて抑圧的な国民理想への共鳴や指導者への絶対服従に対して、人々がいかに多大な犠牲を払わなければならなかったかということである。(*SD*. 492-493: 451)

以上のようにエリアスは、第一次世界大戦後のドイツの様子をエッセイ的に描き出す。そこで言及された事柄は、当時のドイツの総体からすればごく断片にすぎず、『宮廷社会』や『文明化の過程』のときとは違って十分な資料に裏付けされてもいない。その意味で、それらはエッセイの域を出るものではない。

ただしここでのエリアスの議論には、一貫した視点が認められる。かつて「文化」概念を手がかりにいささか一枚岩的に「国民」の姿を描き出したのとは異なり、「国民」という正面飾りの背後で蠢いていた人間相互の緊張や人間内部の葛藤に焦点を合わせている、というのがそれである。そうした描写を支えているのが、「国民」という全体社会をめぐって抗争を繰り広げる「エスタブリッシュドーアウトサイダー」関係への着目である。

たしかに「国民」ないし「国民国家」というものは、すでに述べたように、「おそらくこれまでのあらゆる国家形態以上に、『われわれと呼びうる国家』——つまり、あらゆる社会的諸層がさまざまな程度において一緒に結びついている組織」である。だがそうであるがゆえに「国民」は、さまざまなレベルにおける「エスタブリッシュドーアウトサイダー」関係をその内部に孕む。そこに不可避的に発生するのが、「エスタブリッシュドーアウトサイダー」関係の流動性に対処するという課題である。その流動性のネガティブな効果を抑制するうえでもっとも安易な手段が、やはりこれまで何度も触れてきたように、それとの比較をもとにして「国民」を定義するための劣位のアウトサイダーの創出であり、そうした比較をつうじた「自己礼賛的」な自己愛の醸成である。だが「国民」の統合にとって十分に効果的な自己愛の醸成は、「ヒューマニスティックで平等主義的な道徳の伝統という信条を……いろいろなかたちで結びつけ」たアウトサイダーの創出という、かなり特異な条件を必要とする。そのかぎりで「国民」は、その内部に流動的な「エスタブリッシュドーアウトサイダー」関係を抱えながらも安定的に維持される程度の、「国民的な誇りや傲慢さ」に支えられた魅力的な「生存単位」となる。そうした条件を欠く場合、「国民」の内包するさまざまな「エスタブリッシュドーアウトサイダー」関係の流動性は、その処理においてより以上の繊細さを必要とする。その場合の「国民」としての秩序化は、種々の「エスタブリッシュドーアウトサイダー」関係において発生する流動性を、暴力を凍結させた絶えざる闘争をつうじて地道に緩和し続けることによってのみ可能となる。しかもここでの闘争のアリーナは固定的なものであってはならない。絶えず新たに現れてくる人間相互の緊張や人間内部の葛藤を吸収できる程度に、柔軟なものでなければならない。闘争場裡の設定や更新が適切になされ続けるかぎりにおいて、種々の「エスタブリッシュドーアウトサイダー」関係のなかにある諸個人のあいだに、「国民」という言葉で同定可能な程度の秩序性が成立しうる。この闘争を通じた秩序化において多かれ少なかれ必要になるのが、自分自身を含めたかたちで認識の対象を構成することにより、現在的な「われわれの綾どり」が埋め込まれている「意図されざる人間の相互依存」を「学習の対象にする」という、あの「自己距離化」と呼ばれた技術である。エリアスが次のようにいうときに意味されているのがこれである。「あらゆる理想的な社会では、闘争を取り除くのではなく――それは無駄な企てだ――闘争を規制して、闘争の戦術や戦略をルールに従わせることが課題であるが、そのルールも最終的なものとはみなしえないものである。そういうルールは、闘争の緊張を維持するいわば炎なのであって、それが自分や周りの人々を焼き尽くすほど熱くなってはならず、また暖めもせず照らしもしないほど弱いものであってもならない」（*SD.* 384:334）[19]。

こうした意味での闘争の正常性という「国民」の存立要件を忘却するとき、諸個人における緊張や葛藤は容易に増幅する。流動性にたいして「国民」の名のもとで安易な統合の強化を試みることや、そのために「国民」の内外に無理やり劣位のアウトサイダーを設定するといった排除の形式は、そうした忘却の典型的なケースである。十分な「国民的な誇りや傲慢さ」に支えられていない「国民」における内外のアウトサイダーの創出は、統合の強化というその意図とは逆に、さまざまな「エスタブリッシュドｰアウトサイダー」関係のなかの、種々の「われわれ」へのいっそうのしがみつきをしばしば引き起こす。また緊張や葛藤に対する忌避として現れてくる安易な妥協や等閑視も、見せかけの統合という短期的な成果と引き替えに、多くの場合、統合の過小をより根の深いものにする。ナチズムの興隆にいたる、ドイツのさまざまな局面においてみられたのも、「国民」における闘争の正常性を忘却せんとするそうした安直な努力であった。そしてその夢想じみた努力は、それが当然のように直面せざるをえない緊張や葛藤の増幅に比例して、ただでさえ「自己礼賛的」な、「国民」への愛情という形をとった自己愛を、いっそう陶酔的なものにする。

「国民」の名のもとで歯止めの利かない組織的暴力が解凍されるのは、こうした陶酔においてである。「自分の野心や目標、希望や生命をも自分の属する社会の存続のために捧げる」という、近代の組織的暴力にみられる振る舞いは、「自己礼賛的」な自己愛への陶酔のなかで分裂を乗り越えようとするところに発生する。また、近代の組織的暴力においてしばしば生じる次のような事態、つまり「犠牲者である人間が、虐殺者にとって石鹸や骨粉や飼料などの製品の原料として工場で処理する物でしかなかったような、絶対的に妥協の余地のない暴力行為」も、そうした陶酔のなかではむしろ、自らが情緒的価値を見出す「国民」への貢献の証左にほかならない。さらに、そうした組織的暴力のエスカレーションの傍らにつねに同道する、「自分たちを組織して、国家機関とは独立に、またはそれに対抗して共同行動を起こそうとする能力も可能性も失」うという「公的問題からの比較的顕著な後退」も、そうした陶酔と無縁ではない。組織的暴力のエスカレーションを眼前にしながらの「公的問題からの比較的顕著な後退」は、組織的暴力への直接の関与とは別のかたちではあるが、やはり分裂なき「国民」を懸命に夢見んとする、「自己礼賛的」な自己愛への一種の陶酔にすぎない。そしてそのようにして発現をみる組織的暴力は、それに意義を与えてきた「国民」の不可能性があきらかになった暁には意味を失う。そのとき自らにおける組織的暴力への関与とそうした問題への不関与は、あまりにしばしば次のような形で否定されるだろう。「のちになって『あなたは強制収容所でおこっていたことを聞いたはずではないか?』と問われると、その答えは決まってこうであった。『私はなにも知らなかった』」(SD. 495: 454)。あるいはたとえ組織的暴力への関与自体は認めても、その責任については「『私は命令に従っただけです』という判で押したような答え」によってしばしば放棄されるだろう。さらにある種の人々は、「なぜそれが文明国で起こりえたのか?」と、驚嘆や悲嘆のなかで問うだろう。「理性」の問題として処理される近代の暴力は、「文明化」された人間にとって不可解であるべきだからである。そこにみられるのは、かつての「国民」からみずからを切り離し、新たな「自己礼賛的」な自己愛を醸成しようとする振る舞いである。[20]

この最晩年のエリアスによる組織的暴力の分析に基づけば、父ヘルマンが語ったというあの言葉――「やつら［ナチス］が私になにができるというんだ。私はこれまで誰にも何も悪いことをしてこなかったし、これまでの人生で法を破ったこともない」――には、次のように応えることができる。エリアスの父が知らなかったこと、それはブレスラウでの強制収容所の建設やそこでのみずからの死、最終的に数百万人にものぼった大量の虐殺だけではない。ヘルマン・エリアスが信頼を寄せた「文明化」されたモラルや倫理、「文明化」された法制度は、暴力と無縁ではない、

という きわめて単純な事態である。「文明化」された諸制度は、その生誕と維持において近代の「自己礼賛」的な自己愛に深く依拠してきた。そしてこの近代的な自己愛の形式は、「文明化」や「文化」の表象と結びついたトランスナショナルな過程のなかであまりにしばしば動揺する。ナチズムの興隆とその帰結は、こうした自己愛の動揺を、闘争の正常性にたいする認識によってではなく、「自己礼賛」のいっそうの昂進によって鎮めようとした、いわば「文明化」された身振りのもっとも安易で極端なまでの発露として理解することが可能である。「文明化の過程」としてのナチズム。これがナチズムをめぐって展開されてきた、エリアスによる最終的な近代への診断である。

エリアスのこうした近代への診断は、現代においてなお一定の有効性を持つ。ナチズムとして発現してきた近代性の危機は、パーソンズやフロムを典型として、しばしば「われわれ」における統合の過小として捉えられてきた。[21] あるいは逆に、ホルクハイマーやアドルノを典型として、「われわれ」における統合の過剰として捉えられてきた。これらとの対比でいえば、エリアスは近代における「われわれ」における統合の過剰と過少が織りなすダイナミクスに目を向けたといえる。このダイナミクスは、二〇世紀のごく限られた空間と時間だけを見れば、「国民」という「生存単位」の形成を通じてある程度制御しうるかに思われたかもしれない。しかしその場合でも、「国民的な誇りや傲慢さがしっかりと根づ」きうるような特殊な条件やその内部の闘争の適切な処理が必要であった。そして「国民」を単位とした閉鎖化、あるいは、「国民」という「生存単位」は、遅くとも二〇世紀の最後の四半世紀に至って、いかなる諸国においてであれ、近代性の孕む流動性を制御する十分な手段ではなくなりつつある。「グローバリゼーション」という言葉でしばしば表現される現代の経験は、おそらくこうした「国民」の急激な揺らぎと無関係ではない。[22] そして「国民」という機制の動揺は、階級であれ、男女であれ、世代間であれ、地域や民族間であれ、さまざまな次元での「エスタブリッシュド－アウトサイダー」関係の流動性を昂進させる。と同時に、そうした流動性のなかで近代の「自己礼賛的」な自己愛は、あらためてその際立った根深さを露わにするだろう。この現代における近代性の新たな展開のなかで、暴力の凍結や解凍、そしてその連鎖はいかなる様相をみせるのか。

この現代における暴力の問題にかんし、もしわれわれが、あたかも戦前や戦後のドイツにみられたように、単純な利害への還元や異常視、そしてまた「なぜそうしたことが起こりえるのか？」という驚嘆や悲嘆にみちた問題化の形式においてしか向き合えないのだとすれば、それはいまなおわれわれが、現代における闘争の正常性を、思わず、あるいは、懸命に忘却せんとする、幸福な「文明化をめぐる根本的誤解」のなかに生きていることを意味している。その限りにおいて、『文明化の過程』の最後でエリアスが引いたドルバックのあの一節を、ここに再び引用することは、さほど不適切ではないだろう。

文明化はまだ終わっていない。それはなお進行中である。（*PZ2*. 465: 476）

注

1　エリアスによるこの意味づけは、社会学者としてのみなされたわけではない。もう一つ重要なのは、エリアスの詩であろう Elias（1988）。これについては、たとえば大平（２００３）を参照。

2　たとえば厚東（１９９８）は、戦後社会学において隆盛をみる社会意識論、組織論、マス・コミュニケーション論といった流れを、ナチズムの問題との関連でとらえている。

3　ドイツにおけるナチズムの政権掌握とともに、西欧における革命の不発や国際共産主義運動に対するスターリニズムの粛正といった事態も合わせて考えるなら、そこに呼び起こされた想像力は、マルクスの予言の失敗を説明するという課題も併せ持っていたともいえる。このことが、戦後においてヴェーバーの社会理論が召喚された要因の一つであったといえる。

4　ナチズム研究と『ドイツ人論』について一言。エリアス研究における「脱文明化」論は、フィッシャー論争を契機にして一九六〇年代以降のナチズム研究に登場する「社会史」との重なりを有している。歴史的個性に着目する伝統史学は、ヒトラーをはじめとする指導者たちにナチズムの原因を求めることによって、ナチズムをドイツ史のなかの突然変異として位置づけてきた。これとは対照的に、M・ブロシャートやH・モムゼン、H・U・ヴェーラーらに代表される当時の若い世代を中心にした社会史は、イギリスやフランスをモデルとして彫琢されてきた社会学的な「近代化」論を歴史研究に持ち込むことにより、ナチズムの批判的歴史化を試みた。ナチズムを可能にしたより広範な社会体制や精神状況が検討され、保守的・権威主義的な権力構造の連続性というドイツの「近代化」における歪みが浮き彫りにされた。のちに「ドイツ特有の道 Sonderweg」論といわれるこうした解釈は、本論でも触れる一九六〇年代のアデナウアー時代にあっては独特の批判的効果を有していた。なに一つ変わっていないかのように戦後も指導的役割を担い続けていた伝統的エリートから、倫理的正当性を奪うことになったからである。こうした戦後ドイツの政治文化やナチズム研究の動向を、エリアスがどの程度意識していたのかは定かでない。だが、エリアスによって最初のナチズム論である第Ⅲ篇「文明化の崩壊」が著されたのが社会史の登場する一九六〇年代であり、同論考にはF・フィッシャーに対する肯定的な言及が見て取れる。新たな資料の駆使やその扱いの精密さという点では、歴史学的な社会史研究にはるかに及ばないとはいえ、同論考におけるエリアスの議論は、いくつかの点において社会史研究の「特有の道」論と重なり合う。エリアスの『ドイツ人論』——とりわけその第Ⅲ篇「文明化の崩壊」——もまた、戦後ドイツの復古主義的な雰囲気に疑問を投げかけるものだったといえる。その意味で『ドイツ人論』から「脱文明化」という解釈を導出することは十分に妥当である。

ただし本来は社会批判としての意味をもっていた「特有の道」論は、戦後ドイツにおいては自己弁明に使われる可能性も有していた。というのも、もしナチズムの源泉がドイツにおける「近代化」の歪みに求められるとすれば、戦後の西ドイツは「正常への復帰」によって、もはやナチズムを産みだしたのとは異なる「近代化」の軌道に乗ったことになる。たとえば、イギリス人研究家のJ・イリーとD・ブラックボーンによるヴェーラー批判を発端にした、一九八〇年代の「特有の道」論争は、こうした「近代化」とナチズムの分離——むろんそれだけではなく、イリーやブラックボーンらによるイギリス社会批判とも結びついている――をめぐって展開された。新たに「下からの社会史」を標榜したイリーとブラックボーンは、ヴェーラーらの社会史がイギリスやフランス、そして戦後ドイツの「近代化」を「正常」とみなす「ドイツ特有の道」論であると批判したのである。これに対してヴェーラーは「下からの社会史」が、日常史というミクロの世界に埋没することで、伝統史学派と同様、歴史主義に陥っていると反批判することになる。「ドイツ特有の道」論争については、松本（1981）、Peukert（1982=1991）、野田（1988）、田村（1996）、などを参照。

本章における『ドイツ人論』解釈は、こうしたナチズム研究および従来のエリアス研究とは、部分的に重なり合いながらも、いささか異なるスタンスを採っている。ナチズム研究における「近代化／特有の道」論、エリアス研究における「文明化／脱文明化」論といった二分法に即して『ドイツ人論』を解釈するのでなく、むしろ、そうした二分法的な視座自体も対象の一部として組み込んだかたちで『ドイツ人論』を解釈する。これが本章の課題である。

5 さきの引用文につづく次のエリアスの言葉も、こうした意味で理解することができる。「以下のいくつかの論文は、ナチズムの台頭や戦争、強制収容所、さらにはかつてのドイツにおける二つの国家への分割がいかにして生じてきたのかを、自分自身と耳を傾けようという気のある人々のために、理解できるようにしようとする営為から生まれたものである」（*SD*. 7: 1）。

6 以下の戦後ドイツの記述については、Grosser（1970=1981）や三島（1991）などを参照した。

7 エリアスはいう。「過去はもう忘れるべき時だと私自身が一頃思っていた」（*SD*. 548: 509）。

8 エリアスからの引用を挙げておく。「文明化の現在的な成長過程の孕んでいる危険性と、次のような事実、つまり、成長と崩壊の過程が手を取り合って進行するばかりでなく、崩壊の過程が成長の過程を圧倒しうるという事実」（*SD*. 401: 359）。

9 ここでの「文化」概念の考察については、『文明化の過程』も参照している。

10 この概念的対比を手がかりにして、エリアスは『文明化の過程』や『ドイツ人論』においてドイツの「長期の発展」を分析している。そのなかで「ドイツの発展の特質」としてエリアスが指摘するのは、「分割された専制支配が長かったこと、そこに産まれた多くの束縛を課す夢想的な絶対的理想や哲学的思想、一八七一年の国家統一の仕方」（*SD*. 438: 397）などである。そしてこのドイツの「長期の発展」との関連において「文化」概念の展開を跡づけている。ここでは、おもに宮廷社会以後の国家社会の近代的再編と「文化」概念の展開に焦点を絞っているため、これらの興味深い議論には立ち入らない。本章第五節で多少触れている。

11　「ナショナリズム」や「祖国愛」を直接的な考察の俎上に載せているのが、第Ⅱ篇「ナショナリズムについての補論」である。「ナショナリズム」は、しばしば「祖国愛／愛国心 Patriotismus」などとは内実の異なるものとして区別される。日常的な語法において「愛国的 patriotisch」という形容詞が、しばしば肯定的なニュアンスでも用いられるのに対し、「ナショナリスティック **nationalistisch**」は、多くの場合、否定的なニュアンスで用いられる。だがエリアスの見る限り、これらの言い回しが表現する現象のあいだに根本的な相違はない。自らのものとは異なる他の人々の「祖国愛」が、しばしば「ナショナリズム」として否定的に表現され、自らにおける「ナショナリズム」が「祖国愛」として肯定的に表現されているにすぎない。両者においてエリアスが見出すのは、「自国民の卓抜した価値への疑いなき信仰、および、そうした感情や信仰とそれぞれの国が個々の成員をいやおうなく縛る外的な拘束が相関していること」（*SD*. 432: 392）である。

12　こうした「文化」概念との対比させるかたちでエリアスは、『ドイツ人論』のなかであらためてイギリスやフランスにおける「文明化」概念に触れている。「イギリスにおける数世紀にわたる勢力と輝かしい成果が、他のたいていのヨーロッパ諸国……よりもはるかに安定した国民的な価値感情を作りだした。イギリス人の国民的な信念システムは、以前から少なくとも部分的には、他の国々や人類や文明に対する功績と奉仕によって優位に立つことができた。……イギリスでも……『人種』という言葉を、自分たちの優越性の根拠として利用したが、イギリス人が『英国人種』というときには、その言葉はことさら強調するまでもない優越感に充ちていた」（*SD*. 451: 410）。あるいは次のようにもいう。「どの国民にも特徴的なことだが、イギリスにも……自分の国民の価値や意味について、事実に即した冷静な評価をはるかにうわまわる考えを抱いている人々が現れた。他の諸国民同様、国民の現実の業績や特質についてのプライドが、まったく想像上の誇張された業績や特質についての——地球上のどの民族より偉大であり幸せだという集団的空想や国民的傲慢さに、知らぬ間に変わっていった。しかしイギリスでは、良かれ悪しかれ、国民的な誇りや傲慢さがしっかりと根づいていたため、イギリス人自身がそれを茶化して、外国人の笑いやウィットにも、ある程度まで我慢することができたのである」(*SD.* 419: 378)。この「しっかりと根づいていた」「国民的な誇りや傲慢さ」においてすら生じた二〇世紀後半の揺らぎが、第四節のテーマである。

13 この点でエリアスの「文明化の過程」論は、二〇世紀末のヨーロッパで現れてきた「絡み合った近代 entangled modernities」論との親和性を持っている。「絡み合った近代」論については、Therborn (2003)、Mishima (2008)。またアジアにおける「文明化」にかんして興味深いものとして、藤田（2001）。

14 一九七七年にエリアスはフランクフルト市からアドルノ賞を授与される。このとき受賞講演をもう少し詳細に論じるように『シュピーゲル』紙から依頼されて著したのが、『ドイツ人論』の第V篇である。

15 西ドイツの一九六〇、七〇年代の学生運動やテロリズム同様、東ドイツではナチズムの克服にあたってマルクス主義が持ち出された。ナチスの台頭は、労働者階級に脅かされていた大企業家などの資本主義的なブルジョアが、労働運動を弾圧して野蛮な暴力的支配を打ち立てた結果だというわけである。エリアスはいう。「この説明は断片的だが、少なくとも傷跡を残している過去とまともに対峙する試みである。だがこういう啓蒙教育の試みは、同時に、ある点では曖昧にしようとする試みなのだ。いまや東ドイツになっている地域の住民が、ヒトラーの台頭と無関係だったという印象を与えるからである。さらにこの試みは、後期のワイマル共和国をファッショ的だと称し、当時の社会民主党員に『社会的ファシスト』という烙印を押して、ドイツの労働者組織を完全に分裂させ、それによってドイツ・ファシズムの台頭にそれなりに貢献したかつての共産党の政策の誤りを誤魔化している」(*SD.* 537: 498-499)。

16 むろんそれは「意外」でもなんでもない。ほかにいかなる側面があったにせよ、第二次世界大戦はヨーロッパ諸国やアメリカ、日本を中心的なアクターとする、植民地拡張や覇権争いが招いた戦争であった。そしてドイツや日本に対する戦争を正当化する旗印として、連合諸国が掲げたヒューマニスティックな理念——ドイツや日本によって侵略された地域の人々を専制的な支配から解放する——は、戦後、たとえば一九六〇年の国連総会決議「植民地独立付与宣言」に見られるように、返す刀で、被植民諸国が連合諸国から独立を果たすうえでの根拠となった。エリアスはいう。「現在、人権として理解されているものを支える活動は、部分的に、大国間の闘争のなかの政治的関心から推進力となる刺激を得ている。しかし政治家が、今日、人権の倫理性を国家の存在理由のために使うときでさえ、それは明日、彼らに戻ってくるかも知れないのだ。人権の倫理性を今日、狭い国家的目的のために使う者に対して、それは明日、抵抗しうるのである。実際、より包括的な倫理性への向上は、まずはじめに下位集団の闘争のなかでそれが武器として用いられることにより、その推進力を得るというのは、最初のことではないだろう」(*GI*. 225-226: 189)。

17　第二章の宮廷人とアウトサイダーによる差異化と同化に関する議論を想起せよ。

18　このことは、かつて植民地であった非ヨーロッパ地域において戦後に簇生し、「国民」の形成に意図的に努めてきた「新しい国家の大半」にも、多かれ少なかれ該当する。そこにおいては、かつてのヨーロッパ諸国における「国民」の形成を可能にした条件の多くは存在しない。ここにそれら諸国における「国民」形成の困難があるのであり、そうした条件なしでは成立しがたい「国民」という機制の、そもそもにおける限界がある。これについては内海(２００６、２００７)。

19　この点に関する展開として著したのが、内海(２０１０)である。

20　こうした問いかけとともに、かつての「国民」と現在の連続性を肯定的に主張する立場もやがて現れてくるだろう。それが意味しているのは、流動性にたいして「国民」の名のもとで安易な統合の強化を試みることであり、そのために「国民」の内外に無理やり劣位のアウトサイダーを設定することである。

21　パーソンズにおいてはナチズムが、統合の過小の問題として設定されている。「しばしば統合論的偏向を犯していると批判されるパーソンズが、にもかかわらず社会統合を一貫して問題としつづけたのは、アメリカ社会がもっとも統合しにくい社会であると考えたからであった」(高城 1988: 218)。また厚東(１９７０)も参照。「個人と社会との緊張関係、対立関係の仮定は、個人の尊厳をよび起こし、個人を社会への埋没から救い、個人を基軸とした社会理論を構築するよう駆り立てる。しかし個人と社会の対立関係が永遠に撤去しえない前提とされた時、この個人を基軸とした社会理論は逆転運動をはじめる。対立関係を内包している個人をいかに社会のなかに組みこむかという側面が露になる。……このような社会性理論の逆転を見据える時、パーソンズの社会理論は利害の対立を無視しているのではなく、きびしい利害の対立をこえていかにして社会秩序は可能かに答えようとしたものだといえよう」（厚東 1970: 32）

22 エリアス社会理論と「グローバリゼーション」についての先駆的な考察としては、Harferkamp（1987）、Arnason（1990）、Mennell（1990b）、Robertson（1992）などが挙げられる。たとえばR・ロバートソンはいう。「ここでの議論は、多くの社会学的な諸伝統のなかの重要かつ影響力のある諸観念を、現代のグローバリゼーションの議論に結びつけようと試みている、私のより大きなプロジェクトの一部である。あきらかにエリアスの仕事は、このような作業においてはいかなる場合でも、考察されなければならないものである」（Robertson 1992: 167）。終章において若干触れているが、こうした観点からの現代社会論が筆者の現在の課題である。

終わりにかえて

文明化の過程とグローバリゼーション
――ヴェーバーとエリアス――

M・ヴェーバーの構想した壮大な宗教社会学的研究は、ついに完成をみることはなかった[1]。だがその冒頭におかれるはずであった「序論」の一節は、同研究におけるヴェーバーの問いを簡潔に表現している。

近代ヨーロッパの文化世界に生を享けた者が普遍史的な諸問題を取扱おうとするばあい、彼は必然的に……次のような問題の立て方をするだろう。いったどのような諸事情の連鎖が存在したために、他ならぬ西洋という基盤において、またそこにおいてのみ、普遍的な意義と妥当性をもつような発展傾向をとる――と、少なくともわれわれはそう考えたがるのだが――文化的諸現象が姿を現すことになったのか。(Weber 1920a=1972: 5)

ヴェーバーがその社会学的な考察において目を向けたのは、近代ヨーロッパに特有の「文化的諸現象」としての、科学や歴史叙述、国家や法律、芸術などである。むろん同様ないし類似の語彙で表象される現象は、西洋以外にも存在する。だが西洋近代におけるそれらは、「普遍的な意義と妥当性」を獲得していったという点で特異である。近代ヨーロッパに固有のものとして発展を遂げてきたにもかかわらず、それらはやがて西洋という基盤を離れ、他のさまざまな地域にも伝播していった。なぜそうした「普遍的な意義と妥当性」を備えた——「少なくともわれわれはそう考えたがるのだが」と、ヴェーバーは慎重に付け加えるのを忘れない——「文化的諸現象」が、「他ならぬ西洋という基盤において、またそこにおいてのみ……姿を現すことになったのか」。この「西洋の発展史」(Schluchter 1979=1987: 192) への問いが、ヴェーバー社会理論の基本的な視座をなす。

なかでもヴェーバーが関心を抱いたのが、西洋の近代資本主義である。代表的な成果は「プロテスタンティズムの倫理と資本主義の精神」として結実している。その議論は、同論文の終わり近く置かれた次の一節が簡潔に要約する。

> ピュウリタンは職業人たらんと欲した——われわれは職業人たらざるをえない。……禁欲が世俗を改造し、世俗の内部で成果をあげようと試みているうちに、世俗の外物はかつて歴史にその比を見ないほど強力になって、ついには逃れえない力を人間の上に振るうようになってしまった。今日では、禁欲の精神は——最終的にか否か、誰が知ろう——この鉄の檻から抜け出してしまった。……勝利をとげた資本主義は、機械の基礎の上に立って以来、この支柱をもう必要としない。(Weber 1920b=1989: 364-365)

ヴェーバーがいう「資本主義」は、単なる貨幣経済や貨幣利得への志向性を指すのではない。「『営利衝動』とか『利潤の追求』、つまりできるだけ多くの貨幣利得をばどこまでも追い求めようとする、そういったことがら自体は、ここでいう資本主義とは何の関係もない」(Weber 1920b=1989: 10)。成果と元本の貨幣評価額の比較を指向する行為としての経済的活動なら、世界中のいついかなる時代にも見られた。これに対し近代西洋では独特の資本主義が発展を遂げる。「自由な労働の合理的組織をもつ市民的な経営資本主義」（Weber 1920b=1989: 19）がそれである。すなわちヴェーバーによれば、西洋近代の資本主義を特徴づけるのは、家計と経営体の分離、合理的な労働組織、合理的な経営簿記などである。まずこの資本主義では、私的な資産と経営体の資産の分離に基づいて家計と経営体が分離されている。この分離と技術的に結びついているのが、一方では、資本計算の基礎をなす合理的な経営簿記であり、他方では、賃金労働という形態をとった形式上自由な労働の組織化である。つまり西洋の近代資本主義の中心に位置するのは、あらゆる諸個人から相対的に独立した形で存立している事業ないし経営体であり、その事業ないし経営体は独自の合理的な計算に基づいてもっぱら利益を追求するものとされる。そしてそれに関与する諸個人は、労働者であれ資本家であれ、その関与が自由意思に基づいた契約という形をとる限りにおいて、この事業体による利益の追求に従わざるをえない。「事業のために人間が存在し、その逆ではない、という……生活態度」（Weber 1920b=1989: 79-80）に支えられた西洋近代の資本主義。それは、個人の営利のための労働という多くの資本主義的活動からすれば「まったく非合理」でしかありない、独特の「精神」を支柱とする資本主義であった[2]。

なぜそうした資本主義が西洋において成立を見たのか。この「資本主義の精神」の起源を求めてヴェーバーは過去へと遡行する。そこに見出される起源の一つが「禁欲的プロテスタンティズム」であり、なかでもカルヴィニズムの予定説である。神のために人間が存在するのであってその逆ではないとするカルヴィニズムでは、教会や聖礼典といったあらゆる呪術的方法による救済が徹底的に破棄された。呪術的な方法によって救いを得られるとするのは、絶対的に自由とされた神の意志を人間の干渉によって動かしうると見なすことだからである。いかなる呪術的手段によっても自らの救いの確証を得ることのできないという、この「悲愴な非人間性をおびる教説」によってもたらされたのが、人間の「かつてない内面的孤独化の感情」（Weber 1920b=1989: 156）である。この孤独と宗教的苦悩のなかから、世俗的な手段によって神の栄光を増すという生活態度が生み出される。みずからを神の栄光を増すための道具とし、みずからの生活のすべてをそのための方法と化す「方法的生活態度」である。むろんこの生活態度によって、人々に救いの確証が与えられるわけではない。しかし救いをめぐって絶えず生じる不安を少なからず和らげることはできた。この「世俗内的禁欲」の技術として、節食や菜食、冷水浴や性的禁欲などとともに選びだされたのが、「たゆみない不断の組織的な世俗的職業労働」である。時間の浪費や休息は罪とされ、労働意欲の喪失は救いの喪失の徴候とされた。「ピュウリタンは職業人たらんと欲した」。富の享楽や怠惰、肉欲などの誘惑に満ちた「汚れた生活」に打ち勝つという、この絶えざる「組織的な自己審査」（Weber 1920b=1989: 185）が、やがて西洋近代を特徴づける資本主義の「精神」の一つの構成要素となっていく。

だが西洋近代の資本主義は、ひとたび軌道に乗るや、もはや「禁欲的プロテスタンティズム」を必要としなくなる。つまり、かつてない孤独と宗教的苦悩の末に、享楽と奢侈的な消費を駆逐し、「厳しく絶え間ない労働への教え」を生み出した「キリスト教的禁欲」は、他の構成要素とともに「資本主義の発展」を駆動した。だがそのようにして成立を見た近代資本主義は、ひとたび「勝利をとげた」暁には、それが備える固有の合理性——あらゆる諸個人から相対的に独立した事業体による利益追求——に基づいて回り続ける。あたかも純粋な競争の感情に結びついたスポーツやゲームのごとく動き続けるその資本主義は、宗教的・倫理的駆動力を振り落としつつ、そのなかに入り込んできた諸個人の生活を全面的に包囲する。「そのなかで生きねばならぬ変革しがたい鉄の檻」（Weber 1920b=1989: 51）として現われる「今日の資本主義的経済組織」のなかで諸個人は、「職業人たらんと欲した」かつてのピューリタンとは違い、「職業人たらざるをえない」。

近代資本主義をめぐるこのヴェーバーの分析は、同時代のヨーロッパの人々が抱いていた自己認識に一種の異化作用をもたらすものであった。科学技術や物質的な進歩において未曽有の躍進を遂げ、そうした「文化的諸現象」

が「普遍的な意義と妥当性をもつような発展傾向」を見せていた二〇世紀初頭のヨーロッパにおいて、少なからぬ人々に見られたのは、みずからの時代をこれまでの百年にわたる発展の頂点とみなす見解であった。「世紀転換期には、ヨーロッパはすでに世界市場を制覇し、帝国主義的世界政策を遂行することによって、政治的経済的にはもとより、文化的な意味においても、世界的な文明へと飛躍を遂げていた。これは、世界史のなかでのヨーロッパ文明の勝利を意味し、したがってまたその優越性を証明するかに思われた」（Peukert 1989=1994: 118）。そうした世紀転換期の人々によってしばしばみずからの時代の出発点とみなされたのが、一八世紀啓蒙思想である。だが近代という時代、あるいは、近代資本主義に代表される近代性をもたらした起源は、むろん一つではありえない。ヴェーバーによって啓蒙の時代に代わるもう一つの起源とされたのが、宗教改革の時代である。なかでもヴェーバーは、「禁欲的プロテスタンティズム」のもとでの「かつてない内面的孤独化」に着目した。そうした内面的孤独化は、ヴェーバーによれば、「今日でもなおピュリタニズムの歴史をもつ諸国民の『国民性』と制度の中に生きているあの現実的で悲観的な色彩を帯びている個人主義の一つの根基」であり、「後世『啓蒙思想』が人間を眺めた視角とは著しい対照をなしてい」（Weber 1920b=1989: 158）た。近代資本主義をめぐるこの「起源の再構成」（厚東 1991: 299）によってヴェーバーが描き出したのが、「世俗内的禁欲に励むカルヴァン主義的『職業人』から確立期資本主義＝官僚制時代の『専門人』へというわれわれ西欧『人』の運命的な歩み」、および、「われわれの行き着く先としての『あの『未来の隷従の檻』』」（Peukert 1989=1994: 10-11）である。呪術からの解放を通じて徐々に姿を現してくる、現世のたゆまざる改造と合理的支配、労働を通じた富の獲得とその不断の蓄積、人間の知的独立といった現象は、その世界的な勝利の傍らで「鉄の檻」を帰結する。近代資本主義のもとでは、あたかも神に仕える人間のように、事業の利益に専心する職業人である場合にしか完全な人間とはみなされない。それゆえ人々はみずからが集団的価値に仕える職業人であることを自他に証明し続けることで安心を得ようとする。そうしたしがみつきにより、「最大多数の最大幸福の漸進的成就を夢見る俗流啓蒙主義の進歩オプティミズム」(Peukert 1989=1994: 50) に彩られた近代資本主義は、誰もそこから逃れられない「鉄の檻」として永遠に回転する。「将来この鉄の檻の中に住むものは誰なのか。そして、この巨大な発展が終わるとき、まったく新しい預言者たちが現れるのか、あるいはかつての思想や理想の力強い復活が起こるのか、それとも――そのどちらでもなくて――一種の異常な尊大さで粉飾された機械的化石と化することになるのか、まだ誰にも分らない。いずれにせよ、こうした文化発展の最後に現れる『末人たち』にとっては、次の言葉が真理となるのではなかろうか。『精神のない専門人、心情のない享楽人。この無のものは、人間性のかつて達したことのない段階にまですでに登りつめた、と自惚れるだろう』と」(1920b=1989: 366)。

こうしたヴェーバーの分析にもやはり色濃く見て取れるのが、ニーチェをはじめとする「一八六〇年代世代」の影である(厚東 1977, 1987; Peukert 1989=1994)。本書の冒頭で述べたように、一九世紀から二〇世紀の世紀転換期のヨーロッパを特徴づけていたのは、「進歩オプティミズム」だけではない。「文化ペシミズム」もこの時代の思潮であった。「一九〇〇年時点。この時期は工業社会的変革の絶頂期だが、行く手に待ちかまえる深淵に目が注がれ、熱に浮かされたような文化批判の風潮が広がった」(Peukert 1989=1994:130)。こうした「文化批判」の流れを用意したものの一つが、ニーチェなどの「一八六〇年代世代」(厚東 1987) による啓蒙主義批判である。続く「一八九〇年代」(Hughes 1958=1999: 24) 世代に属していたヴェーバーは、こうした「文化批判の鋭い問題提起を正面から受け止めた」(Peukert 1989=1994: 131)。資本主義経済や官僚制的な国家機構にみられる独特の合理化により、意味を喪失した生活秩序の形骸だけが残されたとする、同時代のネオ・ロマン主義的な文化批判的問題意識を、である。「ヴェーバーの西欧合理化過程の解剖学は、同時にまた近代の病理学でもあった」(Peukert 1989=1994: 54)。

だがヴェーバーによる「近代の病理学」は、同時代の多くの「文化ペシミズム」と同じではなかった。ヴェーバーは、合理化された生活秩序を否定し、そこから切り離された生活形式を営もうとするロマン主義的反動をも拒絶する。

ヴェーバーの見る限り、合理化は時代の運命であり、そこから離脱を望むロマン主義的反動は、ただごく小規模の秘儀的集団においてのみ実現可能な一種の逃避にすぎないからである。みだりに絶望やデカダンスに陥るそうした時代からの逃亡者は、ヴェーバーからすれば、みずからにおける絶望やデカダンス自体が合理化という歴史のなかで可能になっていることに向き合う誠実さを欠いた人々であった。これに対しヴェーバーは、もはや引き返しえない歴史と時代の重圧を受けとめ、そうした歴史が生みだしてきた肯定的側面を見いだしそれを継承・助成しようと努めた。この点でやはりヴェーバーは、「一八世紀の特徴をなす倫理的な要請――なかでもいちばん肝心なものは、可能なかぎり理性的な解決と人間的な態度に固執する」（Hughes 1958=1999: 20）という構えを、啓蒙思想の遺産として受け継いでいた[3]。

このことを端的に示すのがヴェーバーの学問論的な業績である。ヴェーバーの学問論は、当時のドイツ社会科学の代名詞であり、自らもまたそのなかで育った歴史主義＝自然主義――規則的な因果連関によって運動する「自然」に存在一般の典型をみる立場であり、実証主義を社会科学に取り入れようとするところに生まれた方法論的一元論――に対する批判的スタンスを特徴とする。その限りで、それは当時の「社会学から社会医学にいたる人間科学の諸分野の……実学化の急速な進行」のなかで見られた「学者の慢心」（Peukert 1989=1994: 197）とは異なっていた。だが同時にヴェーバーの学問論は、「短兵急に黒白の決着をつけたがる文化批判の性急さ」や「非合理な『体験』信仰の礼賛、さらには「過激な全体主義ユートピア」」の鼓舞（Peukert 1989=1994: 131）といったロマン主義的な風潮とも一線を画していた。合理化の過程――「彼の『合理化過程』の定義は非常に幅が広かったので、一般に流布していた文明の観念とほぼ同じようなものであった」（Ringer 1969=1991:242）――が、同時代の多くの人々に掻き立てた苛立ちや恐怖、不安や居心地の悪さをヴェーバーははっきりと感じながらも、ロマン主義的な救済策を拒絶した。偽善にも露悪にも陥ることのない学問的な準拠点を求める知的誠実さゆえに、ヴェーバーはこの「文明」の二律背反に深く苦しみ続けた。「ヴェーバーの仕事と思想の最後の局面においても、かれの初期の著作にはっきりとあらわれていた堪えがたいほどの二律背反は、決して解決されてはいなかった。それどころか、いっそう強められていた」(Hughes 1958=1999: 223)。このジレンマのなかでヴェーバーは、世界から意味を剥離しそれを人間の主観性へと差し戻したあのニーチェの時代診断を、不可避的な事態として徹底的に受け入れる。しかし、「世界の呪術からの解放」の帰結としての客観的意味の崩壊、合理化ないし「文明」の相貌のもとで現れてきた没意味化を前にしてなお、ヴェーバーは近代における認識の構造と意味を問いつめた。ヴェーバーの理解社会学は、この「文明の危機」に対する呻吟から構想される。つまり、西欧近代の合理化は、客観的意味の崩壊を帰結しただけでなく、人格というものに倫理的な尊厳を帯びさせた。そこに文化批判を含めた自由の余地を、諸個人にもたらした。この近代の遺産を独特の形で継承するところにヴェーバーによって構想されたのが、主観的価値という前提に基づく科学、つまり意味付与主体としての「文化人（文化的人間）」という人間像を前提とした、人間の主体性を徹頭徹尾重視する理解社会学であった[4]。「ヴェーバーはニーチェと真剣に格闘し、その診断の一部を受け入れたが、しかし、その診断にもとづくニーチェ独特の色合いを帯びた解決策には多くの場合明確に反対して、自己独自の立場を対置した。彼は学問の真骨頂が知的『誠実』をつらぬくことにあるとの立場を決して崩さず、このニーチェ自身も支持した知の原則を盾に取って、ニーチェの空漠とした救済策を退けたのである」(Peukert 1989=1994: 22)[5]。

以上のようなヴェーバーの社会理論は、二〇世紀の社会学に多大な作用を及ぼした。その作用史を辿ることはここでの課題の範囲を超える。以下、エリアス社会理論との簡潔な対比に必要な限りで、後代に多大な影響を及ぼしたヴェーバー社会理論の二つの特徴――とりわけ「プロテスタンティズムの倫理と資本主義の精神」に見られる特徴――に触れておく。一つは、近代への診断においてヴェーバーが用いた「内発的発展」論という分析視角であり、もう一つは、その分析から導き出された、「機械」としての近代性という、ヴェーバーによる近代への診断である。

まずヴェーバー社会理論の特徴は、ヴェーバーが用いた分析視角に見て取れる。西洋近代資本主義の分析に典型的に見られるように、特定の範域を自足的な社会単位として措定し、その社会内部の諸変数から社会変動を分析する「内発的発展」論がそれである。「ヴェーバーの議論の基本的な枠組みをなしているのは、『内発的』（自力で・自らのうちから）／『外発的』（外から）、という対比である」（厚東 1995: 39）。

この「内発的発展」論は、二〇世紀の社会学に多大な作用を及ぼした。ただその作用は、ときに皮相な受容を生み出しもした。とりわけ多くの近代化論における「文化」の概念にそのことは顕著に見て取れる。西洋的な「内発的発展」を規範的なものと見なす近代化論においては、「国民」が自明の比較単位として設定され、非西洋諸国における民主化のような政治的発展や市場経済化のような経済的発展の進展が問題にされた。その際、政治的発展や経済的発展の促進や阻害を説明する変数として重視されたのが、「文化」である。政治的発展や経済的発展を促進する「文化」もあれば、それらを阻害する「文化」もあるというわけである。「文化決定論」と呼ばれるこうした議論の難点は、そこで「文化」といわれているものが、人間を截然と分割する記号以上のものではないという点にある。つまり、あまりにもしばしばわれわれは、動的かつ非均質的でしかありえない「文化」を、静的かつ均質的なものとして事後的に定義し、それによって人間を截然と分割する。「文化決定論」は、「文化」概念をめぐるこうしたわれわれの日常実践を顧みることなく、「科学的議論」のなかに持ち込むところに成立する。その結果、近代化への貢献の度合いをもって「文化」を序列化し、人間の分割をめぐるわれわれの日常実践を安易に強化する議論が生まれやすい。[6]こうした近代化論がしばしばヴェーバーの名のもとに展開された。「近代西欧社会の近代化論的弁明の片棒をかつがされるなんて、ヴェーバー自身、とんだ迷惑だと思うに違いないなどと考えた人たちは、当時は稀な例外でしかった」(Peukert 1989=1994:3)。

だがヴェーバーの「内発的発展」論は、「内発的発展」を価値的により優れた模範とみなす立場や「文化決定論」

的な観点とは本来無縁である。というのも、「ヴェーバーの最大の論敵は、一九世紀にその頂点を極めた進化論的思考」（厚東 1995: 44）だったからである。すなわち、人間の歴史を「未開から文明へ」という図式で整理する進化論的図式やそれに内包された西欧中心主義は、ヴェーバーにおいては、合理化の多様性やその多様性を生み出す動的かつ非均質的な「文化」への着目のなかで徹底的に相対化され批判されている。またヴェーバーは、近代資本主義の発展を論じるにあたって「文化」の重要性を論じたが、それは常に人間の主体性への着目とセットであった。つまり、人間の主体的な選択の基盤としての「文化」に注目したヴェーバーの視点は、その選択を決定づけるとされた「文化」とは似て非なるものであった。その限りで次のような言明は、それが言わんとすることの重要性とは別に妥当とはいいがたい。「資本主義経済が成功した主たる要因はプロテスタント倫理にあるという、マックス・ウェーバーの説明に始まり、これまで数多くの文化決定論が提唱されてきた。これらの理論は、過去を説明するには説得力があるものの、未来の予測に関しては誤っていたことが繰り返し立証されている」（UNDP 2004: 12）。いずれにせよ、「内発的発展」というヴェーバーの視角は、二〇世紀のさまざまな諸国で展開されてきた社会学が、各国の発展を把握するうえで愛好されてきた認識枠組みであった。

ヴェーバー社会理論のもう一つの特徴は、西洋の近代合理性に対する独特の診断に求められる。その特徴をしばしばヴェーバーは「機械」という表現であらわした。たとえば次のようにいう。

生命のない機械は精神の凝固体である。であればこそ、機械はみずからへの奉仕を人間に強い、人間の日常の労働生活を支配する力をもつことができる。これは工場で日々観察されるとおりである。凝固した精神といえば、なにも生命のない機械だけではない。生命ある機械の役を演じているのは、官僚制的組織である。この組織は、それぞれ独自の訓練を受けた専門的労働への分化、権限の確定、服務規程、そして階層的に段階づけられた服従関係をともなう。この生きた機械は死んだ機械と手に手をとって、未来における隷従の檻をつくりだす働きをしている。もし純粋に技術的にすぐれた、すなわち、官僚による合理的な行政と事務処理が、懸案の諸問題を解決する方法を決める際の、人間にとって唯一で究極の価値であるとすれば、多分いつの日か人間は、……なすすべもなくそうした隷従に順応する運命を耐え忍ばなくてはならなくなるだろう。（Weber 1918=1969: 329）

ヴェーバーがいう「機械」、それは一方では、人間の作り出す物理的な機械を指す。ヴェーバーによれば、近代における機械は、西洋近代の合理性が集約されたものである。だからこそ機械は、工場を含むあらゆる労働の現場に見られるように、みずからへの厳格な奉仕を人間に強いる。だがヴェーバーがいう「機械」はこれだけではない。人間の作り出す組織もまた、「機械」という言葉によって意味されているものである。そうした組織形成における西洋近代合理性の作用は、官僚制的組織として結実する。厳格な専門分化やヒエラルキーに即して作動するこの官僚制的組織は、あたかも物理的な機械のごとく、諸個人にみずからへの厳格な奉仕を強いる。それに関与するあらゆる諸個人から相対的に独立した実在性をもって、みずからへの貢献を諸個人に強いるこの「生きた機械」は、さきの「死んだ機械」と手を携えて、近代における人間の生活を包囲する。

「機械」をメタファーとするこのヴェーバーの近代への診断もまた、二〇世紀の社会学に多大な影響を及ぼした。その影響の方向性は、機械としての近代性の肯定から批判まで――科学技術や官僚制的組織の高度化、諸個人から相対的に独立した集合的な価値の樹立をもってめざされるべき理想とする立場から、「機械」の高度化や一元的な「価値」による統合の過剰を否定的に見る立場まで――多岐にわたる。たとえばそれは、パーソンズによるシステム論的なヴェーバー解釈やフロムの『自由からの逃走』などを経て、一九五〇年代頃の近代化論の系譜に流れ込んでいる。またそれは、アドルノ＝ホルクハイマーの『啓蒙の弁証法』などを経て、J・ハーバーマスにおける「システムと生活世界」の対比やフーコーの「パノプティコン」といった近代性像にも流れ込んでいる。ヴェーバーにおける近代への診断の特徴、そしてその後世への顕著な影響の一つが、この機械としての近代性というヴィジョンである。

こうしたヴェーバー社会理論の特徴——あるいは二〇世紀において展開を見てきたヴェーバー社会理論のさまざまな変奏——と対比した場合、本書で示されたエリアス社会理論はどのように位置づけられるのか。いいかえれば、『宮廷社会』を中心に据えた本書での再構成から導き出されたエリアス社会学の基本的視座や近代への診断は、ヴェーバーの影にはたして収まりきるのか、きらないのか。

まず分析の基本的な視角についていえば、エリアスがその社会理論の展開に際して焦点を合わせたのは、「エスタブリッシュドーアウトサイダー」関係であった。ヴェーバーにおける「内発的発展」論と対比していえば、ヴェーバーにおいて区別された「内と外」の相互作用に、エリアスは目を向けたといえる。このことは「プロテスタンティズムの倫理と資本主義の精神」と『宮廷社会』とを並べてみれば明らかである。これらはいずれも、近代性に関して啓蒙主義の系譜とは異なるかたちでの「起源の再構成」を試みた著作である。ただし近代性の生成と展開をめぐってヴェーバーが、「プロテスタンティズムの倫理」という「内」的要素との主体的関わりに着目したとすれば、エリアスが着目したのは、アウトサイダーという「外」の創出を通じた宮廷社会という「内」の構築であり、また、そうした「内」と「外」の相互作用が生み出すダイナミズムであった。

この認識枠組みの相違から、近代への診断をめぐる相違も生み出される。機械としての近代性というヴェーバーの見方と対比していえば、エリアスがその診断において浮かび上がらせたのは近代性の孕む流動性である。すなわち、エリアスの描き出す宮廷社会という秩序は、「内」における絶えざる闘争と、その「内」が「外」と織りなす絶えざる闘争のなかで浮かび上がるものであった。そしてこうした「内」と「外」の孕む流動性は、宮廷社会以後においてなお、あるいは宮廷社会以後においてこそ、いっそうの高まりを見せる。この流動性への着目が、エリアスにおける近代への診断の核心をなす。

　以上のように見るならば、ヴェーバーとエリアスが近代性の分析に際して用いた視角、および、そこから導き出される近代への診断は、およそ対照的である。だがそのことは、両者の社会理論が相容れないことを意味しない。むしろ、裏表一体のものとして位置づけることも可能である。近代性の異なる相貌を浮かび上がらせたヴェーバーとエリアスの社会理論を一体のものとして位置づけることは、とりわけ現代の分析にとって少なからず意義を持つ。それはこういうことである。

　エリアスの死去した一九九〇年から現代にかけて、同時代の社会変動を表わす新たな言葉として浸透してきたものの一つに「グローバリゼーション」という表現がある。その意味するところは経済的な動きの「地球規模化」を指す場合から、より広い範囲での「地球規模化」を指す場合まで多岐にわたる。だがその多くの場合に多かれ少なかれ含意されているのが、「生存単位」ないし全体社会としての「国民」の有してきた特権性な地位の喪失であろう。すなわち、二〇世紀のとりわけ「先進諸国」を中心にして、人間の形成する生存のための集合性――エリアスのいう「生存単位」――としていわば特権的な地位を占めてきたのは、「国民」という「われわれ」である。だが「国民」の享受してきたその特権性は、二〇世紀最後の四半世紀に至って急速に疑わしくなっていく。一九八七年におけるイギリスのM・サッチャー首相（当時）による「社会なんてものはない」という発言は、そこでいわれた「社会」が「国民」との多大な重なりを有していた限りで、単なるイギリスにおける政治的言説を越え、やがて顕著になる時代の変容をこの上なく簡潔に示唆していた。つまり、国境をこれまで以上に積極的に越えていく経済活動をはじめ、超国家的な政治的・行政的活動や国際機関の活性化、社会的な保護や相互依存の脱「国民」化、遠隔地コミュニケーションの増大など、従来において当然のようにみなされてきた「生存単位」としての「国民」の地位がさまざまな領域で揺らぎ始める。そして、この変動のなかで諸個人によって痛烈に感得されていったのが、雇用形態の変化やライフコースといった観念の動揺、社会保障制度の変質などである。かつて「ポストモダン論」の想定した「メタ物語」や「大きな物語」の衰退といった事態とは、部分的には重なりながらもおそらくいささか異なるかたちで展開しつつあるこれらの変化に見てとれるのが、近代性に内包された流動性の顕現である。すでに『文明化の過程』の末尾においてエリアスは、あたかも現代の変動を予見していたかのように、「地球全体にわたる暴力独占」や絶えず現状を越えようとする「自由な経済競争」などの可能性に触れ、次のように述べていた。「編み合わせの持つ強制……が今日われわれの水準を越えて行動様式をさらに変える方向へと作用していることは十二分に予感できる」(*PZ2*. 462: 473)。

ならばこうした流動性の高まりは、近代性の有する機械としての性質の喪失を意味するのか。必ずしもそうではない。流動性の高まりの傍らで現代のわれわれがしばしば目にするのが、『ドイツ人論』の後期においてエリアスも示唆したような、さまざまな「われわれ」や新旧の諸価値へのしがみつきである。すなわち、「国民」という「われわれ」が特権的な地位を喪失するということは、「国民」という「自己礼賛的」な自己愛のもとで調整されてきたさまざまな「われわれ」のあいだの闘争が、いわば剥きだしのかたちで現れてくることである。そのうちのある「われわれ」は、新たなる闘争形態における優位を求めて積極的な適応を遂げていくかもしれない。また別の「われわれ」は、そうした闘争のなかで消極的な持続を選ぶかもしれない。いずれにせよ、「われわれ」の水準でこうしたさまざまな変容がみられるからといって、諸個人における認識や身体技法がそれに合わせてスムーズに変化しうるわけではない。また諸個人の感得する齟齬は、たとえば雇用形態の流動化のような新たな闘争形態に対する局所的対応によって、いっそう深刻なものになるかもしれない。そこに諸個人は寄る辺なき不安や意味飢餓を経験する。そしてそうした不安を、正当性を有しているように思われる新旧の諸価値やそれを具現化するさまざまな「われわれ」へのしがみつきによって緩和しようとする。たとえば「市場主義」や「新自由主義」、「グローバリズム」といった言葉とともに繰り広げられてきた、諸「国民」の境界線を越える経済的活動に対する一面的な称揚や批判は、同時代の現状に対する診断であるとともに、やはり不安や意味飢餓のなかで生まれてきた諸価値へのしがみつきの一種であった。あるいは本書の冒頭で触れた「文明の戦い」も、そうした経済的活動のなかであらためて強化されてきた、「国民」という「自己礼賛」的な自己愛へのしがみつきのいわば最新かつ大規模な現れであった。ここで興味深いのは、単に「市場主義」や「新自由主義」、ナショナリズムの新たな興隆といった個別的な事象ではない。さまざまな「われわれ」や新旧の諸価値へのしがみつきによって不安や意味飢餓を和らげようとする、かつてヴェーバーが述べた「神々の闘争」に似た事態である。しかもこの現代版「神々の闘争」は、安易な統合の要請がかえって闘争の過剰を生み出すことへの、二〇世紀における度重なる反省の果てに現れてきたものである。それだけにその根はより深い。現代の流動性はこうした極端なしがみつきとともにある。その意味で「グローバリゼーション」の時代は、「生存単位」としての「国民」における特権性の喪失とともに、近代の新しい固定性が現れてきた時代として記述できるかもしれない。ヴェーバーの述べた「機械」は、その新たな形態においてわれわれの生活を取り囲んでいる。

こうした現代の分析にここでこれ以上立ち入ることはできない。ただ次のように指摘することは不可能ではない。「グローバリゼーション」としての現代を理解するうえで、機械と流動性という二つの近代への診断を、排他的なものとして捉える必然的な謂われはない。そればかりか、急激な変動の時代を生きている――という思いから、いささか性急に現代に対する一面的な評価を自覚的・無自覚的に下したがる――「われわれ」にとって、そうした近代性の有する流動性と固定性の両面に考察の眼を向けることは、近代性の現代的展開に対する肯定か否定かという二者択一に陥らないためにも、むしろ必要であるように思われる。その意味で二〇世紀に生み出されたヴェーバーとエリアスの社会理論は射程を失ってはいない。近代性の抱える流動性と機械性の行く末に目を凝らすこと。そうした試みへの誘いを、ヴェーバーとエリアスの社会理論に見ることは可能である。

そして以上のような観点からすれば、現代の社会学はエリアスから次のような問いを継承することができるだろう。すなわち、「文明化の過程」論においてエリアスが試みたこと、それは「文明化」という概念をその語の本来の文脈に差し戻すことであった。そして「文明化」概念の本来の故郷としてエリアスが見定めたのが、西欧における絶対主義的な宮廷社会から国民国家へという社会変動である。そこにエリアスの「文明化の過程」論は、二〇世紀初頭のドイツにみられた二流の機械「文明」という「文明」の捉え方を相対化するとともに、フランスやイギリスにみられた「文明化」の安易な人類史的一般化をも批判的にとらえ返したのであった。そして現在、国民国家の揺らぎや再編、さらには終焉すらもが囁かれている。それをエリアス社会理論の観点からいえば、国民国家を超えた「文明化の過程」の現れであるといえるだろう。その限りで『文明化の過程』の最後でエリアスが述べた「文明化の過程はまだ終わっていない」という言葉は、「グローバリゼーション」といわれる現代にあっても現代性を失っていない。むしろんこの過程において「文明化」がキーワードになるかはわからない。現在、あたかも分析概念のように用いられている「グローバリゼーション」という言葉を、むしろローカルタームとして本来の文脈に差し戻す必要があるのかもしれない。だがそうしたキーワードの検討はともかく、もし国民国家を超えた「グローバル」な「文明化の過程」なるものがあるとすれば、それはエリアスが分析したナショナルな「文明化の過程」とは、おそらくいささか異なる過程になるだろう。本書における「文明化の過程」論の解釈が、従来のエリアス研究が重視してきた暴力独占や相互依存の高まりとともに、暴力の解凍や「エスタブリッシュドーアウトサイダー」関係といった側面に注目してきたのは、エリアスにおけるこの「文明化の過程」と国民国家形成の連関を問いなおすためであった。それによって導かれる示唆、それはグローバルな「文明化の過程」というものが、ナショナルな「文明化の過程」の場合と比べても、原理上のアウトサイダーの不在という点で際立っている、ということである。いいかえればそれは、ナショナル、リージョナル、ローカルな次元での種々の「自己礼賛的」な自己愛に対する安直な調整のメカニズムが、グローバルな「文明化の過程」においては存在しないことを意味している。国民国家の時代には一定の形式へと抑え込まれていた近代の流動性と機械性のダイナミクスが解き放たれた時代にあって、グローバルな「文明化の過程」はいかなる展開を辿るのか。こうした問いにおいてエリアスの社会理論は、いまなおアナロジカルな転用に値する導きの糸であり続けている。

残された課題や新たに現れてきた課題は多い。だが、ともあれ出発点には立ったことになる。本書での議論を手がかりにして「グローバリゼーション」といわれる現代の変動へと接近すること。これが今後の課題となる。

注

1　パーソンズやホルクハイマー＝アドルノといった戦後の主要な社会理論がその展開において手がかりとしたのは、マルクスやフロイト、M・ヴェーバーなどの遺産であった。なかでもヴェーバーが占める位置は相対的に重要である（Koto 2010）。本章での焦点は、このヴェーバーの社会理論とエリアス社会理論の異同である。社会学説史の観点からいえば、いわば「ヴェーバーとその影」から脱しうるかどうかが、エリアス社会理論のアクチュアリティを見極めるうえでひとつの試金石になると考えられるからである。なおヴェーバーとエリアスについての考察としては犬飼（１９９８）や奥村（２０００）がある。

2　蛇足ながら、経済学において想定される「経済人（ホモ・エコノミクス）」という人間像は、諸個人よりもはるかにヴェーバーのいう「事業」、つまり企業にこそふさわしいと思われる。このヴェーバーの議論もまた、いわゆる経済人の誕生にかんする議論というより、近代的な会社の成立にかんする議論として解釈しうる。この点については、たとえば Berman（2006）。

3　ヴェーバーの近代資本主義論は単なる「社会」批判の社会学ではない。厚東によれば、それは同時に「自己」批判の社会学でもあった。「当代のモラルを『外なるもの』として批判してきた鋭鋒は、今や自分自身にさし向けられる。『義務』

を護符として、『外なる』道徳がやはり同時に自己の『内なる』支えでもあるという事実から目をそらしてきたヴェーバーは、『義務』が精神の『痙攣』に他ならぬことを、倒錯した欲求であることを病のなかでいやおうなく確認させられる。……ヴェーバーが行った自己の価値意識の批判のさしあたりの帰結は、内面崩壊――内なる狂気との出会いである」（厚東 1977: 201）。「ヴェーバーの社会学は、〈ホッブズ問題〉と〈ニーチェ問題〉の狭間で呻吟したがゆえに、その代償として、マクロ‐歴史的な『社会』批判の社会学であると同時に、自己に回帰する『自己』批判の社会学でありえたのである」（厚東 1977: 223）。このように捉えるならば、エリアスにおける「自己距離化の社会学」とのあいだに類似性を見いだせるかもしれない。注四も参照。

4 ヴェーバーが学問の前提として想定した人間像「文化人 Kururmenche」は、「自然人 Naturmenche」に対する「文明人」でもある。それは、「文明化」した近代における人間の本質的性格規定として提起されている。「いっさいの文化科学の先験的な前提は、われわれが一定の、もしくは一般にいずれかある『文化』を価値ありと認めることではなく、われわれが意志的に世界に対して態度をとり、これに意味を賦与する能力と意思とをそなえた文化人である、ということである」（Weber 1904=1998: 93）。この主体性の重視という点でも、ヴェーバーの理解社会学とエリアスの自己距離化にはいくつかの共通点が認められる。

5 「ニーチェとヴェーバーに並行して走る一連の志向性を思うとき、病による新しい局面の創出をニーチェ問題との格闘としておさえることはあながち無理ではあるまい。ニーチェが透視した市民社会の近代から現代への転態に、ヴェーバーもまた直面していたのである。『近代ヨーロッパ文化世界の子』という自称によって、ヴェーバーはニーチェと同じ歴史的分水嶺に立っていることを象徴的に表現した。しかし、とはいえ、ヴェーバーがニーチェそれ自身をモデルに問題を展開したといっているのではない。両者の相違は、類似の問題をはじめて提起した『プロテスタンティズムの倫理と資本主義の精神』のなかに、すでにはっきりと示されている。ヴェーバーは、「わがヨーロッパのモラルの本質」を「職業人」と定式化する。この定式化こそが彼の種別性を構成する礎石である」（厚東 1977: 208-209）。

6 「発展」と「文化」の問題については、たとえば岡本（1996）。

【参考文献】

秋元律郎、1993、『マンハイム　亡命知識人の思想』ミネルヴァ書房。

秋元律郎、1999、『知識社会学と現代――K・マンハイム研究』早稲田大学出版部。

秋元律郎・澤井敦、1992、『マンハイム研究――危機の理論と知識社会学』早稲田大学出版部。

Apostolidès, Jean-Marie, 1981, *Le roi-machine: spectacle et politique au temps de Louis XIV*, Èditions de Minuit.（＝1996、水林章訳『機械としての王』みすず書房。）

荒川敏彦、2003、「ノルベルト・エリアスにおける概念史と社会史――歴史社会学の方法論的反省のために」『埼玉大学紀要（教養学部）』39（2）：66－80。

荒川敏彦、2008、「過程としての文明化と個人化――ノルベルト・エリアスの〈プロセス－フィギュレーション〉理論」『社会学史研究』30：87－102。

Arnason, Johan, 1987, Figurational Sociology as a Counter-paradigm, *Theory, Culture & Society*, 4(2): 429-56.

Arnason, Johan, 1990, Nationalism, Globalization, Modernity, *Theory, Culture & Society*, 7（2）:207-36.

Aron, Raymond, 1941, ［Rezension zu］ Norbert Elias: Über den Prozeß der Zivilisation. Bd. 1 und 2, Basel 1939, *Les Annales Sociologiques, Serie A*, Bd. 4: 54 - 56.

Aya, Rod, 1978, Norbert Elias and The Civilizing Process, *Theory and Society*, 5(2): 219-228.

Bauman, Zygmunt, 1979, The Phenomenon of Norbert Elias, *Sociology*, 13(1): 117-25.

Bauman, Zygmunt, 1987, *Legislators and Interpreters: On Modernity, Post-modernity and Intellectuals*, Polity Press.（＝1995、向山恭一・荻原能久・木村光太郎・奈良和重訳『立法者と解釈者――モダニティ・ポストモダニティ・知識人』昭和堂。）

Bauman, Zygmunt, 1989, *Modernity and the Holocaust*, Polity Press.（＝2006、森田典正訳『近代とホロコースト』大月書店。）

Bauman, Zygmunt, 2004, *Wasted Lives: Modernity and Its Outcasts*, Polity Press.（＝2007、中島道男訳『廃棄された生――モダニティとその追放者』昭和堂。）

Berman, Harold J., 2006, *Law and Revolution, II: The Impact of the Protestant Reformations on the Western Legal Tradition*, Belknap Press of Harvard University Press.

Blok, Anton, 2003, *Honour and Violence*, Polity Press.

Bogner, Artur, 1986, The Structure of Social Processes: A Commentary on the Sociology of Norbert Elias, *Sociology*, 20 (3): 387-411.

Bogner, Artur, 1987, Elias and the Frankfurt School, *Theory, Culture & Society*, 4(2): 249-285.

Borkeneau, Franz, 1938, Rezension - 'Über den Prozeß der Zivilisation 1', *Sociological Review*, 30: 308-311.

Bourdieu, Pierre and Loïc Wacquant, 1992, *An Invitation to Reflexive Sociology*, University of Chicago Press.

Braudel, Fernand, 1987, *Grammaire des civilisations*, Arthaud-Flammarion.（＝１９９５、松本雅弘訳『文明の文法Ｉ――世界史講義』みすず書房。）

Breuer, Stefan, 1991, The Denouements of Civilization: Elias and Modernity, *International Social Science Journal*, 43(2): 400-416.

Brown, Richard Harvey, 1987, *Society as Text: Essays on Rhetoric, Reason, and Reality*, University of Chicago Press.（＝１９８９、安江孝司・小林修一訳『テクストとしての社会――ポストモダンの社会像』紀伊國屋書店。）

Buck-Morss, Susan, 1978, Review of The Civilization Process, *Telos*, 37: 191-198.

Burke, Peter, 1980, *Sociology and History*, George Allen and Unwin.（＝１９８６、森岡敬一郎訳『社会学と歴史学』慶應通信。）

Burke, Peter, 1992, *History and Social Theory*, Polity Press.（＝２００６、佐藤公彦訳『歴史学と社会理論』慶應義塾大学出版会。）

Cavalletto, George A. JR., 2007, *Crossing the Psycho-social Divide: Freud, Weber, Adorno and Elias*, Ashgate Publishing Limited.

近森高明、２００１、「ノルベルト・エリアスにおける〈発展〉の概念――認識論的な問題機制をめぐる二重性」『ソシオロジ』45（3）：３－18。

Corbin, Alain, 1992, Le vertige des foisonnements: esquisse panoramique d'une histoire sans nom, *Revue d'histoire moderne et contemporaine*, javier-mars.（＝１９９７、小倉孝誠編、大久保康明・小倉孝誠・坂口哲啓訳「感性の歴史の系譜」『感性の歴史』藤原書店。）

Coser, Lewis, 1978, The Bridling of Affect and the Refinement of Manners, *Contemporary Sociology*, 7: 563-566.

Coser, Lewis, 1980, Review of *What is Sociology?* and *Human Figurations*, *American Journal of Sociology*, 86(1): 192-4.
De Swaan, Abram de, 2001, Dyscivilization, Mass Extermination, and the State, *Theory, Culture and Society*, 18(2-3): 265-276.
Duerr, Hans Peter, 1988, *Der Mythos vom Zivilisationsprozeß, Band I: Nacktheit und Scham*, Suhrkamp Verlag.（＝１９９０、藤代幸一・三谷尚子訳『裸体と恥じらいの文化史――文明化の過程の神話Ⅰ』法政大学出版局。）
Duerr, Hans Peter, 1990, *Der Mythos vom Zivilisationsprozeß, Band II: Intimität*, Suhrkamp Verlag.（＝１９９４、藤代幸一・津山拓也訳『秘めごとの文化史――文明化の過程の神話Ⅱ』法政大学出版局。）
Duerr, Hans Peter, 1993, *Der Mythos vom Zivilisationsprozeß, Band III: Obszönität und Gewalt*, Suhrkamp Verlag.（＝１９９７、藤代幸一・津山拓也訳『性と暴力の文化史――文明化の過程の神話Ⅲ』法政大学出版局。）
Duerr, Hans Peter, 1997, *Der Mythos vom Zivilisationsprozeß Band IV: Der erotische Leib*, Suhrkamp Verlag.（＝２００２、藤代幸一・津山拓也訳『挑発する肉体――文明化の過程の神話Ⅳ』法政大学出版局。）
Duerr, Hans Peter, 2002, *Der Mythos vom Zivilisationsprozess Band V: Die Tatsachen des Lebens*, Suhrkamp Verlag.（＝２００８、藤代幸一・津山拓也訳『〝未開〟からの反論――文明化の過程の神話Ⅴ』法政大学出版局。）
Duindam, Jeroen, 1994, *Myths of Power: Norbert Elias and the Early-modern European Court*, Amsterdam University Press.
Dunning, Eric, and Stephen Mennell, (eds.), 2003, *Norbert Elias*, Sage Publications.
Elias, Norbert, 1935, Die Vertreibung der Hugenotten aus Frankreich, *Der Ausweg*, 1(12): 369–76.
Elias, Norbert, ［1939］1995a, *Über den Prozeß der Zivilisation 1: Wandlungen des Verhaltens in den weltlichen Oberschichten des Abendlandes*, Suhrkamp Verlag.（＝１９７７、赤井慧爾・中村元保・吉田正勝訳『文明化の過程（上）――ヨーロッパ上流階層の風俗の変遷』法政大学出版局。）
Elias, Norbert, ［1939］1995b, *Über den Prozeß der Zivilisation 2: Wandlungen der Gesellschaft Entwurf zu einer Theorie der Zivilisation*, Suhrkamp Verlag.（＝１９７８、波田節夫・溝辺敬一・羽田洋・藤平浩之訳『文明化の過程（下）――社会の変遷／文明化の理論のための見取り図』法政大学出版局。）
Elias, Norbert and John L. Scotson, ［1965］1994, *The Established and the Outsiders: A Sociological Enquiry into Community Problems*, Sage.（＝２００９、大平章訳『定着者と部外者――コミュニティの社会学』、法政大学出版局。）

Elias, Norbert,［1969］1983, *Die höfische Gesellschaft: Untersuchungen zur Soziologie des Königtums und der höfischen Aristokratie, mit einer Einleitung: Soziologie und Geschichtswissenschaft*, 7 Aufl, Suhrkamp Verlag.（＝１９８１、波田節夫・中埜芳之・吉田正勝訳『宮廷社会――王権と宮廷貴族階層に関する社会学的研究』法政大学出版局。）

Elias, Norbert,［1970］1993, *Was ist Soziologie?*, Juventa.（＝１９９４、徳安彰訳『社会学とは何か――関係構造・ネットワーク形成・権力』法政大学出版局。）

Elias, Norbert,［1982］1995, *Über die Einsamkeit der Sterbenden in unseren Tagen*, Suhrkamp Verlag.（＝１９９０、中井実訳『死にゆく者の孤独』法政大学出版局。）

Elias, Norbert,［1983］1990, *Engagement und Distanzierung: Arbeiten zur Wissenssoziologie*, Suhrkamp Verlag,（＝１９９１、波田節夫・道籏泰三訳『参加と距離化――知識社会学論考１』法政大学出版局。）

Elias, Norbert and Eric Dunning, 1986, *Quest for Excitement: Sport and Leisure in the Civilizing Process*, Basil Blackwell.（＝１９９５、大平章訳『スポーツと文明化――興奮の探究』法政大学出版局。）

Elias, Norbert,［1987］1994, *Die Gesellschaft der Individuen*, Suhrkamp Verlag.（＝２０００、宇京早苗訳『諸個人の社会』法政大学出版局。）

Elias, Norbert, 1988, *Los der Menschen: Gedichte Nachdichtungen*, Suhrkamp Verlag.

Elias, Norbert, 1990, *Norbert Elias über sich selbst*, Suhrkamp Verlag.

Elias, Norbert,［1990］1992, *Studien über die Deutschen: Machtkämpfe und Habitusentwicklung im 19. und 20. Jahrhundert*, Suhrkamp Verlag.（＝１９９６、青木隆嘉『ドイツ人論――文明化と暴力』法政大学出版局。）

Elias, Norbert,［1991］1993, *Mozart: Zur Sozologie eines Genies*, Suhrkamp.（＝１９９１、青木隆嘉訳『モーツァルト――ある天才の社会学』法政大学出版局。）

Elias, Norbert, 1994, *Über die Zeit: Arbeiten zur Wissenssoziologie II*, Suhrkamp Verlag.（＝１９９６、井本晌二・青木誠之訳『時間について』法政大学出版局。）

Elias, Norbert, 2002, *Fruschriften*, Suhrkamp Verlag.

Elias, Norbert, 2006, *The Collected Works of Norbert Elias: Volume 1 Early Writings*, translated by Edmund Jephcott, edited by Richard

Kilminster, University College Dublin Press.
Elias, Norbert, 2007, *The Genesis of the Naval Profession*, edited and with an introduction by René Moelker and Stephen Mennell, University College Dublin Press.
Erasmus, Desiderius, Joannes Clericus (ed.), 1961, *Desiderii Erasmi Roterodami Opera Omnia Tomus I*, Hildesheim, Georg Olms.（＝１９９４、中城進訳『エラスムス教育論』二瓶社。）
Eribon, Didier, 1989, *Michel Foucault*, Flammarion.（＝１９９１、田村俶訳『ミシェル・フーコー伝』新潮社。）
Fletcher, Jonathan, 1997, *Violence & Civilization: An Introduction to the Work of Norbert Elias*, Polity Press.
Foucault, Michel, 1975, *Surveiller et punir: naissance de la prison*, Éditions Gallimard.（＝１９７７、田村俶訳『監獄の誕生――監視と処罰』新潮社。）
Foucault, Michel, 1984, *L' usage des plaisirs: volume 2 de histoire de la sexualité*, Editions Gallimard.（＝１９８６、田村俶訳『性の歴史Ⅱ　快楽の活用』新潮社。）
Foucault, Michel, 1994, *Michel Foucault: Dits et écrits 1954-1988*, Editions Gallimard.（＝１９９８、蓮實重彦・渡辺守章監修『ミシェル・フーコー思考集成Ⅰ　1954-1963 狂気／精神分析／精神医学』筑摩書房。）
Freud, Sigmund,［1948］1976, *Gesammelte Werke Bd. XIV, Werke aus den Jahren 1925-1931*, Fischer Verlag GmbH.（＝１９６９、高橋義孝ほか訳『フロイト著作集３　文化・芸術論』人文書院。）
Fromm, Erich, 1941, *Escape from Freedom*, New York.（＝１９５１、日高六郎訳『自由からの逃走』東京創元社。）
藤田雄二、２００１、『アジアにおける文明の対抗――攘夷論と守旧論に関する日本、朝鮮、中国の比較研究』御茶の水書房。
Fukuyama, Francis, 1992, *The End of History and the Last Man*, Free Press.（＝１９９２、渡部昇一訳『歴史の終わり』三笠書房。）
Furet, François et Mona Ozouf, 1992, *Dictionnaire critique de la Révolution française: Idées*, Flammarion.（＝２０００、河野健二・阪上孝・富永茂樹訳『フランス革命事典５――思想Ⅰ』みすず書房。）
Gay, Peter, 1985, *Freud for Historians*, Oxford University Press.（＝１９９５、成田篤彦・森泉弘次訳『歴史学と精神分析――フロイトの方法的有効性』岩波書店。）
Gay, Peter, 1988, *Freud: A Life for Our Time*, Papermac.（＝１９９７－２００４、鈴木晶訳『フロイト１、２』みすず書房。）

Giddens, Anthony, 1985, *Nation-state and Violence*, Polity Press.（＝１９９９、松尾精文・小幡正敏訳『国民国家と暴力』而立書房。）

Gleichmann, Peter R., Johan Goudsblom and Hermann Korte(eds.), 1977, *Human Figurations: Essays for Norbert Elias*, Amsterdams Sociologisch Tijdschrift.

Gleichmann, Peter R., 1987, Norbert Elias: aus Anlaß seines 90. Geburtstages, *Kölner Zeitschrift für Soziologie und Sozialpsychologie*, 39, 2: 406-417.（＝１９９１、宮田敦子訳「ノルベルト・エリアス――90歳の誕生日に寄せて」『みすず』12月号：11－28。）

Gleichmann, Peter R., 1988, Zur historisch-soziologischen Psychologie von Norbert Elias, Jottemann, Gerd ed., *Wegbereiter der Historischen Psychologie, Beltz Psychologie*, Verlags Union.（＝１９９２、徳永恂・宮田敦子訳『ノルベルト・エリアスの歴史社会学的心理学』『年報人間科学』、13：１９５－２０６。）

Gottschalch, Wilfried, 1997, *Männlichkeit und Gewalt: Eine psychoanalytisch und historisch soziologische Reise in die Abgründe der Männlichkeit*, Juventa Verlag.

Goudsblom, Johan, 1977, *Sociology in the Balance: A Critical Essay*, Basil Blackwell.

Goudsblom, Johan, 1987, The Sociology of Norbert Elias: Its Resonance and Significance, *Theory, Culture & Society*, 4(2): 323-337.

Goudsblom, Johan and Stephen Mennell eds., 1998, *The Norbert Elias Reader: A Biographical Selection*, Basil Blackwell.

Greenblatt, Stephen, 1984, *Renaissance Self-fashioning: From More to Shakespeare*, University of Chicago Press.（＝１９９２、高田茂樹訳『ルネサンスの自己成型―モアからシェイクスピアまで』みすず書房。）

Grosser, Alfred, 1970, *Deutschlandbilanz: Geschichte Deutschlands seit 1945,* Carl Hanser Verlag.（＝１９８１、山本尤・三島憲一・相良憲一・鈴木直訳『ドイツ総決算―― 1945年以降のドイツ現代史』社会思想社。）

Гуревич, Арон, 1984, *Категорий средневековой кулытуры*, издание второе, изд《Искусство》.（＝１９９２、川端香男里・栗原成郎訳『中世文化のカテゴリー』岩波書店。）

Harferkamp, Hans, 1987, From the Intra-state to the Inter-state Civilizing Process?, *Theory, Culture & Society*, 4(2): 545-57.

堀米庸三、１９６７、「ホイジンガの人と作品」、堀米庸三責任編集・堀越孝一訳『世界の名著55　ホイジンガ　中世の秋』

中央公論社、5－66。

Horkheimer, Max und Theodor W. Adorno, 1947, *Dialektik der Aufklärung: Philosophische Fragmente*, Suhrkamp.（＝1990、徳永恂訳『啓蒙の弁証法――哲学的断想』岩波書店。）

Hughes, Stuart, 1958, *Consciousness and Society: The Reorientation of European Social Thought, 1890-1930*, Alfred A. Knopf, Inc.（＝1999、生松敬三・荒川幾男訳『意識と社会――ヨーロッパ社会思想 1890-1930』みすず書房。）

Hughes, Stuart, 1968, *The Obstructed path: French Social Thought in the Years of Desperation 1930-1960*, Harper & Row Publishers, New York.（＝1970、『ふさがれた道――失意の時代のフランス社会思想 1930-60』荒川幾男・生松敬三訳、みすず書房。）

Huizinga, Johan, 1924, *Erasmus of Rotterdam*, translated by F. Hopman,（＝2001、宮崎信彦訳『エラスムス』筑摩書房。）

Huizinga, Johan, 1949, *Herfsttij der Middeleeuwen, Verzamelde Werken*, 9 dln., Haarlem, Tjeenk Willink,1948-53; III.（＝1967、『世界の名著 55　ホイジンガ　中世の秋』堀米庸三責任編集・堀越孝一訳、中央公論社。）

Huntington, Samuel Phillips, 1996, *The Clash of Civilizations and the Remaking of World Order*, Simon & Schuster.（＝1998、鈴木主税訳『文明の衝突』集英社。）

市井吉興、2001、「（博士論文）文明化過程としての社会構成――ノルベルト・エリアスの社会学的想像力」立命館大学大学院社会学研究科。

井上俊、1970、「文化社会学的遊戯論の展開」『神戸商大人文論集』6：63－83。

犬飼裕一、1998、「宮廷社会と市民社会――マックス・ウェーバーとノルベルト・エリアス」『中京大学教養論』39（2）：1－20。

Iterson, Ad van, Willem Mastenbroek, Tim Newton, Dennis Smith, (eds.), 2002, *The Civilized Organization: Norbert Elias and the Future of Organization Studies*, John Benjamins Publishing Company.

菊幸一、1993、『「近代プロ・スポーツ」の歴史社会学――日本プロ野球の成立を中心に』不昧堂出版。

Kilminster, Richard, 1993, Norbert Elias and Karl Mannheim: Closeness and Distance, *Theory, Culture & Society*, 10(3): 81-114.

小林修一、1988、『現代社会像の転生――マンハイムと中心性の解体』法政大学出版局。

Koselleck, Reinhart, ed., 1978, *Historische Semantik und Begriffsgeschichte*, Klett-Cotta, Stgt.
厚東洋輔、１９７０、「パーソンズと『社会秩序』の問題」『思想』５５６：23－38（１５８３－１５９８）、岩波書店。
厚東洋輔、１９７７、『ヴェーバー社会理論の研究』東京大学出版会。
厚東洋輔、１９８７、「一八六〇年代と古典古代像の転換」『年報人間科学』８：１８１－２０３。
厚東洋輔、１９９１、『社会認識と想像力』ハーベスト社。
厚東洋輔、１９９５、「ヴェーバーのアジア論の射程と限界」『思想』８４９：38－60、岩波書店。
厚東洋輔、１９９８、「社会学の系譜」『AERA MOOK12　社会学がわかる』朝日新聞社。
Koto, Yosuke, 2010, Max Weber and 20th Century Sociology, *Kwansei Gakuin University Social Sciences Review*, 14: 79-92, Translated by Ayumi Takenaka and Scott North.
van Krieken, Robert, 1998, *Norbert Elias*, Routledge.
倉田信子、１９９４、『フランス・バロック小説の世界』平凡社。
Kuzmics, Helmut, 1987, Civilization, State and Bourgeois Society: The Theoretical Contribution of Norbert Elias, *Theory, Culture & Society*, 4(2): 515-531.
Kuzmics, Helmut, 1988, The Civilizing Process, in John Keane, (ed.), *Civil Society and the State: New European Perspectives,* Verso: 149-176.
Lasch, Christopher, 1985, Historical Sociology and the Myth of Maturity: Norbert Elias's Very Simple Formula', *Theory and Society*, 14(5): 705-720.
Layder, Derek, 1986, Social Reality as Figuration: A Critique of Elias's Conception of Sociological Analysis, *Sociology*, 20(3): 367-386.
Leach, Edmund R., 1986, Violence, *London Review of Books*, 8(18): 13-14.
Loyal, Steven, and Stephen Quilley, 2004, *The Sociology of Norbert Elias*, Cambridge University Press.
Luhmann, Niklas, 1986, *Die soziologische Beobachtung des Rechts,* Alfred Metzner Verlag.（＝２０００、土方透訳『法の社会学的観察』ミネルヴァ書房。）

Luhmann, Niklas, 1995, *Gesellschaftsstruktur und Semantik: Studien zur Wissenssoziologie der modernen Gesellschaft*, Bd.4, Suhrkamp.

Lyotard, Jean-François, 1979, *La Condition postmoderne: rapport sur le savoir*, Minuit.（＝１９８６、小林康夫訳『ポスト・モダンの条件——知・社会・言語ゲーム』水声社。）

Mannheim, Karl, 1929, *Ideologie und Utopie*, Friedrich Cohn.（＝１９５４、鈴木二郎訳『世界大思想全集 社会・宗教・科学思想篇 24　イデオロギーとユートピア』河出書房。）

Mannheim, Karl, 1952, *Ideologie und Utopie*, Schulte-Bulmke.（＝２００６、高橋徹・徳永恂訳『イデオロギーとユートピア』中央公論社。）

松本彰、１９８１、「ドイツ『市民社会』の理念と現実——Bürger 概念の再検討」『思想』683: 27-53。

Mennell, Stephen, 1989, *Norbert Elias: an introduction*, Basil Blackwell.

Mennell, Stephen, 1990a, Decivilising Processes: Theoretical Significance and Some Lines for Research, *International Sociology*, 5(2): 205-223.

Mennell, Stephen, 1990b, The globalization of human society as a very long-term social process: Elias's theory, in Mike Featherston ed., *Global Culture: Nationalism, Globalization and Modernity*, Sage.

Mennell, Stephen and Johan Gousblom, 1998, *On civilization, Power, and Knowledge*, University of Chicago Press.

三島憲一、１９９１、『戦後ドイツ——その知的歴史』岩波書店。

Mishima, Kenichi, 2008, Some Reflections on Multiple, Selective and Entangled Modernities and the Importance of Endogenous Theories: In Memory of My Long-time Intellectual Friend Imamura Hitoshi,『東京経大学会誌（経済学）』第２５９号：２３１－２４２。

三浦雅士、１９９４、『身体の零度——何が近代を成立させたか』講談社。

宮崎揚弘、１９９４、『フランスの法服貴族——18世紀トゥルーズの社会史』同文館。

水林章、１９９４、『幸福への意志——〈文明化〉のエクリチュール』みすず書房。

Mommsen, Wolfgang J. und Wolfgang Schwentker, 1988, *Max Weber und seine Zeitgenossen*, Vandenhoeck & Ruprecht.（＝１９９４、W・J・モムゼン、J・オースターハメル、W・シュベントカー編著、１９９４、『マックス・ヴェーバー

とその同時代人群像』ミネルヴァ書房。）

Muchembled, Robert, 1988, *L' invention de l' homme moderne: Sensibilites, moeurs et comportements collectifs sous l'Ancien Régime*, Fayard.（＝１９９２、石井洋二郎訳『近代人の誕生――フランス民衆社会と習俗の文明化』筑摩書房。）

中村雄二郎、１９７８、『知の変貌――構造的知性のために』弘文堂。

Neckel, Sighard, 1991, *Status und Scham: Zur symbolischen Reproduktion sozialer Ungleichheit*, Campus Verlag GmbH.（＝１９９９、岡原正幸訳『地位と羞恥――社会定不平等の象徴的再生産』法政大学出版局。）

Newton, Tim, 1999, Power, Subjectivity and British Industrial and Organizational Sociology: The Relevance of the Work of Norbert Elias, *Sociology*, 33(2): 411-440.

Newton, Tim, 2002, Creating the New Ecological Order?: Elias and Actor-network Theory, *Academy of Management Review,* 27(4): 523-540.

西山哲郎、２００６、『近代スポーツ文化とはなにか』世界思想社。

野田宣雄、１９８８、『教養市民層からナチズムへ――比較宗教社会史のこころみ』名古屋大学出版会。

野村雅一、１９８０、「文明化」についての試論（上）――ノルベルト・エリアス『文明化の過程』に寄せて」、『国立民族学博物館研究報告 1979』４（４）：７３８－７６９。

尾形勇・樺山紘一・木畑洋一編、９９１９、『二〇世紀の歴史家たち　世界編　上』刀水書房。

岡原正幸、１９９８、『ホモ・アフェクトス――感情社会学的に自己表現する』世界思想社。

岡本真佐子、１９９６、『開発と文化』岩波書店。

奥村隆、１９９９、「市民階級の理想と暴力――ノルベルト・エリアス『ドイツ人論』における「テロリズム」」『現代社会理論研究』９：１－18。

奥村隆、２０００、「ふたつの「支配社会学」――ノルベルト・エリアスとマックス・ヴェーバー」『現代社会理論研究』10：37－50。

奥村隆、２００１、『エリアス――暴力への問い』勁草書房。

大原あゆみ、２００６、「ノルベルト・エリアスの歴史社会学的再帰性」新原道信・奥山眞知・伊藤守編『地球情報社会と社会運動――同時代のリフレクシブ・ソシオロジー』ハーベスト社、１００－１１５。
大平章編、２００３、『ノルベルト・エリアスと21世紀』成文堂。
Optiz, Claudia (Hg.), 2005, *Die höfische Gesellschaft und Zivilizationsprozess, Norbert Elias' Werk in Culturwissenschaftlisher Perspektive, Böhlau Verlag.*
Outram, Dorinda, 1989, *The Body and the French Revolution: Sex, Class and Political Culture*, Yale University Press.（＝１９９３、高木勇夫訳『フランス革命と身体――性差・階級・政治文化』平凡社。）
Parsons, Talcott, 1942, Some Sociological Aspects of the Fascist Movement, *Social Forces*, 21, 138-147.（＝１９７３、谷田部文吉訳、「ファシズム運動の若干の社会学的側面」新明正道監訳『政治と社会構造（上）』誠信書房。）
Parsons, Talcott, 1951, *The Social System*, Free Press.（＝１９７４、佐藤勉訳『社会体系論』青木書店。）
Peukert, Detlev, 1982, *Volksgenossen und Gemeinschaftsfremde. Anpassung, Ausmerze und Aufbegehren unter Nationalsozialismus*, Bund-Verlag.（＝１９９１、木村靖二・山本秀行訳、『ナチス・ドイツ――ある近代の社会史』三元社。）
Peukert, Detlev, 1989, *Max Weber: Diagnose der Moderne,* Vandenhoeck & Ruprecht GmbH & Co. KG.（＝１９９４、雀部幸隆・小野清美訳『ウェーバー　近代への診断』名古屋大学出版会。）
Riches, David, (ed.), 1986, *The Anthropology of Violence*, Blackwell.
Ricouer, Paul, 1965, *De l'interprétation: essai sur Freud*, Editions du Seuil.（＝１９８２、久米博訳『フロイトを読む――解釈学試論』新曜社。）
Riedel, Manfred, 1972, "Bürger, Staatbürger," Bürgertum, *in Geschichtliche Grundbegriffe. Historisches Lexikon zur politisch-sozialen Sprache in Deutschland*, Bd. 1, SS. 672-725, Ernst Klett Verlag.（＝１９９０、河上倫逸・常俊宗三郎編訳『市民社会の概念史』以文社。）
Riedel, Manfred, 1975, "bürgerliche Gesellschaft" in *Geschischtliche Grundbegriffe. Historisches Lexikon zur politischsozialen Sprache in Deutschland*, Bd. 2, SS. 719-800.（＝１９９０、河上倫逸・常俊宗三郎編訳『市民社会の概念史』以文社。）
Ringer, Fritz K., 1969, *The Decline of the German Mandarins, the German Academic Community, 1890-1933*, Havard University Press.（＝１９９１、西村稔訳『読書人の没落――世紀末から第三帝国までのドイツ知識人』名古屋大学出版会。）

Robertson, Roland, 1992, *Globalization: Social Theory and Global Culture*, Sage.（＝１９９７、阿部美哉訳『グローバリゼーション——地球文化の社会理論』東京大学出版会。）
Robinson, R. J., 1987, The Civilizing Process: Some Remarks on Elias's Social History, *Sociology*, 21(1): 1-17.
佐伯啓思、２００３、「エリアス——近代主義への懐疑」大平章編、『ノルベルト・エリアスと21世紀』成文堂、43－58。
坂なつこ、１９９９、「(博士論文）ノルベルト・エリアスの初期理論研究——特に歴史哲学から『諸個人の社会』への変遷における社会学的主題の形成に関して」立命館大学大学院社会学研究科。
Salumets, Thomas (ed), 2001, *Norbert Elias and Human Interdependencies*, McGill-Queen's University Press.
澤井敦、１９９５、「マンハイムとエリアス——知識社会学の忘れられた系譜」笠原清志・西原和久・宮内正編『社会構造の探求——現実と理論のインターフェイス』新泉社、３３８－３５６。
澤井敦、２００５、『死と死別の社会学——社会理論からの接近』青弓社。
Schluchter, Wolfgang, 1979, *Die Entwicklung des okzidentalen Rationalismus: Eine Analyse von Max Webers Gesellschaftsgeschichte,* Siebeck.（＝１９８７、嘉目克彦訳『近代合理主義の成立——マックス・ヴェーバーの西洋発展史の分析』未来社。）
Scott, John, 2007, *Fifty Key Sociologists: The Contemporary Theorists*, Routledge.
Scott, John and Gordon Marshall, 2005, *A Dictionary of Sociology* 3rd Edition, Oxford University Press.
Sica, Alan, 1984, Sociogenesis versus Psychogenesis: The Unique Sociology of Norbert Elais, *Mid-American Review of Sociology*, 9(1): 49-78.
Smith, Dennis, 2001, *Norbert Elias & Modern Social Theory*, Sage.
Stallybrass, Peter and Allon White, 1986, *Politics and Poetics of Transgression*, Routledge.（＝１９９５、本橋哲也訳『境界侵犯——その詩学と政治学』ありな書房。）
高橋徹、２００２、『意味の歴史社会学——ルーマンの近代ゼマンティク論』世界思想社。
高城和義、１９８８、『現代アメリカ社会とパーソンズ』日本評論社。
田村栄子、１９９６、『若き教養市民層とナチズム——ドイツ青年・学生運動の思想の社会史』名古屋大学出版会。
Tester, Keith, 1997, *Moral Culture*, Sage.

Therborn, Göran, 2003, Entangled Modernities, *European Journal of Social Theory*, 6(3): 293-305.

徳永恂、1996、『社会哲学の復権』、講談社。

富永茂樹、1996、『都市の憂鬱――感情の社会学のために』新曜社。

Treibel, Annette, Helmut Kuzmics, Blomert Reinhard (Hrsg.), 2000, *Zivilisationstheorie in der Bilanz: Beiträge zum 100. Geburtstag von Norbert Elias*, Verlag *Leske + Budrich.*

宇佐美斉編、1991、『フランス・ロマン主義と現代』筑摩書房。

上山安敏、1978、『ウェーバーとその社会――知識社会と権力』ミネルヴァ書房。

UNDP（国連開発計画）、2004、横田洋三・秋月弘子訳『人間開発報告書　2004　――この多様な世界で文化の自由を』国際協力出版。

Urry, John, 2000, *Sociology beyond Societies: Mobilities for the Twenty-First Century*, Routledge.（＝2006、吉原直樹・武田篤志・伊藤嘉高訳『社会を越える社会学――移動・環境・シチズンシップ』法政大学出版局。）

内海博文、1998、「ノルベルト・エリアスと暴力の問題」『ソシオロジ』43（2）：3－17。

内海博文、2006、「東京裁判から9・11へ――人間の安全保障のための予備的考察」『情況』第三期第七巻第六号：17－30。

内海博文、2007、「グローバリゼーションと人間の安全保障論の興隆」、友枝敏雄・厚東洋輔編『社会学のアクチュアリティ第3巻　社会学のアリーナへ』、東信堂、261－289。

内海博文、2010、「遊びのなかの現実――「フィクションとしてのドキュメンタリー」から人間の科学が学びうること」、大阪大学グローバルCOEプログラム「コンフリクトの人文学」国際研究教育拠点編、『コンフリクトの人文学』第2号：221－251、大阪大学出版会。

Weber, Alfred, 1920/1921, Prinzipielles zur Kultursoziolog, Gesellschaftsprozeß, Zivilisationsprozeß und Kulturbewegung, *Archiv zur Sozialwissenschaft und Sozialpolitik*, 47, 1-49.（＝1958、山本新・信太正三・草薙正夫訳『文化社会学』創文社。）

Weber, Max, 1918, Gesammelte politische Schriften, hrsg. von Johannes Winckelmann, 5. Aufl.（＝1969、中村貞二・山田高生訳「新秩序ドイツの議会と政府――官僚制度と政党組織の政治的批判」阿部行蔵ほか訳『ウェーバー　政治・社

会論集』河出書房新社。）
Weber, Max, 1920a, Vorbemerkung, *Gesammelte Aufsätze zur Religionssoziologie,* Bd1, J. C. B. Mohr Verlag.（＝１９７２、大塚久雄・生松敬三訳『宗教社会学論選』みすず書房。）
Weber, Max, 1920b, Die protestantische Ethik und der 》Geist《 des Kapitalismus, *Gesammelte Aufsätze zur Religionssoziologie, Bd.1,* J. C. B. Mohr Verlag.（＝１９８９、大塚久雄訳『プロテスタンティズムの倫理と資本主義の精神』岩波書店。）
Weber, Max, 1904, Die 》Objektivität《sozialwissenschaftlicher und sozialpolitischer Erkenntnis, *Archiv für Sozialwissenschaft und Sozialpolitik,* 19, 22–87.（＝１９９８、富永祐治・立野保男訳、折原浩補訳『社会科学と社会政策にかかわる認識の「客観性」』岩波書店。）
山口節郎、１９８２、『社会と意味——メタ社会学的アプローチ』勁草書房。
山下高行、２００２、「グローバリゼーションとスポーツ——ノルベルト・エリアス、ジョセフ・マグワイアの描く像」有賀郁敏他著『近代ヨーロッパの探究 第八巻 スポーツ』ミネルヴァ書房、３６５–３８７。
Zweig, Stefan, 1934, *Triumph und Tragik des Erasmus von Rotterdam,* Herbert Reichner Verlag.（＝１９７５、内垣啓一・藤本淳雄・猿田悳訳『エラスムスの勝利と悲劇』みすず書房。）

あとがき

本書のもとになったのは、二〇〇二年に大阪大学人間科学研究科にて提出・受理された博士論文「エリアス社会理論の研究」である。ただし第一章を除き、今回の出版に際して全面的に改訂した。序論、第二章、「終わりにかえて」は書き下ろしである。

出版に際しては、もともと博論の全体に手を入れるつもりではいた。だが正直、出版までに十年以上も経過するとは思ってもみなかった。もちろん十年のあいだ改訂し続けていたわけではない。博論の執筆後、仕事や職場を転々としたこともあって、書き直しのためのまとまった時間を作ることがまったくできなかった。くわえて博論の執筆後、私自身の研究上の関心が新しいテーマへと移っていった。研究の展開という点では悪くはなかったが、その結果、エリアス研究に区切りをつけるのがいささか厄介になった。ものを見る眼が変わったため、エリアス研究に戻れなくなったのである。この二、三年でようやく新しい研究のかたちが見え始め、その観点からエリアス研究に立ち戻る気になった。現在の研究テーマとのつながりという点で最低限納得できるかたちに、以前のエリアス研究を修正したのが本書である。

以上の観点の揺らぎは、学説研究における私自身のスタンスに由来する。「はしがき」でも述べたように、本書は学説研究の体裁をとってはいるが、厳密な意味でエリアス社会学を忠実に解説した研究とはいいがたい。むしろ現在という時点と私の生まれ育った場所から、社会理論としてのエリアス社会学の再構成を試みたものである。エリアス社会理論の研究にかたちを借りて、私自身の関心を少しずつ明確にし、それにアプローチするための視点を少しずつ作り上げてきたのが本書だといってもよい。その意味で本書はエリアスの社会学的な業績のまっとうな学説研究というより、私の関心に即してそれを歪めたものである。そのデメリットは理解しているつもりではいる。ただいくつかの理由から、そうした学説研究もありうるとも考えている。なかでも社会学の初学者が行う基礎トレーニングとしてみれば、こうしたやり方は他に代え難い有益な面も持っていると考える。それはともかく、こうしたスタンスをとっていなければ十年という時間のなかで議論の枠組が大きく変わることはなかっただろう。

むろん書き直した原稿に最低限納得しているとはいえ、満足しているわけではない。学説研究・学説史研究における私の力量不足を脇に置いたとしても、十分な程度の言語化にまだ達していない論点が、わたしが気づいているだけでもいくつもある。また当然ながら、エリアス社会理論の研究だけでは対応しきれない論点も少なくない。これ以上はエリアス研究というかたちで行うべきではないと判断し、現在のかたちで刊行することにした。今後の研究のなかで、これらの点には取り組んでいきたい。

本書の完成までには数多くの人々のお世話になった。社交的でもなければ人付き合いの良い人間でもない私には、それらの人々に感謝を伝える機会があまりない。この場を借りて謝意を表すことをどうか許していただきたい。

誰よりもまず、私にとって唯一の師匠である厚東洋輔先生にお礼申し上げる。他大学の他分野出身であり、学部生時代に社会学と名のつく講義すら受けたことのなかった私を、大学院から快く（?）受け入れいただいた。それから二十年弱。言葉では言い尽くせないほどお世話になり続けてきた。だいたいにおいて先生と呼ばれる人々と相性の良かった記憶のあまりない私にとって、厚東洋輔に師事できたことはなにものにも代えがたい幸運であった。社会学を一から教えてもらっただけではない。厚東先生のお陰でさまざまな面で大きく変わった二十代、三十代であった。そのことをここで一つずつ数え挙げても、師匠に対する返礼にはならないだろう。これからの研究のなかで少しでも返していければ、と思う。

　そして友人たち。やはり書き尽くせないほど、かれらには助けられてきたし迷惑もかけてきた。だがそのことに気づくようになったのは、ようやく最近のことである。とくに博論までは、ご大層にも自分の研究とやらに夢中であることを口実に、そのことに気づく余裕すら持たなかった。しかし大学院を離れた後、とくになかなか就職口のない状況のなかで、いろいろなことに何度か嫌気がさし、自分の研究にまったく意味を見いだせなくなることも何度となくあった（いまでもそうだが）。そうした私に、さまざまなかたちで意味を与え続けてくれたのが、かれらであった。ずいぶんと虫のいい話である。かれらがどう思っているかは知らない。ただ、私は感謝している。

　以下、勝手ながら、ごく一部の方の名前を挙げさせていただく。なかには友人というには憚られる方も含まれるが、この点もご容赦いただきたい（敬称略）。足立浩平、青木千帆子、ラビンドラ・バタチャルディー、藤澤由和、樋口明彦、樋口耕一、樋口昌彦、市井吉興、稲見直子、岩渕亜希子、城野充、景山佳代子、亀山俊郎、柏原全孝、鹿島知子、川野英二、倉井幹彦、草山太郎、櫛引祐希子、マルチェラ・マリオッティ、三宅俊夫、森田良成、中川理、中川輝彦、西端律子、沼尻正之、岡本由良、岡尾将秀、太田健二、太田美帆、太田心平、小沢まゆ、ライカイ・ジョンボル、酒井直人、坂上和弘、清水学、心光世津子、白井こころ、白石真生、鈴木勇、鈴木富美子、高桜善信、竹中克久、田沼幸子、栃澤健史、上田達、アナリア・ヴィターレ、渡邊太、渡會知子、山本光洋、横田卓二、米田マテイアス、吉澤弥生、王曄、甲斐賢治・久保田美生をはじめとするNPOrecip（地域文化に関する情報とプロジェクト）・

NPOremo（記録と表現とメディアのための組織）の方々、宮地剛・福井哲也・今泉麻理をはじめとするNPO法人日本スローワーク協会関係の方々、徳永端子・今田さゆりをはじめとするNGOアフリカ友の会関係の方々。

そして東信堂の下田勝司社長と向井智央氏に感謝する。下田社長には、博論の執筆直後に出版のお話をいただいた。業績の少ない無名の若手が書き手であるうえ、売れる見込みもない学説研究書である。社会学に対する下田社長の熱意から出版のチャンスをいただけたのは、望外の喜びであった。にもかかわらず、わたしの勝手な都合で出版までに十年以上が経過した。待っていただいた下田社長、実質的な作業を担っていただいた向井氏に、深く詫びるとともに厚くお礼申し上げる。

大学院生・事務補佐員・大学院GP助手時代を過ごした大阪大学人間科学研究科、専任研究員として雇用していただいた関西学院大学社会学研究科二一世紀COE「『人類の幸福に資する社会調査』の研究」、そして非常勤先の、教員や事務の方々、学生さんたちに感謝する。とくに山口節郎先生、北野雄士先生、荻野昌弘先生、阿部潔先生、友枝敏雄先生にはお世話になった。またこの場を借りて、かつて大学院進学に際して多大なご迷惑をおかけした安井亮平先生にもお礼申し上げる。

そして現在の職場である追手門学院大学の、事務の方々、社会学部をはじめとする同僚の先生方、そしてなにより、日々新たな驚きや悩みを与えてくれる学生さんたちに感謝する。これまで住み家や職場を転々としながらも、それぞれの場所で人にだけは恵まれてきたと勝手に思っている。私にはすぎた幸運である。そして追手門学院大学という場所も、これまでとはまた違った多くの刺激を私に与えてくれている。大学もやたらと「危機」が語られる時代である。正直、勘弁してもらいたいことも多い。だが追手門学院大学社会学部は、かなりの紆余曲折がありながらも、これ以上ないほど粘り強く現状に向き合い将来のあり方を模索してきた、と私には思われる。これまでとはまた違った経験をするなかで、わたし自身をふくめた多くの人々の興味深い振る舞いから、研究につながる多くのことをわたしなりに学ばせてもらっている。また追手門学院大学社会学部に来てくれる学生さんたちは、四年間という短い時間のなかで驚くほど変わっていく。そうした学生さんたちの姿は、大学という場所にいまできることは何なのか、そして社会学にできることは何なのかを、あらためて考えさせてくれている。その意味でも追手門学院大学社会学部は、いまの私にはなにものにも代えがたいほど貴重な場所である。与えてもらっているものを、今後の教育や研究のなかで少しでも返していければ、と思う。

最後に、父安彦と母啓子、信也・智恵子夫妻に感謝する。私がご大層にも研究と呼んでいるものなど、家族の寛容がなければとても悠長に続けることなどできなかった。申し訳なく思っている。だが申し訳なく思う以上に、私のような者をなかば諦めながらも温かく見守りつづけてくれてきたことに心から感謝している。

二〇一四年一月

内海博文

【タ行】

【ナ行】

【ハ行】

事　項　索　引

人 名 索 引

著者紹介

内海　博文（うつみ　ひろふみ）

追手門学院大学社会学部社会学科講師

1971年生まれ。大阪大学大学院人間学研究科博士課程修了。博士（人間科学）

【主要著作・論文】Nuclear power plants in 'the only A-bombed country': Images of nuclear power and nation's changing self-portrait in postwar Japan（Dick von Lente ed., *The Nuclear Age in Popular Media: A Transnational History,* Palgrave MacMillan, 2012)、『現代社会を学ぶ：社会の再想像＝再創造のために』（編著、ミネルヴァ書房、2014）『国際看護学』（徳永瑞子・内海博文編、クオリティケア、2014）など。

文明化と暴力——エリアス社会理論の研究——

2014年11月30日　初版第1刷発行　〔検印省略〕

＊定価はカバーに表示してあります

著者©内海博文　発行者　下田勝司　印刷・製本　中央精版印刷

東京都文京区向丘1－20－6　郵便振替00110－6－37828

〒113－0023　TEL 03－3818－5521（代）　FAX 03－3818－5514

発行所　株式会社　東信堂

E-Mail tk203444@fsinet.or.jp　http://www.toshindo-pub.com

Published by TOSHINDO PUBLISHING CO.,LTD

1-20-6, Mukougaoka, Bunkyo-ku, Tokyo, 113-0023, Japan

ISBN978-4-7989-1273-8　C3036

東信堂

豊田とトヨタ—産業グローバル化先進地域の現在	丹辺宣彦・岡村徹也・山口博史 編著	四六〇〇円
社会階層と集団形成の変容—集合行為と「物象化」のメカニズム	丹辺宣彦	六五〇〇円
日本コミュニティ政策の検証—自治体内分権と地域自治へ向けて	山崎仁朗編著	四六〇〇円
現代日本の地域分化—センサス等の市町村別集計に見る地域変動のダイナミックス	蓮見音彦	三八〇〇円
地域社会研究と社会学者群像—社会学としての闘争論の伝統	橋本和孝	五九〇〇円
「むつ小川原開発・核燃料サイクル施設問題」研究資料集	船橋晴俊・金山行孝・茅野恒秀 編著	一八〇〇〇円
組織の存立構造論と両義性論—社会学理論の重層的探究	船橋晴俊	二五〇〇円
新版 新潟水俣病問題—加害と被害の社会学	飯島伸子・船橋晴俊 編	三八〇〇円
新潟水俣病をめぐる制度・表象・地域	関礼子	五六〇〇円
新潟水俣病問題の受容と克服	堀田恭子	四八〇〇円
公害被害放置の社会学—イタイイタイ病・カドミウム問題の歴史と現在	飯島伸子・渡辺伸一・藤川賢 編	三六〇〇円
階級・ジェンダー・再生産—現代資本主義社会の存続メカニズム	橋本健二	三二〇〇円
市民力による知の創造と発展—身近な環境に関する市民研究の持続的展開	萩原なつ子	三二〇〇円
自立支援の実践知—阪神・淡路大震災と共同・市民社会	似田貝香門編	三八〇〇円
〔改訂版〕ボランティア活動の論理—ボランタリズムとサブシステンス	西山志保	三六〇〇円
自立と支援の社会学—阪神大震災とボランティア	佐藤恵	三二〇〇円
個人化する社会と行政の変容—情報、コミュニケーションによるガバナンスの展開	藤谷忠昭	三八〇〇円

〈大転換期と教育社会構造：地域社会変革の社会論的考察〉

第1巻 教育社会史—日本とイタリアと	小林甫	七八〇〇円
第2巻 現代的教養Ⅰ—生活者生涯学習の地域的展開	小林甫	六八〇〇円
第2巻 現代的教養Ⅱ—技術者生涯学習の生成と展望	小林甫	六八〇〇円
第3巻 学習力変革—地域自治と社会構築	小林甫	近刊
第4巻 社会共生力—東アジアと成人学習	小林甫	近刊

〒113-0023 東京都文京区向丘 1-20-6 TEL 03-3818-5521 FAX03-3818-5514 振替 00110-6-37828
Email tk203444@fsinet.or.jp URL:http://www.toshindo-pub.com/

※定価：表示価格（本体）＋税

東信堂

〔シリーズ 社会学のアクチュアリティ：批判と創造 全12巻＋2〕

- クリティークとしての社会学—現代を批判的に見る眼　西原和久・宇都宮京子編　一八〇〇円
- 都市社会とリスク—豊かな生活をもとめて　藤田弘夫・浦野正樹編　二〇〇〇円
- 言説分析の可能性—社会学的方法の迷宮から　佐藤俊樹・友枝敏雄編　二〇〇〇円
- グローバル化とアジア社会—ポストコロニアルの地平　新津晃一・吉原直樹編　二三〇〇円
- 公共政策の社会学—社会的現実との格闘　武川正吾・三重野卓編　二〇〇〇円
- 社会学のアリーナへ—21世紀社会を読み解く　友枝敏雄・厚東洋輔編　二二〇〇円
- モダニティと空間の物語—社会学のフロンティア　吉原直樹・斉藤日出治編　二六〇〇円

〔地域社会学講座 全3巻〕

- 地域社会学の視座と方法　似田貝香門監修　二五〇〇円
- グローバリゼーション／ポスト・モダンと地域社会　古城利明監修　二五〇〇円
- 地域社会の政策とガバナンス　岩崎信彦・矢澤澄子監修　二七〇〇円

〔シリーズ世界の社会学・日本の社会学〕

- タルコット・パーソンズ—最後の近代主義者　中野秀一郎　一八〇〇円
- ゲオルグ・ジンメル—現代分化社会における個人と社会　居安正　一八〇〇円
- ジョージ・H・ミード—社会的自我論の展開　船津衛　一八〇〇円
- アラン・トゥーレーヌ—現代社会のゆくえと新しい社会運動　杉山光信　一八〇〇円
- アルフレッド・シュッツ—主観的時間と社会的空間　森元孝　一八〇〇円
- エミール・デュルケム—社会の道徳的再建と社会学　中島道男　一八〇〇円
- レイモン・アロン—危機の時代の透徹した警世家　岩城完之　一八〇〇円
- フェルディナンド・テンニエス—ゲゼルシャフトとゲマインシャフト　吉田浩　一八〇〇円
- カール・マンハイム—時代を診断する亡命者　澤井敦　一八〇〇円
- ロバート・リンド—アメリカ文化の内省的批判者　園部雅久　一八〇〇円
- アントニオ・グラムシ—『獄中ノート』と批判社会学の生成　鈴木富久　一八〇〇円
- 費孝通—民族自省の社会学　佐々木衞　一八〇〇円
- 奥井復太郎—都市社会学と生活論の創始者　藤田弘夫　一八〇〇円
- 新明正道—綜合社会学の探究　山本鎭雄　一八〇〇円
- 米田庄太郎—新総合社会学の先駆者　中久郎　一八〇〇円
- 高田保馬—理論と政策の無媒介的統一　北島滋　一八〇〇円
- 戸田貞三—家族研究・実証社会学の軌跡　川合隆男　一八〇〇円
- 福武直—民主化と社会学の現実化を推進　蓮見音彦　一八〇〇円

〒113-0023　東京都文京区向丘1-20-6　TEL 03-3818-5521　FAX03-3818-5514　振替 00110-6-37828
Email tk203444@fsinet.or.jp　URL:http://www.toshindo-pub.com/

※定価：表示価格（本体）＋税

東信堂

子どもが生きられる空間―生・経験・意味生成	高橋勝	二四〇〇円
流動する生の自己生成―教育人間学の視界	高橋勝	二四〇〇円
子ども・若者の自己形成空間―教育人間学の視線から	高橋勝編著	二七〇〇円
文化変容のなかの子ども―経験・他者・関係性	高橋勝	二三〇〇円
関係性の教育倫理―教育哲学的考察	川久保学	二八〇〇円
マナーと作法の社会学	加野芳正編著	二四〇〇円
マナーと作法の人間学	矢野智司編著	二〇〇〇円
学びを支える活動へ―存在論の深みから	田中智志編著	二〇〇〇円
グローバルな学びへ―協同と刷新の教育	田中智志編著	二〇〇〇円
教育の共生体へ―ボディエデュケーショナルの思想圏	田中智志編	三五〇〇円
人格形成概念の誕生―近代アメリカの教育概念史	田中智志	三六〇〇円
社会性概念の構築―アメリカ進歩主義教育の概念史	田中智志	三八〇〇円
教員養成を哲学する―教育哲学に何ができるか	林泰成・山名淳・下司晶・古屋恵太編著	四二〇〇円
大学教育の臨床的研究―臨床的人間形成論第1部	田中毎実	二八〇〇円
臨床的人間形成論の構築―臨床的人間形成論第2部	田中毎実	二八〇〇円
君は自分と通話できるケータイを持っているか―「現代の諸課題と学校教育」講義	小西正雄	二〇〇〇円
教育文化人間論―知の逍遥／論の越境	小西正雄	二四〇〇円
教育による社会的正義の実現―アメリカの挑戦（1945―1980）	D・ラヴィッチ著 末藤美津子訳	五六〇〇円
学校改革抗争の100年―20世紀アメリカ教育史	D・ラヴィッチ著 末藤・宮本・佐藤訳	六四〇〇円
〈シリーズ 日本の教育を問いなおす〉		
拡大する社会格差に挑む教育	西村和雄・大森不二雄・倉元直樹・木村拓也編	二四〇〇円
混迷する評価の時代―教育評価を根底から問う	西村和雄・大森不二雄・倉元直樹・木村拓也編	二四〇〇円
教育における評価とモラル	西村和雄・戸瀬信之編	二四〇〇円
地上の迷宮と心の楽園〔コメニウスセレクション〕	J・コメニウス 藤田輝夫訳	三六〇〇円

〒113-0023　東京都文京区向丘 1-20-6　TEL 03-3818-5521　FAX03-3818-5514　振替 00110-6-37828
Email tk203444@fsinet.or.jp　URL:http://www.toshindo-pub.com/

※定価：表示価格（本体）＋税